群星照耀中国

第一册

护国长剑

岁闲君 著
漫阅花喵 马鲍方 绘

时代出版传媒股份有限公司
安徽教育出版社

图书在版编目（CIP）数据

群星照耀中国 / 岁闲君著 ; 漫阅花喵 , 马鲍方绘
. -- 合肥 : 安徽教育出版社 , 2024.6
ISBN 978-7-5748-0239-1

Ⅰ . ①群… Ⅱ . ①岁… ②漫… ③马… Ⅲ . ①名人 – 列传 – 中国 – 青少年读物 Ⅳ . ① K811-49

中国国家版本馆 CIP 数据核字 (2024) 第 076984 号

群星照耀中国 · 护国长剑
QUNXING ZHAOYAO ZHONGGUO · HUGUO CHANGJIAN

出 版 人: 费世平
质量总监: 武常春
策划编辑: 王冰莹
责任编辑: 罗翔宇
装帧设计: 江雨濛
责任印制: 陈善军
设计制作: 江雨濛

出版发行: 时代出版传媒股份有限公司 安徽教育出版社
地　　址: 合肥市经开区繁华大道西路 398 号 邮编: 230601
网　　址: http://www.ahep.com.cn
营销电话: (0551) 63683015, 63683916
排　　版: 江雨濛
印　　刷: 天津海顺印业包装有限公司

开　　本: 787 毫米 × 1092 毫米 1/16
印　　张: 36（全九册）
字　　数: 410 千字（全九册）
版　　次: 2024 年 6 月第 1 版
印　　次: 2024 年 6 月第 1 次印刷
定　　价: 178.00 元（全九册）

目录

钱学森

——我希望，一个科学家对科学和技术的贡献，能够促进人类生活的幸福、安全和美好。

人物档案

出 生 地	上海
毕业院校	上海国立交通大学 / 美国麻省理工学院 / 美国加州理工学院
个人荣誉	中国航天之父 / 中国导弹之父 / 火箭之王
主要成就	主持组建中国第一个火箭、导弹研究所，参与完成“两弹一星”（原子弹、氢弹、人造卫星）的研发任务。

- 01 -

1911 年 12 月 11 日，上海一户姓钱的人家中，有个男童呱呱坠地。

钱家历来是依照“继承家学，永守箴规”八字论辈取名。到了男童这一辈，恰好轮到了“学”字辈，于是取名“学森”，谐音“学深”，有“学问深远”的寄喻之意。

钱家家学渊源，十分注重教育，“子孙虽愚，诗书必读，勤俭为本，忠厚传家”（钱氏家训节选），形成了注重后辈子孙读书修德的家风。

钱学森在很小的时候就被带到北京，之后就读于新思想活跃的小学。

年少的钱学森兴趣广泛，多才多艺，无论学什么都能很快上手。尤其在礼仪、算术、画画、唱歌、做实验等多个方面，他展露了自己远超同龄人的天赋。

此时的他，对于自己未来的人生道路应该如何规划，暂时还是茫然的。

而关于梦想的答案，或许就藏在他自幼就要诵读的《钱氏家训》中：“利在一身勿谋也，利在天下必谋之；利在一时固谋也，利在万世更谋之。”

这句话的意思是：“如果这件事只是对自己一个人有利，那么就不要去做；如果对天下人都有利，那么就一定要去做；如果这件事对眼前有利当然要去做；如果这件事对后世有利，那么就更要去做。”

或许就是这种家风理念的熏陶，在小小的钱学森心中，悄悄埋下了一颗名为“理想”的种子——利在天下必谋之。

- 02 -

早在少年时代，钱学森就深刻地感受到了国家被侵略的锥心之痛。

1932年1月28日午夜，日本侵略者突袭上海。他们用轰炸机对上海市区狂轰滥炸，曾经繁华的民宅、商店、街道通通成了泡在血泊中的废墟。

当时钱学森21岁，正就读于上海交通大学，专修机械工程专业。

大学的校园里到处弥漫着“铁路救国”的思潮，处处都是对和平的渴望，对强国复兴的期盼。

钱学森原本也以为，只要全国修满了铁路，就能实现中国自救与富强复兴。

但是“一·二八事变”让他改变了之前的想法。他发现，只有空天技术发达，国防才会强大。

理想的蓝图在年轻的钱学森脑中初具轮廓。

在大学剩下的学期里，他每天都泡在图书馆，研读了大量航空领域的书籍，对航空领域钻研日深。他知道了，原来世界上的天才科学家不只有爱因斯坦，还有冯·卡门。

对知识一以贯之的专注，给了钱学森最好的回报。毕业一年后，他就坐上了清华大学赴美留学的海轮，前往美国攻读航空工程专业。

以前只存在于书页上的空气动力学家冯·卡门成了他的导师。他只花了4年时间，就拿到了硕士学位和博士学位。

就连他仅凭个人兴趣加入的加州理工大学“火箭俱乐部”，后来也成为NASA（美国国家航空航天局）旗下著名的喷气推进实验室（JPL）的前身，而他是5位创始人之一。

如今，这个实验室主导了NASA包括月球和火星探索在内的诸多项目。

那时的钱学森俨然已成为火箭科技领域的领军人物。

- 03 -

有一句名言说得好："虽然科学没有国界，科学家却是有祖国的"。

一位科学家若没有正确的价值观，就很容易给世界的和平与发展带来不利的影响。

比如德国物理学家兼近代力学奠基人之一路德维希·普朗特。

路德维希·普朗特不仅是空气动力学的开山鼻祖，同时也是冯·卡门的老师，钱学森的"师祖"。他依附于德国纳粹，和他们的空军部建立起密切合作。除了默许纳粹德军对犹太科学家的戕害，他还协助他们研制出了一种尖端科技军事武器——导弹。

从1944年6月到1945年3月，纳粹德军先后向英国伦敦发射了大量V1、V2导弹，这一高科技武器震惊了全世界。

经由导师冯·卡门引荐，钱学森被聘为美国国防部科学咨询团中的一员。

师生俩对V1导弹的性能进行了详尽的分析，而后，由钱学森执笔，写下了一份长篇报告《喷气推进》，内容涉及箭形机翼、火箭、超声速气体动力学、冲压发动机、脉冲式空气喷气发动机、液体炸药炸弹、飞机的喷气涡轮发动机的安装问题等。

这是美国第一部论述火箭与喷气推进原理的著作，也是促使美国坚决启动"回形针行动"，将许多德国顶尖科学家秘密转移到美国，让其为美国军方继续效力的关键所在。

在"回形针行动"期间，钱学森为美国作出了重大贡献。是他抢在苏联之前，率先找到"现代航天之父"冯·布劳恩及其团队，并移交给美国。

除此之外，他还是美国火箭科研小组的组长，参与编写了美国航空航天事业发展的研究报告，接触了大量科研机密文件。

因为钱学森的表现出色，美国曾授予他陆军航空队上校的军衔。但正是因为钱学森过于出色，在他流露出返回中国的意向后，他便遭到了美国长达5年的无理扣留。

- 04 -

1949 年 10 月 1 日，新中国成立。

得知大洋彼岸祖国的喜讯之后，钱学森便动了回国的心思。

当时美国已掀起“麦卡锡主义”的反共浪潮，即便是钱学森这样功成名就的中国科学家，还是不可避免地遭到美国军方的无端猜忌，过着寄人篱下、不被尊重的生活。

1950 年，钱学森一家打包好行李，预备乘坐加拿大太平洋航空公司的飞机回国。

临行前，他来到华盛顿，特意向他的老朋友——时任海军次长的丹尼尔·金波尔道别。

丹尼尔·金波尔和钱学森曾经都是“火箭俱乐部”的成员，因彼此的才华而惺惺相惜。但是，科学家是有国界的。

在挽留无果后，丹尼尔·金波尔马上向美国移民局出卖了钱学森，还发出警告：“钱学森无论在哪里，都抵得上 5 个师，我宁可把这家伙枪毙了，也不让他回到中国！”

接下来的 5 年时光里，钱学森经历了被拘监狱、审讯、没收资料、无端扣罪、24 小时监视等多种迫害。

为了打消美方的疑心，他放弃了原本精研的喷气推进方向，转而潜心进行工程控制论的研究。

他的妻子蒋英，原本是位歌唱家，为了防止意外，辞掉工作留在家中操持家务。他们在家里摆好 3 只轻便的箱子，方便随时动身回国。那时他们还不知道，其实中国早已多次要求美国放钱学森回国，但美国一直以“没有证据表明钱学森要归国，美国政府不能强迫命令”为由，拒不放人。

功夫不负有心人，回国的契机终于到来了。

1955 年 6 月，钱学森摆脱特务的监视，将一封写在香烟纸上的信，夹带在寄给比利时亲戚的家书中，请求他们帮忙转寄给中国政府。

在信中，钱学森言辞恳切，请求中国共产党和政府帮助他回国。

钱学森这封求救信，戳穿了美国政府的谎言。

1955 年 8 月 1 日，中美两国首次大使级会谈在日内瓦举行，9 月 10 日双方就平民回国问题达成协议，钱学森由此踏上归国之路。

这一次，钱学森终于可以回家了。

- 05 -

回国后，钱学森牵头组建了中国第一个火箭、导弹研究所——国防部第五研究院。

他主持完成了中国“喷气和火箭技术的建立”规划。

他参与了近程导弹、中近程导弹、中国第一颗人造地球卫星的研制。

他直接领导用近程导弹运载原子弹的“两弹结合”试验。

甚至中国第一个星际航空的发展规划等重大项目，都可见钱学森的身影。

在钱学森的带领下——

1960 年 11 月 5 日，中国仿制的第一枚导弹发射成功。

1964 年 10 月 16 日，中国第一颗原子弹爆炸成功。

1967 年 6 月 17 日，中国第一颗氢弹空爆试验成功。

1970 年 4 月 24 日，中国第一颗人造卫星发射成功。

“两弹一星”的成功，彻底打破了“超级大国”对中国的核讹诈和核垄断。

以钱学森为首的众多科学家，为这个历史悠久的东方大国呕心沥血，打造出一把把维护国家安全的利剑。

很多年后，钱学森写了一封生日贺信给恩师冯·卡门，信中道尽了他这一生为科学奋斗的心之所向——

值此您 75 岁寿辰之际，我要用什么语言向您致敬呢？

是说在帕萨迪纳一起愉快工作的日子，还是在您家中度过的愉快时光？

不，我觉得都不合适。

因为我不只是您的朋友，更是您的学生。

是说一下您对科学和技术作出的伟大贡献，还是祝愿您在以后的岁月里拥有更大的成就？不，那也不过是重复一下世人皆知的事实或内容相同的生日祝词。

我是想说一些更深层次的事情，对于一个纯粹的科学家，重要的是为人类作出持久的贡献。

在这一点上，冯·卡门先生，您可能不曾享有对科学技术作出贡献的骄傲和自豪，因为您的很多成果被用于制造毁灭性武器，几乎没有造福于人类。

但是您真的没有必要这样想。

自从我回到我的祖国，我感到这里不同于美国，这里生活着 6 亿人民，超过世界人口的三分之一，科学和技术真正被用来建设幸福生活。

在这里，每个人都为实现一个共同的目标努力工作，因为我们知道只有协作才能在最短时间内完成这个目标。

您的贡献我们铭刻于心，我非常尊敬您。

我希望，一个科学家对科学和技术的贡献，能够促进人类生活的幸福、安全和美好。

这个声明作为我在您 75 岁寿辰时的致辞。

中国航天

这并不是一个和平的时代。

但我们何其幸运，能够生活在这样一个和平的国家。

孩子，无论你将来的理想是什么、你会成为什么样的人，都请不要忘记——

曾有一个名叫“钱学森”的人，为了你现在享有的幸福、安全、美好的生活，独自漂洋过海，走了很远很远的路。

于敏

——国家需要我，我一定全力以赴。

人物档案

出 生 地	天津
毕业院校	北京大学
个人荣誉	中国氢弹之父
主要成就	提出独特的“于敏构型”并将其运用于中国氢弹原理设计，使中国缩短研发时间，先于法国制造出氢弹。

- 01 -

1967 年 6 月 17 日，罗布泊上空升起一朵巨大的蘑菇云。

中国的氢弹爆炸成功了，消息很快传遍世界，振奋了每一个中国人。

可在地球的另一头，法国总统戴高乐却拍着桌子，愤怒的同时又难以置信：“为什么会让中国抢在了前面（试爆氢弹）！”

在“中国速度”的背后，藏着一位隐姓埋名的功臣。直到祖国公布了“两弹一星”工程的功勋科学家名单，他——于敏，才终于现于人前。

- 02 -

于敏出生于河北宁河（今天津市境内）的普通家庭，父亲是小职员，母亲是家庭主妇。一家人虽然过得不富裕，但也称得上衣食无忧。

他从 7 岁上学开始，就展露出惊人的学习天赋，是人人羡慕的“别人家的孩子”。到了 18 岁那年，他如愿考上了所有学子梦寐以求的名校——北京大学。

进入大学后，就读于热门专业的于敏，很快就因为出色的成绩而人人皆知。

在一次极难的数学考试中，数学系学生的平均成绩不满 20 分。而于敏作为一个理学院物理系的学生，竟然拿了满分。这件事瞬间轰动了整个北大。年纪轻轻的于敏，已经用实绩证明自己是北大天才中的天才。

这一切荣耀都是于敏应得的。在“一考成名”前，没有人知道他读书究竟有多努力。

北京到天津并没有多远，他的寒暑假却时常是在学校的图书馆中度过的。同学们去打牌，他在读书；同学们在放假，他还在读书。

后来，于敏以物理系第一名的优异成绩毕业，考上了研究生，还在北大留校当助教。

很多年后，于敏回忆过去，评价自己：“我不笨，也不聪明，但很勤奋。”

业精于勤，荒于嬉。“勤奋”又何尝不是一种稀缺的天赋呢？

- 03 -

在参与“两弹一星”工程的诸位科学家中，于敏堪称最特别的一位。

他是唯一没出过国留过学的“土专家”。

他既聪明又勤奋，对科研工作充满了超乎寻常的热忱与专注。

有人可能会认为，于敏只有到国外留学深造，与海外的顶尖学者探讨学术，才会成为杰出的科学家。

但于敏打破了众人的思维定势。

在新中国成立初期，原子弹、氢弹以及各种核武器的研制得以在短时间内相继成功，于敏在其中起了不可或缺的重要作用。

他的加入，大大加快了中国核试验的脚步，让中国从第一颗原子弹爆炸到氢弹试验成功，只用了 32 个月。

相比之下，美国用了 87 个月，法国用了 102 个月。

- 04 -

鲜为人知的是，于敏原本专攻的其实是量子场论，与原子弹、氢弹所需要的核物理理论，完全是两个不同的学术方向。

为了国家利益，他放下了个人兴趣，改为研究原子核理论。至于出国留学的梦想，自然也是彻底搁置下来了。

谁都无法想象，于敏毅然选择从头来过、从零起步后，究竟经历了怎样一段艰辛的岁月。庆幸的是，有志者，事竟成。

几年后，于敏跟人合作研究完成“原子核相干结构模型”这一高质量的学术成果，一经发布就震惊全世界，也就此填补了中国原子核理论的空白。

当日本的原子物理代表团来中国进行学术交流时，随行的日本物理学家、诺贝尔物理学奖获得者朝永振一郎，特意指名要与于敏会面。

朝永振一郎特意向于敏打听，想知道他是国外哪所名校培养出来的。

他一问才知道，原来于敏从来没有留洋进修过，更谈不上有外国专家指点。

在接下来的学术交流中，于敏的科研能力令中外专家们深深折服，他还因此多了个“国产土专家一号”的外号。

于敏在原子核理论方向闭门钻研了 10 年。他发表了论文，出版了书籍，翻译了外文，获奖无数。在原子核理论方面，他不仅具备开创性的科研思维，还有国际超一流的科研水平。

这位“土专家”可一丁点儿也不“土”。

- 05 -

没人能想到的是，于敏在原子核理论深耕多年后，又调整了工作方向—— 氢弹。

1961 年，于敏被调进轻核理论小组，做一些预先研究。

由于西方严密的技术封锁，中国连氢弹爆炸内部发生的究竟是何种聚变都无法确定。

如果依照美国人的办法，不仅需要极为稀缺且获取困难的昂贵材料，还要耗费大量时间。可当时的中国一穷二白，工业基础几乎为零，连最基础的电力供应都无法保障，还面临着“超级大国”的核武器打击的威胁。

20 世纪 60 年代，美国、苏联、英国、法国已经相继拥有了原子弹。美、苏、英三国的氢弹研制工程也在加速推进中。然而，中国的核武器研制工程却并不顺利，因中苏关系紧张，苏联撤回了对中国的技术援助。

在原子弹的研制过程中，中国从苏联的教学模型和技术资料中获益良多，至少不用从头摸索。而氢弹却完全由中国自主原创，没有任何资料可供参考和借鉴。

尽管如此，于敏认为：“一个现代化国家，没有自己的核力量，就不能有真正的独立。为了国家，我可以把过去学的全部抛弃。”

即便明知千难万难，他仍然肩负起了研制氢弹的重任。

- 06 -

没有条件通过做试验提纯氢弹的热核反应原材料，于敏就调动自己脑子里充沛的理论知识，用一种巧妙的近似方法估算出了所有轻核反应的反应截面的上限，从而确定了正确的技术路线。

也就是说，他仅用了一支笔加草稿纸，就顶替了数十万人去建工厂做实验。

当时中国仅有的一台电子计算机在上海，计算速度大约每秒几万次，可是核爆炸级别的数值计算对于算力的需求几乎是无穷大的。

于敏蹲守在计算机旁，盯着打孔带凝神心算，找出了氢弹自持热核燃烧的关键。有一次他发现心算的数值与打孔数据不符，众人一查，原来是计算机打孔时出现了故障。

关于要如何设计氢弹构型才能使热核材料利用得更充分，发挥出更大的威力，科学家们并没有头绪，中国的氢弹研制一度卡在这里。

于敏和同事晚饭后在研究所旁的小路散步时，突然灵光一现，提出了一种从未有过的设想，也就是后来经验证成功的“于敏构型”。

和美国采用的“泰勒－乌拉姆构型”相比，“于敏构型”制造出的氢弹体形轻巧，不仅方便长时间储存，还更有利于实战运用。

- 07 -

在此之后，于敏又参加了中子弹的研制。

原子弹、氢弹研制成功后，于敏投身于研制适用于实战的第二代小型化核武器。

在于敏的带领下，中国用最少的核试验次数，研制出了第二代小型化核武器。

当美国足足进行了 1 000 多次核试验，才完成了核武器的研制发展全过程时，于敏的关键性作用便体现出来了——中国仅仅进行了几十次核试验，就完成了第一代到第二代轻型核武器的跃阶。

中国的核武器研制事业突飞猛进，从此拥有了小型化的实战核武器，东风导弹也真正实现了“指哪儿打哪儿”的威力。

究竟是什么，让于敏对中国这片土地爱得如此深沉？

或许是因为，他幼时曾见证国家积贫积弱，被侵略者欺辱、压迫，而他也差点儿被日军的军车撞死。

或许是因为，他高中毕业差点儿因家境贫寒濒临失学，某个同学的父亲不忍让这样的天才被埋没，慷慨解囊资助。

或许是因为，他大学重病垂危之际，物理系的同学们集体献血将他从死亡边缘拉回人间。

或许是因为，他为了工作的保密性隐姓埋名几十载，妻子的无条件信任与温柔守护。

或许是因为，我们、你们、他们都生活在这片广阔的土地上，拥有着相似的幸福和喜怒哀乐……

邓稼先

——30年后，人们会记住我们吗？

人物档案

出生地	安徽怀宁
毕业院校	西南联合大学 / 美国普渡大学
个人荣誉	中国两弹元勋
主要成就	中国核武器研制与发展的重要组织者、领导者；中国核武器研制工作的开拓者和奠基者；为中国第一颗原子弹提供理论设计方案。

- 01 -

1945 年 7 月 16 日，美国成功引爆了世界上第一颗原子弹。

1945 年 8 月 6 日，美国派出 B-29 轰炸机，将一枚名叫“小男孩”的原子弹投掷在日本的广岛。

一周后，日本宣布投降，中国十四年抗日战争终于画上了句点。

1949 年到 1952 年，苏联和英国的原子弹也纷纷面世。法国的原子弹也在研制当中。

中国到底有多需要原子弹呢？

1958 年，在中央军委扩大会议上，毛主席表示，“原子弹就是这么大的东西。没有那个东西，人家就说你不算数。那么好吧，我们就搞一点吧，搞一点原子弹、氢弹，我看有 10 年工夫完全可能”。

帝国主义亡我之心不死。

面对那些曾经侵略或将来可能侵略我们的国家，落后就得挨打！中国必须打破核武器和空间技术的垄断！

有一位将军的描述生动又形象：我们也要有一根打狗棍。

同年秋天，钱三强来找邓稼先商量：“国家要放一个大炮仗，你是否愿意参加这项必须严格保密的工作？”

邓稼先曾去美国留学，回国后一直在国内近代物理研究所工作。这些年，他一直在关注国际上核武器研究的形势。

得知祖国需要自己的那一刻，邓稼先自然是义无反顾。

- 02 -

原子弹研发设计的任务是艰巨的，担子是沉重的。

当时，美国第一颗原子弹的科研队伍里人才济济，不少人还是诺贝尔奖得主。而邓稼先所带领的团队，由一群刚跨出校门的大学生组成。没有试验场地，邓稼先就带着学生们挑砖拾瓦。他们硬是在乱坟堆里修出一条柏油路，在松树林边建起试验厅。

苏联单方面撕毁了中苏《国防新技术协定》，撤走了专家，甚至连一张纸片都没有留下，这导致原子弹的研发缺乏学习资料。在这种情况下，邓稼先挑起了探索原子弹理论的重任。他不仅筛选出一系列跟原子弹设计奥秘有关的外文书籍，还组织大家一起阅读，一起商讨翻译，然后连夜印刷。

科研条件简陋，邓稼先就带头用电子管计算机、手摇计算机、计算尺甚至算盘这些数学工具，对原子弹的物理性质进行了大量模拟计算和分析，所以后来流传开一句话："中国的原子弹是科学家们打算盘硬算出来的。"

当时，有人甚至讥讽说："离开外界的帮助，中国 20 年也搞不出原子弹，你们就守着这堆废铜烂铁吧。"

结果，只用了几年时间，由邓稼先领导的原子弹研制团队就圆满地完成了任务，于 1964 年 10 月 16 日引爆了中国的第一颗原子弹。这样的"中国速度"震惊了全世界。

1967 年 6 月 17 日，中国又成功引爆第一颗氢弹——这背后也有邓稼先的一份功劳。

他不仅领导完成了原子弹的理论设计方案，参与指导核试验的爆轰模拟试验，还是中国第一颗氢弹的理论设计的总负责人。

- 03 -

跟苏联关系破裂之后，中国竟然还能在核武器科研方面喜讯连连。

于是美国报纸捕风捉影，认为中国的原子弹事业之所以能成功，是因为其中有位科学家曾在美国参与了原子弹的制造——言下之意，中国并不是靠自己独立完成的原子弹研制。

1971 年，诺贝尔物理学奖获得者杨振宁回国进行学术交流，他忍不住好奇心，向邓稼先打听这件事的真伪。

他们之间有着几十年的友谊，情同兄弟。二人曾同时就读于北平的崇德中学、昆明的西南联大，在美国留学期间又住同屋。

尽管如此，面对杨振宁的询问，邓稼先并没有急着回答。

他深思熟虑，向上级请示后，才谨慎地给出了明确的答复："中国原子武器工程中，除了于 1959 年底前曾得到苏联的极少援助以外，没有任何外国人参加。"

同为科学家的杨振宁既激动又困惑。

诚然，一位伟大的科学家：他拥有物理直觉，可以粗估研究参数；拥有数学见地，可以快速不断地计算；拥有勇进的胆识、稳健的判断，可以筛选出关键性的理论方案。但是，如果把最终在方案上签字的决定权交给这位科学家，谁又敢保证他能够永远准确无误呢？

当初，就是这么重要的决定，交到了年轻的邓稼先手里。

他究竟是怎么做到的？

那些年他都在想些什么？

为什么他的一生都在有方向、有意识地前进着，没有彷徨、没有矛盾？

要知道，光是要协调许许多多专业不同、性格不同的工作人员，一起同心协力研制核武器，就不是件容易的事！

- 04 -

直到多年之后，媒体采访邓稼先生前的同事和家人，才知道当年之所以人人都信服他，是因为大家都知道，邓稼先没有任何私心。

他总是身先士卒。

1964 年至 1986 年间，中国共进行了 32 次核试验，其中有 15 次是邓稼先亲自到现场指挥的。常年的高辐射侵蚀了他的健康，但他无怨无悔，依旧奋斗在核武器研制的第一线。

1979 年，一次失败的航投试验发生了。

飞机轰鸣着掠过天空，投下一枚核弹。

意外发生了，降落伞没打开，核弹也没爆炸。

很快，传来“咚”的一声，降落伞拖着核弹瞬间坠地，核弹摔裂了。

核材料都是强放射性物质，防化战士一直在喊“快撤快撤”，阻止科研人员靠近。

只有邓稼先一个人，一直往前走，旁人拉都拉不住。

“你们还年轻，你们不能去！”邓稼先以院长的身份向周围的人下令。

为了查明情况，找到未爆弹片，邓稼先独自深入事故地区，把充满放射性物质的核弹碎片捧在手里仔细查验。

尽管只是短短一会儿，他的身体已经受到了不可逆转的伤害。

不久之后，他的身体中就检测出了放射性物质，他的肝脏受损，骨髓里也侵入了放射性物质。

6 年之后，邓稼先不得不离开他热爱的工作岗位去北京住院。这时他已经是直肠癌晚期，行动艰难。

他早就料到这一天会到来，但没想到来得这样快。

可他还满心放不下工作，挣扎着想爬下病床去参加会议。

邓稼先临终前的那段时间，每一天都生活在常人无法忍受的疼痛中。止痛针从每天一针发展到每小时一针，全身大面积溶血性出血。

即便如此，他的心还一直牵挂着中国的核武器进展，叮嘱前去探病的同事们："要好好发展，不要让人家把我们落得太远……"

- 05 -

从 1958 年扛起了原子弹的研制重担，到 1986 年 7 月病重逝世，邓稼先经历了 28 年的秘密人生。

他抛下心爱的妻子，抛下年幼的孩子，驻扎到大西北荒无人烟的地方。

他的名字没有出现在当时的刊物和对外联络工作中。

他的身影只出现在戒备森严的深院和大漠。

每次妻子问他究竟在忙碌什么，他总是答：“不能说。”

邓稼先过世的前一年，国庆节的时候，他突然提出想去天安门看看。

为了中国的科研事业，他在大漠深处守了 20 多年，北京也不是没来过，但每次总是来去匆匆，从来没能好好地逛逛祖国的首都。

在妻子的陪伴下，邓稼先乘车前往天安门广场。

面对高耸的人民英雄纪念碑，邓稼先不禁感慨：“30 年后，人们会记住我们吗？”

幸好，他等到了那一天。

在邓稼先去世的前一个月，他的功勋和成就终于被世人所了解。

人人都知道他是两弹元勋，他是中国核武器研制工作的开拓者和奠基者。更重要的是，所有人都在享受着他曾为之奋斗的和平与美好生活，我们都知道他是谁、为了谁。

这个中国，他来时，满目疮痍，山河动荡。

他走时，盛世在望，人才辈出。

中国男儿，中国男儿，要将只手撑天空。

长江大河，亚洲之东，峨峨昆仑，古今多少奇丈夫。

碎首黄尘，燕然勒功，至今热血犹殷红。

孙家栋

——国家需要，我就去做！

人物档案

出生地	辽宁复县
毕业院校	哈尔滨工业大学 / 苏联茹科夫斯基空军工程学院
个人荣誉	中国卫星之父
主要成就	中国第一颗人造地球卫星“东方红一号”的技术总负责人；中国探月工程总设计师；北斗卫星导航工程、风云二号气象卫星工程的总设计师；为中国航天事业作出了重要贡献。

- 01 -

你敢相信吗?

1957 年 10 月 4 日，苏联把人类第一颗人造卫星“斯普特尼克一号”送上天。

1970 年，中国的第一颗人造卫星“东方红一号”顺利升空。

这颗对于中华民族来说意义非凡的“东方红一号”，经过了 50 多年的时间，至今依然在轨运行!

以中国当年的环境，航天事业才刚刚起步，技术方面应该并不突出才对，这到底是怎么实现的呢?

- 02 -

首先，“东方红一号”的形状跟现代卫星有极大不同。它是一个球状卫星，虽然信号传输较弱，但能确保它在太空中遇到的阻力较小。

其次，“东方红一号”的动力来源是银锌电池，而其他人造卫星上都装载了两片巨大的太阳能动力装置，充当它们的动力“翅膀”。

虽然“东方红一号”不能像如今的大多数人造卫星一样，每天都源源不断地吸收太阳能，并转化为动力，但在银锌电池的寿命耗尽后，它仍旧能在月球潮汐推力和地球引力的相互作用下，长期在轨运行。

当时，美国和苏联已经往太空中发射了很多颗人造卫星，为了让“东方红一号”不受干扰，它被送到了更高的轨道。

“东方红一号”是中国航天崛起的见证者。

而孙家栋，正是中国“东方红一号”卫星的技术总负责人。

他学过飞机发动机技术，造过导弹，发射过卫星。

从“东方红一号”到“嫦娥一号”，从“风云气象卫星”到“北斗导航系统”，处处都有他的身影。

他是自钱学森等老一辈海外留学归国的科学家之后，我们中国自己培养出来的火箭专家。

孙家栋经历了中国航天事业发展的全过程。他的成长历程，几乎就是中国航天事业发展史的缩影。

- 03 -

其实，一开始孙家栋学习的专业是造桥。

1942 年，年仅 13 岁的孙家栋考进了哈尔滨第一高等学校土木系，后因战乱而失学。

1946 年，他考入锦州大学。然而，那时战火纷飞，时局动荡。因为国民党在战场上遭遇溃败，众多在当地上学的青年学子跟着军队南撤，撤向天津、北平等城市。

仿佛冥冥中受到指引，孙家栋准备转道沈阳，回辽宁老家。

就在沈阳中转的空隙，他去拜访一位同学时竟与失散多年的三哥孙家楠重逢了。

当时孙家楠已经是一名共产党员。兄弟寒暄过后，孙家楠劝弟弟别回老家了，去到已经解放了的哈尔滨，并语重心长地教育他："整个中国都快要解放了，新中国的建设需要大量人才，你当前最紧迫的任务和人生最高使命便是继续读书。"

在家人的鼓励和支持下，1948 年 9 月，19 岁的孙家栋考上了哈尔滨工业大学（以下简称哈工大），并被编入预科班学习俄语。

顺利完成俄语学习之后，他马上又转到了汽车系，学习汽车制造。

孙家栋一路走来，勤奋苦读，一直是班上的佼佼者。不出意外的话，他将来会成为一名优秀的汽车设计工程师。

- 04 -

1950 年的正月十五，学校为欢度元宵节，罕见地为哈工大学子们准备了一顿大餐——红烧肉！

嘴馋的孙家栋原本要去姐姐家过年，就为了这顿肉留在了学校。

那时，中苏两国刚刚签订了友好条约。苏联答应帮助中国成立自己的空军，国家迫切需要俄语翻译人才。

中国人民解放军空军去哈工大招人。时间紧迫，报名的学生一报上名就马上得走，乘坐当天晚上 8 点 30 分的火车赶赴北京。

那个年代，哪个年轻人没有做过“军装梦”呢！何况这一次招的还是翱翔在祖国蓝天的空军！

就这样，孙家栋应召入伍。一年后，表现优秀的他再次通过层层筛选，获得了去苏联茹科夫斯基空军工程学院学习飞机制造的机会。

孙家栋在茹科夫斯基空军工程学院待了 7 年。

在这 7 年的时间里，他年年考试都是全科满分，毕业时被授予了金质奖章，其间还得到了领导人的接见。

1957 年 11 月 17 日，中华人民共和国代表团访问苏联，在莫斯科大学的音乐堂接见了这批中国留学生。

毛主席对他们说：

世界是你们的，也是我们的，但是归根结底是你们的。你们青年人朝气蓬勃，正在兴旺时期，好像早晨八九点钟的太阳。希望寄托在你们身上。

许多年后回忆起这一幕，孙家栋感叹，这番讲话，从根本上改变了他的人生观和价值观，鼓舞了他一辈子，让他的生命完成了一次质的飞跃。

国家发展的希望，在青年人身上！

有幸报国，不负此生！

28 岁的孙家栋激动得热血沸腾，他下定决心：“国家需要，我就去做！”

- 05 -

少年时学造桥，青年时学造飞机，归国之后，国家一声令下，孙家栋又去学造导弹了。

这一回，他的老师是鼎鼎大名的钱学森。

孙家栋过硬的俄文这时也派上了大用场。

制造中国导弹的第一步是仿制苏式导弹。技术资料堆积如山，而且俄语语法繁杂艰深、专业用词冷僻，他每天就扎在资料堆里，夜以继日地翻译，用脑力和时间赛跑。

可惜仿制导弹到了关键阶段时，中苏关系恶化，大批苏联专家带着图纸、资料和导弹都撤走了，只留下做到半截的东风导弹。

当时孙家栋和同事们的心情可想而知。

但这件事也教育了我们：搞“两弹一星”，中国必须独立自主、自力更生！

苏联不是把图纸资料都拿走了吗？

好，我们自己想办法搞！中国人，是压不倒的！

孙家栋一头扎进了导弹研制工作中，夜以继日地工作，取得了巨大的成就。

1960 年 11 月 5 日，中国第一颗自主生产的导弹“东风一号”发射成功。

孙家栋生性乐观开朗，勤学好问。他常常带着图纸上琢磨不透的问题去请教钱学森，请教的问题也越来越有深度。他的快速成长，以及对制造导弹的总体思路和方案的深刻见解，使得钱学森对他刮目相看。

到了 1967 年，耐心踏实的孙家栋，被钱学森指定为中国第一颗人造地球卫星的技术总负责人。

这一回，孙家栋把余生都献给了中国的航天事业。

- 06 -

1957 年苏联发射人类第一颗人造地球卫星之后，10 年间，美国、法国的卫星也相继上天了。

1961 年 4 月，苏联载人飞船已经率先进入太空。

孙家栋接手人造地球卫星的研发后，面对的首要要求就是：“鸡蛋那般大的”我们不抛。

苏联第一颗卫星是 83.64 千克。而美国第一颗卫星只有 8.22 千克，恰如人们揶揄的那样——“鸡蛋那般大”。

而当时险峻的国际形势，也要求中国必须尽快完成技术攻关，把中国第一颗人造卫星发射到太空。

在没有资料、经验、专家的情况下，还要研制出“上得去、抓得住、听得到、看得见”的卫星，无疑是一个十分艰巨的任务。

对于孙家栋来说，虽然是临危受命，但是工作内容跟之前的知识积累并不是完全无关。

搞卫星实际与导弹是互为表里、互为作用的，发射卫星与发射导弹所需要的火箭加速就是一回事，科研团队还就卫星发射是需要二级还是三级火箭进行过研讨。

1970 年 4 月 24 日，我国第一颗人造地球卫星“东方红一号”成功升空了，《东方红》的歌声响彻寰宇。

此后更是捷报连传。

1971 年 3 月，中国第一颗科学实验卫星发射成功，孙家栋当时还只是技术负责人。到 1975 年第一颗返回式遥感卫星发射成功时，他已经是总设计师。

2004 年，中国正式启动探月工程，75 岁的孙家栋主动请缨，担当总设计师的重任。

年近 80 岁的他，10 次进入发射场，在发射场指导了 5 次卫星发射任务，主持参加了近百个与航天有关的会议，只为了“嫦娥一号”顺利完成环绕月球的使命。

中国航天

“嫦娥一号”终于奔月成功，中国的神话不再只是“神话”。

那一刻，孙家栋又回想起了那个逆向北行、奔波在回家路上的少年。

像他这个岁数的人，多少还赶上了点儿旧社会的尾巴。那时候，烟叫“洋烟”，火柴叫“洋火”，人力车叫“洋车”，所有的东西都带“洋”字。

现在啊，老人们讲的这个“洋”、那个“洋”的时代，终于过去了。

月亮还是那个月亮，心永远是那颗中国心。

孙家栋想啊想，满心自豪又忍不住热泪盈眶。

清華學堂

叶企孙

——没有自然科学的民族，决不能在现代立脚得住！

人物档案

出生地	上海
毕业院校	清华学堂（清华大学前身）/ 美国芝加哥大学 / 美国哈佛大学
个人荣誉	中国当代物理学的先驱和奠基人 / 清华四哲人之一 / 中国物理学会创建人
主要成就	早年和导师合作测定普朗克常数 h 的值，开创高压磁化的正确方法；后从事教育事业，创办清华大学物理系、理学院和北京大学磁学专门组，并与竺可桢先生一起创办自然科学史研究所，培养出一大批著名科学家；为我国高等教育事业和科学事业作出卓越贡献。

- 01 -

无科学则无以求民族独立，无科学巨匠则无以望文明传承。

在那些科学巨匠的背后，站着一位曾经辛勤浇灌、培养幼苗的园丁——叶企孙先生。

叶先生出生于上海的一户书香门第之家。他的父亲叶景沄是光绪年间的举人，不仅国学造诣很深，对西洋现代科学及其应用也颇有了解。

当时的中国时局动荡，知识分子们十分活跃，社会上涌动着诸如“实业报国”“科学救国”的思潮。尤其是上海这样的城市，更是盛行西学。

后来，叶景沄考察了日本的教育体制，致力于将上海敬业学堂打造成中西学兼用的新式学校。身为叶景沄的儿子，叶企孙自幼入读敬业学堂，除攻读儒学典籍之外，他很早就接触到了西方科学。

- 02 -

1911 年 4 月 29 日，清华学堂在清华园正式开学。

清华学堂就是如今中国顶尖大学——清华大学的前身。

光绪三十年至三十一年间（1904—1905 年），因国内外爱国人士的努力，美国政府被迫承认“所收‘庚子赔款’原属过多”，不得不退还部分赔款。后美国政府和清政府协商，决定将这笔退款用于开办中国学堂，并鼓励中国的优秀人才前往美国留学。

为了落实这件事，清政府先是成立了“游美学务处”，筹建“游美肄业馆”，后来又将“游美肄业馆”改名为“清华学堂”。

得益于过去的学业经历，加上本身天资聪敏，叶企孙凭借着优异的成绩，成为清华学堂第一批学生。

1911 年 10 月 10 日，武昌起义爆发，辛亥革命扩大至全国，成功推翻了清朝的统治。叶企孙也中断学业，离开清华学堂回上海避难。

直到 15 岁时，他无比怀念清华的学习生涯，再度考了进去。

- 03 -

那时的中国处于水深火热之中。

自鸦片战争以来，中国饱受帝国主义列强的欺凌。

清华校园里，没有哪个有志青年不是拼尽全力学习，想尽一切方法救国。

曾经的鲁迅先生选择了弃医从文，而年轻的叶企孙则是在清华校园中创建了一个名叫“科学会”的社团，将有着科学救国思想的同窗们吸引到队伍中来，一起参与科学的实用研究。

以下是“科学会”当年的社团草章，由叶企孙负责拟订。

一、不谈宗教；
二、不谈政治；
三、宗旨忌远；
四、议论忌高；
五、切实求学；
六、切实做事。

他这一生也是这样严格要求自己的，为了科学，奉献了所有。

- 04 -

1918 年，叶企孙毕业后，又考取了留美公费生，就读于美国芝加哥大学物理系。

他花了两年时间拿到物理学学士学位，后又转入哈佛大学研究院攻读实验物理博士学位，他的导师是诺贝尔物理学奖获得者布里奇曼。

在这位世界名师的指导下，年仅 23 岁的叶企孙精确地测定出了普朗克常数 h 值，被国际物理学界沿用长达 16 年。

而叶企孙，也成为被载入世界物理学史册的中国人之一。

如果沿着学术研究的道路继续走下去，他的前途会一片光明，必将成为成就卓越的物理学巨匠。

然而他没有。

曾经，他背负国家之未来，赴万里长途，学取洋人之科学。

而今学成归国，他选择回到清华园，成为一名教育科研工作者，用尽余生，把自己所学的知识传授给更多的中国学子。

做中国科学之火的点燃者！

这是叶企孙 17 岁时对自己许下的诺言。

或许早在那时，他就已经有了明确的认识——仅靠一两个科学家救不了国，中国需要的是一整个科学家群体。

- 05 -

清华学堂在 1925 年创立大学部后，便有了后世所知的“清华大学”。

叶企孙回到清华后的第一件事，就是筹建清华大学物理系。

他为清华大学开设的物理课目可谓丰富多样，有普通物理学、力学、电磁学、光学、微子运动的物质论、热力学、声学、热学、分子物理实验等多种课目。就连高中部也要学“高中物理学”。

当时的清华物理系师资力量十分薄弱，大量课业往往压在叶企孙一人身上。

一年级的普通物理、二年级的电磁学、三年级的光学、四年级的毕业论文，清华大学学生在校四年，每一年都能见到叶企孙授课。

为了解决物理系师资严重不足的窘境，叶企孙身体力行，为清华大学招募来众多名家，如熊庆来、吴有训、萨本栋、张子高、周培源等。

吴有训也是公费留美生之一。他曾经协助导师康普顿成功验证了康普顿效应，博士毕业后又在美国芝加哥大学留校担任助教，在物理学学术界早已声名鹊起。

叶企孙邀请吴有训加入清华物理系，为表敬意，甚至将吴有训的薪酬定为全系最高，直接超过他这名系主任。

“中国现代数学之父”华罗庚当年只有初中学历，叶企孙看重他的数学天赋，力排众议将他聘为清华大学助教员，后来又把他送到英国剑桥大学进修，与世界级数学大师们同堂。

叶企孙的知遇之恩，华罗庚终生难忘。

后来，同样的历史再度上演。高中数学老师陈景润受到华罗庚教授的赏识，被调到中国科学院数学研究所，他的陈氏定理被载入数学研究史册。

还有众多欧美著名学者，也被叶企孙吸引，前来清华大学短期讲学。其中不乏欧洲著名物理学家玻尔、英国学者狄拉克、法国学者朗之万、美国控制论创始人维纳、欧洲航空权威冯·卡门等知名学者。

原来，1923 年，叶企孙获得哈佛大学哲学博士学位后，并没有急着回家。他特意取道欧洲，先后游历了英、法、德、荷兰和比利时五国，参观了一些名胜古迹、博物馆、美术馆和一些高等学校的物理研究所，拜会了这些国家的物理学界同行。

有了叶企孙当年这一段游历，结识了这些外国学者在先，才有了他们后来应邀到中国讲学。

窥一斑而知全豹。由此可见， 当年叶企孙为中国科研教育之计深远!

- 06 -

1925 年，叶企孙创办了清华物理系；1929 年，叶企孙成立了清华理学院。

从 1929 年到 1938 年，这 10 年间，清华物理系毕业生有 74 人，整个理学院有 361 人。

1929 年，叶企孙发表了那篇有名的文章《中国科学界之过去、现在和将来》，文章说道：

“有人怀疑中国民族不适宜研究科学，我觉得这些论调都没有根据。中国在最近期内方明白研究科学的重要，我们还没有经过长时期的试验，还不能说我们缺少研究科学的能力。惟有希望大家共同努力去做学研究，50 年后再下断语。诸君要知道，没有自然科学的民族，决不能在现代立脚得住！”

叶企孙终身未娶，不求名利，将毕生精力都投注于中国的教学研究事业和科研活动，为新中国成立初期的科研发展培养出了大批优秀科学家。

据不完全统计，叶企孙在自己的有生之年，总共为新中国培养了 79 名院士和 2 名诺贝尔奖获得者。

而在获得“两弹一星”功勋的 23 位科学家中，光是师承叶企孙的就占了大半：9 人是他的学生，2 人是他的学生的学生，还有 2 人的事业也跟他有着密切关系。

可以说，叶企孙是“培养大师的大师”。

他是当之无愧的中国物理学界的一代宗师！

少年时的初心没有一刻改变过，父亲钱玄同的谆谆劝言犹在耳畔：“你们学的东西，将来对国家是有用的，要报效祖国，造福社会！”

在个人追求与集体利益之间，钱三强毫不犹豫地选择了后者。

程开甲

——不盲从权威。要执着，要认真，要穷追不舍，要坚持到底。

人物档案

出生地	江苏吴江
毕业院校	浙江大学 / 英国爱丁堡大学
个人荣誉	中国两弹元勋
主要成就	中国核武器研究的开创者之一，建立并发展我国的核爆炸理论；主持、参与我国多次核试验；为中国核试验科学技术体系的发展作出了杰出贡献。

- 01 -

中国科学院院士。

“两弹一星”功勋奖章。

国家最高科学技术奖。

“八一勋章”。

“改革先锋”。

“人民科学家”。

程开甲，是同时包揽了以上六大国家级荣誉称号的人，在23位“两弹一星”元勋中，他却是公开发表学术成果最少的一位。在他隐姓埋名投身国家核武器事业的几十年间，他公开发表的论文数为0。

事实上，这几十年里，程开甲负责规划筹建的核试验技术研究所，曾先后研究出多项科技成果，在许多方面填补了国内空白。

他多次主持参与中国原子弹、氢弹、两弹结合、地下平洞和地下竖井等方式的核试验，并全部获得圆满成功。

他为中国铸造起一面核盾，让中国挺起了脊梁。

作为中国指挥核试验次数最多的科学家，他又被同事们亲切地称作“核司令”。

两弹一星功勋奖章
证书
中共中央 国务院 中央军委

- 02 -

1918年，程开甲出生于江苏吴江。

吴江是丝绸之乡，他的祖父是当地远近闻名的富商，期望子孙能考功名、走仕途，于是给孙子取了“开甲”的名字，寓意“登科及第”。

程开甲是程家的独子，自幼被寄予厚望，在家人的溺爱中长大，但天有不测风云，在他7岁那年，他的父亲过世，两年后，生母也被迫离家，踪迹不明。

一连串的家庭变故，让程开甲无心向学。12岁时，他甚至偷了家里的钱跑到上海，自暴自弃、露宿街头，幸好最后被家人及时找到。

或许是上海的那段流浪经历，教他懂得了一些道理，他一扫先前的颓丧，开始发愤读书。没几年，程开甲便展露出过人的学习天赋。

不久，程开甲就考上了嘉兴秀州中学，这所中学曾为中国培养出数学家陈省身、物理学家李政道、地球物理学家顾功叙等10多位院士级的科学家。

当时的程开甲不仅能轻松背到圆周率小数点后60位，还能将1到100内的平方表倒背如流，他甚至设计了一艘不用烧煤、靠水循环驱动的大船。

他大学就读于有“东方剑桥”之誉的浙江大学。

浙江大学的校长是竺可桢先生，讲师有中国雷达之父束星北先生、核武器研制奠基人王淦昌先生、数学家苏步青先生及陈建功先生等，是一所可以与北京大学、清华大学比肩的名校。

在那里，程开甲接受了中国顶尖的科学教育与熏陶，也吃够了战乱的苦。

1937年7月7日，日本发动全面侵华战争。

浙江大学为了保障师生安全，让教育活动正常进行，曾连续多次迁校以躲避日军的炮火。

无论是程开甲还是其他同学，都经历过衣服、被褥、书籍、笔记本被轰为灰烬的苦难。可以说，他们是在颠沛流离、日机轰炸中完成的学业。

但是程开甲没有泄气，化悲愤为学习的动力，越发勤奋刻苦，还在笔记本上写下了自己报效祖国的方向：“科学救国！”

- 03 -

1941 年，程开甲从浙江大学毕业了。

他没有像其他学生那样，急着进入社会求职，将自己的学识转化为金钱，而是选择留在浙江大学物理系当助教员，同时开始做些科研探索的工作。

他研究的课题是相对论和基本粒子。

那几年，程开甲先是完成并发表了论文《用等价原理计算水星近日点移动》，后又在量子力学和相对论的基础上，用正则运动方程导出了“狄拉克方程”，完成了论文《对自由粒子的狄拉克方程推导》，文章被剑桥大学《剑桥哲学杂志》登载。他还和王淦昌教授合作研究，撰写了关于五维场的论文。

1944 年，英国著名科学家李约瑟造访浙大，将年仅 26 岁的程开甲视为“物理学天才”。在他的推荐下，程开甲拿到了奖学金，前往英国爱丁堡大学进修。

来到英国之后，程开甲如鱼得水，遨游于科学的海洋中。

他师从诺贝尔物理学奖获得者马克思 · 玻恩，师兄是海森堡，并结识了狄拉克、海特勒、薛定谔、缪勒、鲍威尔等科学巨匠。

他曾在苏黎世的国际学术会议上，与师兄海森堡进行激烈的学术辩论。

他曾和导师马克思·玻恩共同提出了“超导电性双带理论”。

他曾投递论文《弱相互作用需要 205 个质子质量的介子》，可惜由于当时的权威科学家狄拉克的误判“目前基本粒子太多, 不再需要更多的新粒子, 更不需要重介子”，他的这篇文章最终没能发表。

后来，国外有科学家在实验中测算出了“新粒子质量”，并因此获得诺贝尔奖。他们测得的“新粒子质量”，跟程开甲在论文里计算出的基本一致。

科学之路漫漫，众多科学家，耗尽一生的时间去上下求索。可是，即便是权威中的权威，也可能有出错的时候。

不能盲从于权威，不能盲从于上位者，不能盲从于典籍，事实才是科学的唯一真理。对待科研应该如此。

之后，程开甲在工作生活中，常常这么告诫自己也告诫别人：不盲从权威。要执着，要认真，要穷追不舍，要坚持到底。

- 04 -

1948 年，程开甲拿到了博士学位，并被聘为英国皇家化学工业研究所研究员。

作为一名科学家，他的工资待遇是很好的。然而，当程开甲跑到商店里想买一件 17 英镑的皮大衣，寄给远在中国的妻子时，老板却不相信一个中国人会有这么多钱，还特意打电话给银行询问真假。

还有一名英国牧师，曾故意问程开甲：“Do you like monkey（你喜欢猴子吗）？”

在英语中，“like”不仅可以表达“喜欢”还有“像”的意思。那位牧师话里有话，故意以此来戏弄程开甲。

程开甲长年漂泊国外，类似的歧视和偏见，无处不在。他意识到，生于贫穷落后的旧中国，竟然连基本的尊严都不配拥有。

1949 年 4 月，解放军重伤了故意挑衅的英国“紫石英”号军舰。程开甲知道后，精神大受振奋。中国终于有希望了！中国人再也不用过忍气吞声的日子了！他报效祖国的时机来到了！必须回家去！回国去！

程开甲更加坚定了回国的想法。

1950 年，程开甲带着鼓鼓的行囊，重新踏上了祖国的土地。

他的行囊中，除了给妻子买的一件皮大衣，还有大量宝贵的物理学书籍资料。

他的行囊中，有他对妻子的“小爱”，也有他对祖国、对民众的“大爱”。

- 05 -

20 世纪 60 年代，国际形势日益严峻，我国决定开展原子弹的研制工作，而此时的程开甲正在大学里当教授，教书育人。

1960 年，程开甲得知自己被抽调到北京。在这个重要的时间节点，他服从组织安排，动身前往北京。

直到他来到第二机械工业部第九研究所（核武器研究所，又称二九所），被安排接任副所长，程开甲这才知道，自己是被钱三强亲自“点将”了。

接下来，他要参加中国核武器的研制。

核试验是大规模、综合性、多学科交叉的科学试验，试验涉及多种学科及各种试验方法和测试手段，是一项非常复杂而艰难的研究任务。

当时世界上仅有美、苏、英、法四国在极其保密的条件下进行过核试验。

中国一穷二白，经济落后，核理论和技术这块更是一片空白，能搞得成吗？

这已经不是能不能的事，而是必须搞成的事，“没有条件创造条件也要上”。

一开始，程开甲主要分管材料状态方程理论研究和爆轰物理研究这两个方面的工作。

他是国内第一个估算出原子弹爆炸时弹心的压力和温度的人，为原子弹的总体力学计算提供了依据。

他在内爆机理研究中，解决了原子弹研制中的关键问题之一——起爆冲击聚焦条件设计，为弹体结构、加工精密度、武器爆炸威力的设计提供了依据。

那段时间里，他满脑袋都是数据，连打饭的时候都想着验算数据。有一次他竟然对着打饭师傅说：“我给你这个数据，你验算一下。”

排在他后面打饭的邓稼先笑他：“老程，这儿是食堂呢！”

1962 年，核试验工作提上了日程。从未涉及这个领域的程开甲，临危受命，立

即转入了全新的研究。

短短两年时间，他召开了数百次任务会议，制定出原子弹爆炸试验的总体方案。

他把需要解决的问题分成上百个课题，组织全国各科研院所和各军工单位通力合作，完成了这项重大又繁杂的任务。

他提出的“百米高塔爆炸方式”，为中国第一颗原子弹成功爆炸提供了现实方案！

1964年10月16日，伴随一声惊天巨响，中国的第一颗原子弹在罗布泊准时爆炸。

与此同时，自动控制系统瞬间启动1 700多台仪器，分秒不差地完成了全部测试任务。

据说，当年法国人进行第一次核试验，测试仪器没有拿到任何数据。美国、英国、苏联第一次核试验也只拿到了很少的一部分数据。

而中国的首次核试验中，97%的测试仪器记录数据完整、准确。

- 06 -

罗布泊的戈壁滩上，除了朔风、野地、黄沙，几乎一无所有。

为何前程似锦的程开甲还有一众老科学家，甘愿放弃国外的高薪，始终坚守在那人烟稀少的地方，抛青春、洒热血呢？

因为人生除了金钱和名利之外，还有一个更重要的幸福指标，那就是做人的尊严。

所以他们竭尽全力，想让自己、让祖国的同胞们，都能过上有尊严的幸福生活。

何泽慧

——他说不要女生，咱们就造反了。

人物档案

出生地	江苏苏州
毕业院校	清华大学 / 德国柏林高等工业学院
个人荣誉	中国的居里夫人
主要成就	首先发现并研究了铀核裂变的新方式（三分裂和四分裂现象）；参与研制性能达到国际先进水平的原子核乳胶探测器；组织建立了我国中子物理和裂变物理实验室，完成了大量的核参数测量任务并开展了相应基础学科的研究；对中国原子弹、氢弹的成功研制作出了重大贡献。

- 01 -

首次发现与研究正负电子弹性碰撞现象。

首次发现与研究铀核三分裂和四分裂现象。

自力更生成功研制原子核乳胶探测器。

推动我国宇宙线超高能物理及高能天体物理研究……

她是中国杰出的物理学女博士。

她是中国科学院杰出的女院士。

她是中国第一代核物理学家。

——她，就是何泽慧。

2017 年 6 月 15 日，中国首颗空间 X 射线天文卫星升空，它的名字“慧眼”，正是为了纪念何泽慧院士。

何泽慧曾被西方媒体誉为“中国的居里夫人”，然而少有人知的是，这位女物理学家曾经差点儿被挡在物理学的大门之外。

这究竟是怎么一回事儿呢？

- 02 -

何泽慧祖籍在山西灵石，却生在苏州、长在苏州。

何泽慧的外祖母王谢长达，是清末的妇女运动领袖，和友人一块儿创建了名校——振华女校，也就是现在苏州第十中学的前身。

于是，何泽慧在振华女校度过了自己的小学、中学时代。

英文、数学、物理、音乐、美术、体育……这些都是她感兴趣的科目，她也都取得了不错的成绩，她是个全面发展的孩子。

1932 年，何泽慧同时通过了浙江大学和清华大学的入学考试。当时担任北京大学物理系主任的，是她的表哥王守竞，他正在组织筹建中国物理学会。

在表哥的影响下，何泽慧决定北上，去清华大学求学。

那一年的清华物理系一共招收了 28 名学生，其中有 10 名女生，何泽慧就是其中之一。

清华大学物理系由叶企孙先生创立，他优选学子，倡导重质不重量。

然而，他在看待女学生时，依然秉持着跟大多数人一样的旧观念，认为女生不适合学习物理。于是，叶先生在偏见之余，开始动员这些考进物理系的女生转系。

直到多年之后，何泽慧已经成为白发苍苍的老人。每提到此事，她依旧愤愤不平——

“我上物理系，碰着一个老封建，谁呢？叶企孙。他说不要女生，咱们就造反了。为什么不要女生？那时候几百人考物理系，有几十个人考上，女生都不要，我们就造反。”

当时这件事可把何泽慧气坏了。何泽慧跟其他几位坚决不肯转系的女生相约，一块儿去找这位叶先生好好理论理论。

迫于这些女孩子的“热忱”，叶企孙只好同意：如果第一学期她们的普通物理这一门课的成绩能达到 70 分以上，就可以继续就读清华大学物理系。

最终，何泽慧通过了叶先生的考验，顺利地留在了物理系学习。

大学 4 年下来，她不仅没有转系，最后还以第一名的优异成绩顺利毕业。

要知道，那一届优秀毕业生中，排第二名的可是将来获得“两弹一星”功勋的科学家钱三强啊！

- 03 -

当时对于女性天生不擅长理科的偏见，并不是那么容易被打破的。即使是当时的清华大学，依然“重男轻女”。

那时的何泽慧倾情于物理学，心心念念都是科学报国。她说，“因为日本人欺负我们，我想回来打日本”。年轻的她空有一身才华和抱负，却无处施展。

庆幸的是，何泽慧虽然出生在苏州，但祖籍是山西省灵石县。

20 世纪 30 年代，中国和德国在军事上有一定的合作关系。那时的山西省政府颁布了一项规定：凡是毕业于国立大学的山西籍学生，政府资助 3 年共 3 000 大洋的公费，供学生出国留学。

就这样，在父亲好友的帮助下，她在山西拿到了这笔资助，并且，获得了赴德国柏林高等工业学院学习弹道学的机会。然而，事情看似有了转机，现实又很快给何泽慧泼了一盆冷水。

德国柏林高等工业学院的技术物理系，跟德国的军事工业有着密切的关系，保密程度很高。他们一般不会接受外国人在那里留学，更不可能吸收女性学习弹道专业。

可是，何泽慧人都已经抵达德国柏林了，怎么肯就此打道回府呢？

不甘心就这样回国的她，找到技术物理系的主任，拿出了她曾经说服叶企孙先生的毅力和诚恳。最后，对方竟然被她成功说服了，将她破例接纳为弹道专业的学生。

何泽慧是德国柏林高等工业学院第一个选修弹道学的外国人，也是该校第一个选修弹道学的女生。

此后，她在欧洲度过了长达 12 年的时光。

- 04 -

一个聪敏好学、勤奋刻苦的学生，无论到了哪里，都会得到老师们的喜爱。

更何况，这是一个打破了他们性别偏见的女学生。

何泽慧很快获得了系里教授们的认可。他们不仅对她倾囊相授，还放宽了她进入实验室的权限。学校的重要实验室，有些德国人都不许去，但是何泽慧可以。

何泽慧第一次在那里做实验时，教授们曾好奇地问她为什么选择这个实验方向。何泽慧愤慨地回答："我要打日本人，我要搞军工！"

教授们纷纷失笑摇头："真是很奇怪啊，你一个女孩子搞军工。"

何泽慧继续做自己的实验，埋头苦干，不理会那些不解的目光。她学的是弹道学，非常实用。后来，她仅仅用了 3 年时间，就凭论文《一种新的精确简便测量子弹飞行速度的方法》，获得了工程博士学位。

1940 年，何泽慧进入柏林西门子公司电机厂的实验室，参加研究工作。

1943 年，她又到德国海德堡威廉皇家学院核物理研究所，从事原子核物理研究。

1945 年，她在导师指导下，从云室中发现了正电子和负电子间几乎全部能量交换的弹性碰撞现象，被英国《自然》杂志称为"科学珍闻"。

1946 年，她和钱三强结婚后，两人一起在约里奥 - 居里夫妇领导的法兰西学院原子核化学实验室和居里实验室工作。

这对年轻的中国夫妻，合作发现了铀核裂变的新方式（又称三分裂和四分裂现象）。这个发现在国际科学界引起了巨大反响。

他们也被西方媒体称为"中国的居里夫妇"，而何泽慧被誉为"中国的居里夫人"。

- 05 -

学有所用，科学报国，为了这一天，他们已经走过很长很远的路。

现在，到时候了。

1948 年的夏天，新中国成立的前一年，在国外已经功成名就的何泽慧和丈夫带着年仅半岁的女儿，经过一个多月的海上颠簸，满怀期望地回到中国。

新中国百废待兴、资金短缺，面临着帝国主义国家的经济封锁，核威胁的乌云也笼罩在中国人的头顶。

钱三强和何泽慧受命筹建中国科学院近代物理研究所。

在筹建工作期间，他们遇到了种种困难。

新创立的实验室里，连最简单的实验仪器都没有。

得益于留学工作的经历，何泽慧和钱三强两人都培养出了强悍的动手能力。于是，何泽慧一丝不苟地绘制图纸，而心灵手巧的钱三强则负责动手制作。

这对科学家夫妻成了北京旧货店和废品收购站的常客，他们每天各骑一辆自行车，分头寻找可以利用的旧五金器材、旧电子元件。

两台简易的车床就这样被制造了出来。

后来，他们利用这两台车床，又制造出了急需的各种仪器设备。

中国的第一个近代物理研究所很快就初具规模，由最初的 5 人扩充到了 150 人。

这是新中国的第一支核物理研究队伍。

他们自主设计并建成了第一台、第二台静电加速器，很快又着手回旋加速器的设计；在何泽慧的指导下，他们还研制出了我国第一台核物理探测器。

-06-

可惜的是，何泽慧因为是研究所所长钱三强的家人，最终没能加入“两弹一星”的研发团队。

不过，何泽慧在某种意义上，也以自己的方式参与了“两弹一星”工程。

1955年1月15日，有关发展原子能事业的会议召开。这次会议有着重大的历史意义，在这之后，中国便开始全面开展原子弹的研制工作。

在会议上，钱三强用一台小型探测仪，向大家演示了如何现场探测铀矿。

这台小型探测仪，就是由何泽慧亲自设计并制造的。

后来，在氢弹试验前，邓稼先觉得某处数据有误差，拜托何泽慧带人去重新测算数据。她在401所实验室工作期间，带领团队进行了大量烦琐又枯燥的核参数测量及抄录任务，没有任何怨言。他们在几个月时间里完成了国外几年的工作量，测得的关键数据使氢弹试验避免走向错误的方向。

如果没有她，中国的氢弹或许要晚好几年才能试验成功。

- 07 -

综观人类的科学史，许多伟大且值得大书特书的艺术与科学成就，都是由聪慧敏锐、心细如发的女性做出的。

以何泽慧为代表的女科学家，她们的贡献涵盖了物理、化学、天文学、生物学等众多领域。

她们生来就是高山而非溪流，她们生来就是人杰而非草芥。

她们从不因别人的轻视而自鄙，也不因别人的崇仰而骄慢。

愿有一日，你能获得像她们那样的勇气，跨越崎岖的沟壑，登临群峰之巅！

清華大学

梁守槃

——它那个打37公里，我们这个可以打50公里啊。

人物档案

出 生 地	福建福州
毕业院校	清华大学 / 美国麻省理工学院
个人荣誉	中国海防导弹之父 / 中国导弹与航天事业技术开拓者
主要成就	长期从事海防导弹的技术研究工作，领导研制成功多种海防导弹，为我国海防导弹技术的发展作出了重要贡献。

- 01 -

梁守槃生于 1916 年。

他虽然是福建人，童年却是在北京度过的。他上过私塾读过古书，后来还考上了清华大学的机械系航空专业。

他大学毕业那年，正赶上日军全面入侵中国。

中国科技落后西方很多，没有自己的军事工业，当时军队里装备的作战武器很多都来自美国。

美国趁机大发战争财，还强硬要求中国抗日战争所需的武器装备必须“现款自运”。

梁守槃目睹了美国人的种种强横跋扈。年轻的他自是气不过，一心想往军工领域钻研，立志要发挥所学，建立中国自己的军事工业。

于是，他从清华大学毕业后，还远赴美国麻省理工学院攻读航空工程，用了不到 1 年的时间就拿到了硕士学位。

像那个时代大多数优秀的中国留学生一样，梁守槃原本是有机会留在美国继续学习或工作的，但是他毫不犹豫地回到了战火纷飞的中国。

原子能与原子弹

- 02 -

1942年，正在昆明西南联合大学航空系和机械系当副教授的梁守槃，被聘为贵州航空发动机制造厂的设计课长。这间航空发动机厂是国民党空军创办的，他们要求工厂赶制一种飞机发动机。

任务突然、条件简陋，而且时间紧张。梁守槃为了赶上进度，甚至辞去了副教授的职务。

近3年的呕心沥血和通宵达旦过后，梁守槃和全课同事们终于成功设计出了一款飞机发动机，并且对它的性能信心满满。

然而，当他们将设计方案呈送给主管部门，请求批准试制时，却是一盆凉水浇下。

因为国民党空军的上层领导认为："你们设计的发动机能保证比美国的强吗？不能保证，还不如买美国的。"

那一刻，如雷轰顶的梁守槃只想咆哮着反驳："中国人被迫挨打，就是因为没有自己的飞机！"

然而，年纪轻轻又毫无资历的梁守槃，又如何向那些愚昧无知的人证明呢？

凭借他毕业于清华大学航空专业的学历吗？

凭借他毕业后在航空委员会担任绘图员的工作吗？

凭借他仅仅1年就在美国麻省理工学院拿到了航空工程硕士学位吗？

这些都是纸上谈兵而已。

那个时代，日本侵略者的飞机在中国的大地上肆意轰炸，中华民族饱受苦难。

- 03 -

经过这一番现实的打击之后，梁守槃辞去了发动机厂的工作，又跑回大学当教授。

在大学的校园里，向一心报国的年轻学子们传授航空工业的知识，也能稍许宽慰他那颗爱国心。

1955 年 12 月，来自哈尔滨军事工程学院导弹专业的一些教授，联名向中央军委提议：中国要研制导弹和发展导弹技术。

得知中国要搞导弹，时任哈尔滨军事工程学院院长的陈赓大将，马上将正在学院里担任教授会主任的梁守槃调往北京。

于是，1956 年，梁守槃来到了国防部第五研究院，被提任为发动机室的主任。

后来这里不仅是中国空天技术的起点，也是梁守槃回归科研路的人生里程碑。

- 04 -

中国导弹技术初创时的中心工作，也就是梁守槃的首要任务，是根据苏联提供的 P-2 导弹，仿制出中国的首枚导弹。

梁守槃的想法是，“仿制”不代表要做成“模仿秀”。中国人应当在引进苏联技术的基础上，把先进的技术与中国自己的东西结合起来，走自己的路。如果不动脑筋地全盘照搬，不仅学不到真技术，还会被人牵住鼻子，甚至在关键时刻被人卡住脖子。

比如说，导弹上的环形气瓶，苏联使用的是一种冷轧钢，当时中国还没有这种钢材。

外国专家坚持要进口他们国家生产的冷轧钢。但是梁守槃在分析工艺资料时发现，环形气瓶在成型过程中，要经过回火工序。冷轧钢一经回火，实际上就变成了热轧钢，而这种热轧钢，国内有，完全不用进口。

梁守槃向外国专家提出了自己的意见。外国专家虽然不太情愿，可又找不出任何

理由驳回这个意见。

还有，关于发动机上使用的离心泵的问题。外国专家认定，大功率的火箭发动机一定要使用大离心泵。梁守槃则认为完全可以用多个泵联合达到同样的效果。有些专家对此持反对意见，他们认为多个小型离心泵不能很好地协调。但是，梁守槃再次通过实验证明了自己的结论是正确的。

另外，还有导弹发射使用的液氧推进剂的问题。

外国专家认定，中国的液氧含太多可燃物质，使用中有爆炸的危险。可是当中国请求进口国外液氧时，他们又迟迟不愿供应给中方。

没有愤怒，没有争执，梁守槃一声不吭地把自己关进办公室，在一遍遍地计算和查找资料分析对比后，他十分自信地给出了自己的专业判断：外国专家之所以认为中国的液氧会爆炸，是因为他们对相关资料理解有误，把杂质的气态容积当作了液态容积，因而，在计算时出现了误差。事实上，十几吨液氧中的杂质，是不可能集中到一点同时氧化而发生爆炸的。

诸如此类的情况还有很多。

在中国仿制苏联 P-2 导弹的前期，两国科学家每一次开会讨论，外国专家都要质疑和否定中国专家的科研方法和理念。

而每一次，梁守槃都据理力争，并用实验证明了中方科研方案的可行性。

而结果当然是，梁守槃的意见都被一一采纳了。

- 05 -

除此之外，梁守槃还在 P-2 导弹的仿制过程中，提出了一种“反设计”的工作思路。

他要求发动机研究室的设计人员们，除了要按图纸资料消化技术外，还要按照已知的技术指标，进行设计计算，然后将自己设计的结果与导弹实物相比较，以此验证理论认知是否符合实际。

如果所有关键环节都与引进的技术资料一致，就证明了设计理论是正确的。如果有相差较大的地方，就表明所用的理论公式有欠缺之处，需要改进以求符合实际。

比如在“反设计”时，梁守槃看到导弹样弹的气动外形是静稳定的。按照这个理论，导弹尺寸加大后，尾翼也相应地要做得很大。但是经过动平衡分析后，梁守槃认为没有必要做那么大的尾翼，只要调节控制系统的传动比，就可以实现动态稳定。

梁守槃的想法很快就得到了其他专家的认可，并被应用到了中国导弹的设计中。这段艰难但宝贵的经历，让梁守槃的团队积累了扎实的技术经验。

在苏联和中国关系剧变，苏联专家和相关研发资料被一股脑儿撤走后，所有人都认为，中国的导弹发射计划会就此被扼杀在摇篮里，但梁守槃早已经通过这套“反设计”的工作方式，带领着手下的工作人员，建立起足够的信心去独立自主地进行中国导弹的设计。

1960 年 11 月 5 日，中国仿制的第一枚近程导弹发射成功。梁守槃可谓功不可没。

- 06 -

完成导弹仿制任务之后，1961 年，梁守槃的工作范围又拓展为发动机研究、空气动力试验和全弹试车，专攻海防导弹。

新的挑战又来了，梁守槃和他的团队不负众望。

1984 年 10 月 1 日，在国庆阅兵仪式上，中国首次展示了由梁守槃总设计，中国人自主生产的多用途反舰导弹“鹰击八号”。

当导弹方阵走近天安门广场时，西方的专家们全都看傻了眼。因为“鹰击八号”在外形上跟法国制的“飞鱼”导弹十分相似。

当年，英国为了跟阿根廷争夺马尔维纳斯群岛的主权，派出“谢菲尔德”号导弹驱逐舰。世界上的军事专家普遍认为，没有武器可以打败这艘先进的舰艇，但“飞鱼”做到了。“飞鱼”导弹击中了这艘英国舰艇，英方损失惨重。从此它在国际上名声大噪。

梁守槃是中国第一任海防导弹武器系统的总设计师，记者采访时问他：“外形这

么相似，那么中国生产的‘鹰击八号’和法国的‘飞鱼’有什么区别呢？”

梁守槃笑了笑，说：“它那个打 37 公里，我们这个可以打 50 公里啊。”

此时已经很少有人知道，在很多年前，曾有人对梁守槃嗤之以鼻：“你们设计的发动机能保证比美国的强吗？不能保证，还不如买美国的。”

在无数以梁守槃为代表的爱国科学家的忘我奉献下，我国的科技事业取得了举世瞩目的巨大成就，时至今日，再也没有人敢质疑中国的导弹技术了。

以强大的祖国为后盾，梁守槃曾自豪地说：“我们中国的科技人员脑子绝不比外国人差，解决问题只要不盲目迷信，善于利用理论，敢于创新，经过严格试验，办法总能找到！”

卢鹤绂

——我要与国人，共赴国难！

人物档案

出生地	山东掖县
毕业院校	燕京大学 / 美国明尼苏达大学
个人荣誉	中国核能之父
主要成就	主要从事理论物理和核物理方面的研究；发现了热离子发射的同位素效应，使用时间积分法，准确地测得锂 7 及锂 6 的天然丰度比；设计制造了新型 60 度聚焦的高强度质谱仪；在国际上首次公开发表估算铀 235 原子弹及费米型链式裂变反应堆的临界体积的简易方法及其全部原理。中国 23 位两弹元勋中，有 7 位曾是他的学生。

- 01 -

1964 年 10 月 16 日，大漠深处一声巨响，中国第一颗原子弹爆炸成功。

1966 年 10 月 27 日，中国第一颗装有核弹头的地地导弹飞行爆炸成功。

1967 年 6 月 17 日，中国第一颗氢弹空爆试验成功。

1970 年 4 月 24 日，中国第一颗人造卫星发射成功。

“两弹一星”的宏伟事业，是新中国建设成就的重要象征，是中华民族的荣耀与骄傲；是大批中国科学家穷尽毕生之功去燃烧自己，一口气完成了原本数代人才能完成的工作。

一位领导人曾说：如果 60 年代以来中国没有原子弹、氢弹，没有发射卫星，中国就不能叫有重要影响的大国，就没有现在这样的国际地位。这些东西反映一个民族的能力，也是一个民族、一个国家兴旺发达的标志。

而在获得“两弹一星”功勋的 23 位科学家中，有 7 位曾是卢鹤绂的学生。

- 02 -

卢鹤绂是国际公认的“世界上第一流的原子能物理学家”。

当人们谈论卢鹤绂时，有一个名字，不可避免要被提及。

那就是卢鹤绅，卢鹤绂的亲弟弟。

卢氏兄弟的父亲卢景贵，是中国早期公派留美的机械工业硕士、交通机械专家。他在张作霖主政东北时期受到重用，曾任铁路局长，更与张作霖等人结拜为兄弟，“少帅”张学良都要称他一声“四叔”。

他们的母亲崔可言，曾东渡日本，和秋瑾同在东京青山实践女校公费留学，后从事教育工作。

家学如此深厚，兄弟俩的学习天赋更是出类拔萃。

旧中国贫瘠弱小，饱受列强欺凌。大批才华横溢的学子满怀壮志，前往欧美各国学习先进的科学技术，期望学成归来可以报效祖国。

卢家兄弟俩也不例外，他们漂洋过海，成为留学大军中的一员。

1941 年时，卢鹤绂以题为《新型高强度质谱仪及在分离硼同位素上的应用》的论文获得博士学位。27 岁的他，已经是物理学界备受瞩目的顶尖天才，正在冉冉上升的明日之星。

美国明尼苏达大学催促卢鹤绂尽快填写“科学人才征用表格”，一再挽留他。

他总是坚持那一句：“我的工作岗位在中国。在美国，我什么都研究不出来，回到祖国，我的灵感才会源源不断涌现。”

处于抗战中的中国，几乎没有任何科研环境可言，卢鹤绂却在寄给父母的家书中写道——“我要与国人，共赴国难！”

- 03 -

1941 年 10 月，卢鹤绂坐上了归国的航班，先转机到香港，再从香港入境内地。

卢鹤绅则接受了美国公司的高薪聘请。

在香港机场过境时，安检员把卢鹤绂拦了下来。因为他穿着一身反季的大衣，衣服里面鼓鼓囊囊的，整个人看上去臃肿不堪。

从香港跑去内地的人，大多藏着大量食物和值钱物品，偷渡过境倒卖，尤其是那些精明的投机贩子，十分叫人头痛。

安检员要求卢鹤绂把衣服掀开检查。当卢鹤绂敞开大衣时，安检员惊呆了。

只见这个年轻人的衣服里面，密密麻麻全是缝上去的插袋。插袋里，塞满了物理研究的书籍和资料。

“在打仗的时候回国，你真是连命都不要了，还要带这么多书？”安检员问卢鹤绂。

他解释说，自己是中山大学聘请的教授，知道国内书籍缺乏，为了将最新的科学知识带回国内，就想到了这种笨方法。

安检员不禁肃然起敬，立即放行。

- 04 -

刚回国那几年，卢鹤绂在广东国立中山大学任职教授。

因为抗战，中山大学的师生都处在颠沛流离中。

苦难的中国，连实验室是什么样的都不知道，更遑论提供实验室给卢鹤绂搞实验研究。

卢鹤绂没有退缩畏怯，而是领着妻儿在塘口村住了下来。

风度翩翩的他脱掉西装，换上长衫布袍，在一间古庙里，为中山大学大四的学生讲授理论物理、核物理、量子力学等课程。

下课之后，他像普通的农民一样，把自己的孩子绑在背上，在农家院子里劈柴。有些时候，他甚至得背着孩子上课。

像他这样的大科学家，原本应该在实验室里搞研究的……

与此同时，卢鹤绅加入了美国军方的一家航空公司，担任设计主任，为美国设计了许多先进的战机。

卢鹤绅设计过的战机很多，除了空军大型战机之外，还有适合在航空母舰上起降的战斗机以及舰载预警机等众多不同用途的海军飞机。

当卢鹤绅在为美国效力时，他的哥哥卢鹤绂，正在抄录科学资料、砍柴做饭、背着孩子给学生上课，生活清苦却内心自足。

- 05 -

1945 年，美国在日本广岛投放下一枚原子弹，惊天巨响令全世界震惊。

跟这场爆炸一块儿成名的，还有卢鹤绂发表在《美国物理月刊》上的一篇论文——《关于原子弹的物理学》。

这位年轻的核理论科学家，通过理论估算，竟然推导出了铀 235 原子弹等一系列重要的数据，即研究出“估算铀 235 原子弹和费米型原子堆的临界体积的简易方法”。

美国视作绝顶机密的情报，竟然就这样被人公开揭晓！

卢鹤绂这篇文章引起了美国的震动。

为美国服务的科学界权威们从来没想过，竟然会有一个中国人，如此轻易地破解了他们的科研秘密！

为了纪念世界上第一个公开揭露原子弹秘密的科学家，美国的檀香山市特意把每年的 6 月 15 日定为“卢鹤绂日”。

发表论文《原子能与原子弹》不久后，卢鹤绂被上海复旦大学聘为教授，负责执教代号为“546”的神秘科系。

他是第一个在中国开设核能课程的人，第一个向中国人全面介绍原子能物理知识及其应用的人。

他将核物理知识倾囊相授，用两年时间为新中国培育了一大批原子核科研、工程专业的人才。

这批学子日后铸就了中国核武界的半壁江山。

直到81岁，他依然埋头学术研究，带领学生撰写了《对马赫原理的一个直接验证》。

这篇论文发表于美国权威杂志《伽利略电动力学》上，杂志主编盛赞他“开辟了挑战爱因斯坦的新方向”。

这是一位可与爱因斯坦比肩的“巨人”。

- 06 -

从卢鹤绂的身上，我们能看到新中国成立初期那一辈科学家的缩影。

没有人知道，旧中国的战乱什么时候会结束。

但是像卢鹤绂一样的爱国科学家们都相信，滴水能汇成涓流，而河川终将汇入大海。

他们只管埋头赶路便是，无论未来如何。

钱三强

——虽然科学没有国界，科学家却是有祖国的。

人物档案

出生地	浙江绍兴
毕业院校	北京大学 / 清华大学 / 法国巴黎大学
个人荣誉	中国两弹元勋
主要成就	在核物理研究中获多项重要成果，特别是发现重原子核三分裂、四分裂现象并对三分裂机制作了科学的解释；为中国原子能科学事业的创立、发展和“两弹”研制作出了突出贡献。

- 01 -

电视剧《觉醒年代》中，有这样一幕剧情——

鲁迅对时局充满了悲观：“假如一间铁屋子，是绝无窗户而万难破毁的，里面有许多熟睡的人们，不久都要闷死了，然而是从昏睡入死灭，并不感到就死的悲哀。现在你大嚷起来，惊起了较为清醒的几个人，使这不幸的少数者来受无可挽救的临终的苦楚，你倒以为对得起他们么？”

钱玄同点醒了他：“既然有几个人醒来了，你就不能说他们绝没有毁坏这铁屋的希望！”

这位新文化运动者、中国近代著名的语言文字学家钱玄同，就是钱三强的父亲。

1913 年 10 月 16 日，钱三强在浙江绍兴出生。他从少年时代起，便随父亲钱玄同在北京生活，就读于蔡元培先生担任名誉校长的孔德学校。

1915 年，陈独秀、李大钊、胡适、钱玄同、鲁迅等人在中国掀起了新文化运动。他们“反传统”“反孔教”“反文言文”，宣扬“民主和科学”。

身为钱玄同的第三个儿子，钱三强就在这种新思潮熏陶中慢慢长大了。

不止一次，钱玄同这样教育自己的孩子：“记住！你们学的东西，将来对国家是有用的，要报效祖国，造福社会！”

1937年7月7日，卢沟桥事变爆发。

钱玄同因为忧愤国事，高血压骤然加重，吉凶难料。这难免让正准备去法国留学的钱三强踌躇了一番——该不该在这时候离家远行求学。

可是钱玄同，强忍病痛和离愁别绪，也要把儿子“赶”出家门：“一个男子汉，近忧是应该的，但必须有远虑。你现在去法国学的就是最先进的科学技术，你一定要走出去！”

那一年，年轻的钱三强登上了前往法国的轮船。

此时的他还不知道，这趟法国之行将耗费他11年的时光，就连父亲临终，他都无法归国见老人家最后一面。

- 02 -

1937年9月，钱三强来到了法国巴黎大学镭学研究所，并有幸进入“居里实验室”攻读博士学位。在严济慈的引荐下，伊雷娜·约里奥-居里（1935年诺贝尔化学奖获得者）成了他的导师。

除此之外，他还跟随化学专家葛勒黛夫人做“钋的放射源”研究，在法兰西学院原子核化学研究所上课学习。他的日常课程排得满满的，几乎没有空闲的时刻，连对父亲病情的担忧都无暇顾及了。勤奋苦学，有朝一日报效祖国，这也是父亲钱玄同对他的期望。

得益于钱三强的勤奋，仅两年时间，他就完成了博士论文《α粒子与质子的碰撞》，顺利拿到了博士学位。在这期间，他还在约里奥-居里夫妇的指导下，完成了原子核物理研究性论文30余篇。

1946年，钱三强与何泽慧合作，经过反复实验，他们发现了原子核裂变的新方式——三分裂、四分裂现象，并对铀核三分裂原理作出了解释。

1947年3月，钱三强撰写的《论铀核三分裂的机制》一文，引起了世界核物理

学界的高度关注。这一发现不仅反映了铀核特点，还使人类能进一步探讨核裂变的普遍性。

两人的共同导师骄傲地说，这是第二次世界大战后，他的实验室里第一个重要的成就。

钱三强迎来了他科学事业的第一个巅峰，在法国享受着优越的工作和生活条件。

他跟何泽慧是大学时的同学，两人相识多年，又志同道合，此时已经结婚成家。

居里实验室和法兰西学院的同事们，都以为来自中国的“钱”一定会继续在法国干下去，钱三强心里却另有一番考量。

1947 年 11 月，钱三强和妻子何泽慧的长女出生，他为这个孩子取名“钱祖玄”，意在纪念女儿素未谋面的祖父钱玄同。

钱三强没有一刻忘记过父亲的期待，而那也是他这一生奋斗的目标。

回国，他必须回国。

1948 年，钱三强与妻子何泽慧带着襁褓中的女儿，登上了回国的客轮。

- 03 -

1949 年 10 月 1 日，中华人民共和国开国大典在天安门广场隆重举行。

当时已担任全国政协委员和全国民主青年联合会副主席的钱三强，应邀登上天安门城楼，与党和国家领导人及各界知名人士一起参加了开国大典。

新中国诞生 1 个月后，钱三强参与创建的中国科学院成立了。钱三强被任命为中国科学院计划局副局长兼近代物理所（后改名原子能研究所）副所长，所长是著名物理学家吴有训。

研究所初创时，他们开展科研工作的条件极其简陋。

钱三强带领着其他科学家，一块儿到北京、上海的旧货市场，寻找一切可用的旧五金器材、旧电子元器件，然后自己动手，制作出必需的仪器设备。

在那段艰苦的岁月里，钱三强先后推荐了邓稼先、王淦昌等多位科学家进入原子能研究的第一线，从不藏私。

钱三强参与起草了《建立人民科学院草案》。他率团前往国外考察，后来中国科学院的体制和发展模式参考了法国和苏联。

钱三强和上司竺可桢一起，负责接手中央研究院、北平研究院等旧有研究机构，并提出调整、组建方案。他们还完成了调查全国范围内自然科学研究机构和全国现有专家情况的工作，了解每个人的专长，随即将其安置到合适的岗位上发挥出各自的作用。

由于他们的努力，新中国在 20 世纪 50 年代初就建成了中国第一个重水型原子反应堆、第一台回旋加速器，也拥有了一批重要仪器设备，使我国的堆物理、堆工程技术、放射性同位素制备、高能加速器技术、受控热核聚变等科研工作，先后有序开展。

20 世纪 60 年代，苏联政府突然终止对中国的技术援助。钱三强采取紧急措施，通过人员合理调配并会同组织攻关，没有让科研项目停摆。

- 04 -

其实，身为中国科学院原子能研究所的所长，钱三强已经无法参与更多科研实验的工作。因为国家需要一个能够和科学家们沟通的专业人士，来负责相关科研组织的管理工作。

作为一名科学家，而且是已经取得一定成就的科学家，最终却为了祖国不得不放弃研究事业“转行”科学组织管理。对于钱三强来说，何尝不是一种遗憾。

因为这件事，钱三强曾经历过很长一段时间的迷茫，甚至痛苦。他请求调职，还特地举荐了合适的接任者。

可是，每次都被上司竺可桢驳了回来：“感情上理解，实际上暂不允许。”

竺可桢也是一位优秀的科学家。对于钱三强此时的心情，他能够感同身受，但是个人的理想和追求，跟国家的利益、万千民众的福祉比起来，是如此微渺。

申请调职失败的钱三强，曾给远在法国的约里奥老师写了一封信。信中提到了他为祖国科研事业无私奉献的决心——

“所有的进步人士都被吸收到国家各个组织的重建工作中，全国有很多爱国同胞为此做出了牺牲，如果我能够用我一生的某个时段来参加国家的重建工作，我这也是‘为了胜利而牺牲’。”

他心里非常清楚，自己正在做一件为了人民能获得最终胜利的大事。

这一切都是值得的。

- 05 -

1964 年 10 月 16 日，象征原子核裂变的巨大蘑菇云在戈壁荒漠上升空。中国的第一颗原子弹，在新疆罗布泊核武器试验基地爆炸成功。

从此，中国迈进了原子核时代，成为世界上第五个拥有核武器的国家。

多年后，钱三强在自己的回忆录中写道——

我和泽慧都很清楚，继续留在巴黎，对自己的科学工作当然是十分有利的；回到贫穷落后、战火纷飞的中国，恐怕很难在科学实验上有所作为。

不过，我们更加清楚的是——虽然科学没有国界，科学家却是有祖国的。

正因为祖国贫穷落后，才更需要科学工作者努力去改变她的面貌。

我们当年背井离乡、远涉重洋，到欧洲留学，目的就是为了学到先进的科学技术，好回去报效祖国。

我们怎能改变自己的初衷呢？

目录

目录

顾方舟

——我一生做了一件事，值得，值得。孩子们，快快长大，报效祖国。

人物档案

出生地	上海
毕业院校	北京大学医学院/苏联医学科学院
个人荣誉	中国病毒学之父/中国脊髓灰质炎疫苗之父
主要成就	中国组织培养口服活疫苗开拓者之一；对脊髓灰质炎的预防及控制的研究长达42年；建立了脊灰病毒的分离与定型方法，制定了脊灰活疫苗的试制与安全性标准，成功研制出脊髓灰质炎减毒活疫苗，并首创了脊髓灰质炎疫苗糖丸新剂型；主持制定了中国第一部脊灰活疫苗的制造及检定规程，指导了中国后来20多年数十亿份疫苗的生产与鉴定。

- 01 -

每年的 10 月 24 日是世界脊髓灰质炎日。

脊髓灰质炎，是由脊髓灰质炎病毒引起的严重危害儿童健康的急性传染病。因为 5 岁以下的孩子最容易感染，所以这种病又俗称“小儿麻痹症”。

感染病毒后，如果救治不及时，小孩的肌肉就会萎缩。而病情一旦发展到肢体麻痹，就会落下终身的残疾，甚至危及生命。

1882 年，中国出现第一例脊髓灰质炎病例。

1938 年，中国的 14 个省市先后发布了同种病例报告。

1953 年，原国家卫生部将脊髓灰质炎列为法定报告传染病。

此时，相关病例报告日益增多，发病地区也不断扩大。

到了 20 世纪 60 年代，中国每年脊髓灰质炎的发病人数在 10 000 至 43 000 例之间；1964 年，发病率达到最高峰，这一年的发病人数高达 43 156 例，大概每 10 万人中就有 6.21 个人罹患小儿麻痹症。

而正是顾方舟牵头发明的“糖丸”（脊髓灰质炎活疫苗），让中国的孩子再也不用害怕自己会成为小儿麻痹症患者。

- 02 -

1926 年，顾方舟在上海出生。

由于父亲工作的缘故，他们全家都搬去宁波生活。

顾方舟 4 岁时，他的父亲在一次船上作业时，不幸感染了黑热病，随后身亡。他的母亲周瑶琴带着全家人搬到了天津，住进了租界。她在那里挂牌营业，做助产士赚钱养家。

小时候在天津租界的生活，对顾方舟来说并不美好。当时天津境内属于中国的辖地不过 9 平方千米，相比之下租界的面积却足有 6 倍大。在这里生活的中国人，必须接受天津成为半殖民地的屈辱现实。

那个时候，不仅外国人欺负中国人，有些中国人也可着劲儿地欺负中国人。母亲周瑶琴在开办的小诊所里，经常遭遇地痞滋事、流氓敲诈，甚至还有租界的警察借着保护之名，上门勒索财物。

“儿子，你要好好读书，要争气。长大了，你要当医生。当了医生，我们就不用求别人了。”

母亲的泪水和教诲，就这样刻在了年幼的顾方舟心上。

早在那时，他就萌生了一个念头——当医生！

1944 年，顾方舟考进了北京大学医学院，从此踏上了学医之路。

- 03 -

大学期间，顾方舟最喜爱的是严镜清先生的公共卫生课。

严先生说当时的中国人一点儿都不注意公共卫生，以至于全国的公共卫生状况极其糟糕。路面坑坑洼洼，都是积水；垃圾随意堆放，污水横流。厕所里的粪便尿液无人定时清理，常常满溢出来，淌得到处都是。蚊子、苍蝇成群结队地飞，宛如一股股黑旋风。肥硕的大老鼠根本不怕人，大白天就敢在街上流窜。

当时，中国每年都有很多普通人因鼠疫、天花等传染病而亡。国民的健康状况也十分差，在各种寄生虫病、腹泻、肝病的影响下，极少有健壮无病、合乎健康体格标准的人。

这让年轻的顾方舟感到震惊，他做医生的理想也产生了动摇。

他想，一名医生就算穷尽一生，救治的人的数量也有限。如果自己能成为一名公共卫生学家，改变普通人的卫生观念，那么将有成千上万甚至上亿的国人因此受益。

- 04 -

1949 年 10 月 1 日，新中国成立了。

次年，顾方舟大学毕业后，被分配到大连卫生研究所的噬菌体科。这个研究所是专门研究多种传染病疫苗的，而科里的主要工作由苏联的专家领导。

于是，顾方舟开始自学俄语。他拿着一本《俄英大词典》就开始尝试翻译苏联专家带来的有关生物制品生产与制造的书。他想尽可能地从苏联专家身上学到更多的知识。

因为表现优异，顾方舟作为医学方面的代表，被国家送往苏联医学科学院病毒研究所，攻读研究生课程。周恩来总理还亲自在北京饭店设宴，欢送顾方舟这群赴苏留学生。

宴会上，周总理语重心长地告诉大家：“中国送一个学生出国留学的费用，相当于 30 个农民一年的劳作收入。”

意识到国家对自己寄予的厚望，顾方舟在苏联学习的时候，时刻不敢松懈。

他第一年就攻克了语言关，之后花了 3 年的时间研究乙型脑炎。那些年，光是实验用的小白鼠，他就养了几千只。

学成回国后，顾方舟被调派至国家卫生部直属的流行病研究所工作。在中国医学科学院成立后，他又到了医学科学院工作。

从那时起，顾方舟就开始研究脊髓灰质炎。

- 05 -

1955年，急性传染病脊髓灰质炎突然大流行起来，全国人民陷入恐慌之中。其中，江苏南通的疫情最为严重，短短几天内便有466人因病死亡。

很多感染了脊髓灰质炎的孩子，都得不到很好的治疗。他们即便侥幸活了下来，身体也会留下不同程度的残疾。

患病的孩子及家长绝望的眼神，让顾方舟感到痛心不已。他发誓要研制出对症的疫苗来，哪怕他一生只做这一件事！

关于脊髓灰质炎疫苗，美国是最早开始研究的国家，他们已经研制出了死毒疫苗。但是，美国不肯把制造疫苗的核心技术提供给中国，只愿意出口疫苗。

进口的话，造价成本和运输成本太高，并不适合在我国大面积地推广使用。而且死毒疫苗的预防效果并不好。

这种疫苗是由乔纳斯·索尔克发明、卡特实验室制造的，然而卡特实验室的制造工艺存在缺陷。疫苗原本应该是灭活病毒或减毒病毒，然而注射过这种疫苗的实验猴子，有的却因感染了脊髓灰质炎而死亡。

保罗·奥菲特在自己的著作《卡特事件：美国第一支脊髓灰质炎疫苗如何导致严重的疫苗危机》中写道："这是美国历史上最严重的生物灾难之一，一场人为的脊髓灰质炎流行病。"

因此，从美国进口疫苗并不能从根本上解决问题。

顾方舟经过深思熟虑，充分考虑了国家的情况后，通过大量的实验和研究，发现活疫苗既能保护个体还能阻断病毒的传播。

在顾方舟的建议下，中国决定走研发减毒活疫苗的技术路线。

- 06 -

科研团队马上就行动起来。

1958 年，顾方舟领着一批研究员，一头扎进云南的深山老林里。他们在昆明市郊建立了猿猴实验生物站，也就是后来的中国医学科学院医学生物学研究所。

不到两年，中国的第一批脊髓灰质炎疫苗就生产出来了。

中国没有野生大猩猩，顾方舟是用云南当地的一种猴子做的动物实验。

动物实验通过之后，他们还要在人体进行第一阶段的临床试验。

顾方舟第一个喝下了脊髓灰质炎减毒活疫苗液体，并证实了疫苗对人体是无害的。

但因为成年人已经对脊髓灰质炎有了抗体，所以他们还不能完全确认疫苗对儿童是安全有效的。

可是，谁愿意让自家的孩子承担终身残疾的医学风险呢？

考虑再三，顾方舟瞒着自己的妻子，给他们还没满1岁的儿子悄悄喝下疫苗。

研究所的其他同事也纷纷效仿，让自己的孩子参加了这一次的试验。

一个多月后，好消息传来。

所有喝下脊髓灰质炎减活疫苗的孩子一切正常，临床试验通过了！

1960年，研究所生产的第一批脊髓灰质炎减活疫苗，分发给了北京、上海、天津等11个城市的儿童服用。结果证明疫苗的免疫效果良好，安全性可靠，全中国的孩子都可以接种脊髓灰质炎减活疫苗了。

有些年纪小的孩子，对服用含有减活疫苗的药液非常抗拒，家长给他们喂药的过程堪比一场大战。

于是，顾方舟又将疫苗制作成孩子们都喜欢的“糖丸”。

此举不仅解决了孩子抗拒服用疫苗的问题，还让疫苗的运输、储存更容易，远程运输到偏远山区更方便了。

孩子们都吃上了“糖丸”，中国再也没有小儿麻痹症之忧了。

自1964年脊灰糖丸疫苗在全国推广以来，脊灰的年平均发病率从1949年的4.06/100 000下降到1993年的0.046/100 000。

2000年10月，经世界卫生组织证实，中国本土脊灰病毒的传播被阻断，中国成为无脊灰的国家。

顾方舟对此十分欣慰：“我一生做了一件事，值得，值得。孩子们，快快长大，报效祖国。”

每个医学生在步入神圣的医学学府时，都被要求进行庄严的宣誓——

我志愿献身医学，热爱祖国，忠于人民，恪守医德，尊师守纪，刻苦钻研，孜孜不倦，精益求精，全面发展。我决心竭尽全力除人类之病痛，助健康之完美，维护医术的圣洁和荣誉，救死扶伤，不辞艰辛，执着追求，为祖国医药卫生事业的发展和人类身心健康奋斗终生。

这不仅是顾方舟用一生去践行的誓言，也是每一位医生应遵守的职业道德。

但愿人间无病痛，宁可架上药生尘。

林巧稚

——只要我一息尚存，我存在的场所便是病房，存在的价值便是医治病人。

人物档案

出 生 地　福建厦门

毕业院校　北京协和医科大学 / 美国芝加哥大学医学院

个人荣誉　万婴之母 / 生命天使 / 中国医学圣母

主要成就　中国妇产科学的主要开拓者、奠基人，首届中国科学院唯一的女学部委员（院士）；带领医务人员深入农村、城镇，考察妇女和儿童的疾病；著有《妇科肿瘤学》《妇科学进展》等，主编了《家庭卫生顾问》《家庭育儿百科全书》等；率先对妇产科学的许多方面进行了研究，大都是中国妇产科医学史以往未涉及的领域。

- 01 -

1901 年，林巧稚出生于福建省厦门市鼓浪屿的一个教员家庭。

林巧稚刚刚 5 岁时，她的母亲便因病去世，因此她后来的成长没有了母亲温暖的陪伴。

或许是这段人生经历，让她萌生了学医的念头。

林巧稚的父亲受过新式教育，没有因为她是女孩就忽视她的教育。林巧稚从小就被送到女子学校读书。

1919 年，林巧稚以优秀的成绩从高中毕业并留校任教。

对于旧社会的女性来说，她能有这样的学历，已经是相当了不起。她若是再找一户好人家嫁了，人生就美满了。

但那时的林巧稚一心学习，不想按照父亲和继母的规划度过自己的人生。她选择离开那座小小的鼓浪屿，去外边的世界闯荡。

- 02 -

1921年，得知北京协和医科大学建成的林巧稚不顾父亲的反对，悄悄离家出走了。她和一位女同学结伴赶往上海，参加北京协和医科大学的入学考试。

考试原本十分顺利，不料跟她一块儿参加考试的女同学突然中暑，晕倒在自己的座位上。夏天极热，那个年代可没有现代的电风扇、空调之类的降温设备，考场里挤满了考试的学生，闷得犹如蒸笼一样。

林巧稚毫不犹豫地丢下手中正在作答的考卷，帮忙把中暑的女同学转移到通风阴凉处，利用她以前学到的急救知识进行紧急救治。

因为处理及时，女同学很快从中暑中恢复过来。可惜的是，当林巧稚赶回考场时，考试结束的铃声也响了起来。

那一门还是她向来最拿手的英语考试，但是她根本没答完试卷！因为这一出救人的意外，她可能失去了考上协和医大的机会！

命运好像跟林巧稚开了一个玩笑。林巧稚回到家一个多月后，意外收到了协和医科大学的录取通知书。

原来，当时的考官报告了她在考场的情况。她面对病人时沉着冷静的处理，正是一名医生应当具备的素质。再加上她还能说相当流利的英语，其他各科成绩也都不低，于是，北京协和医科大学最终敲定，破格录取林巧稚。

- 03 -

林巧稚十分珍惜自己在协和医科大学的学习机会。她甚至压缩睡眠时间来弥补自己知识的短板。

因此，大学八年期间，她的成绩一直名列前茅。

毕业时，她不仅拿到了医学博士学位，还以优异的成绩获得了协和医科大学毕业生的最高荣誉——文海奖。

文海奖每届只授予一人，林巧稚是第一位获得该荣誉的女性。

评选的时候，校委会还进行了小小的争论。

就成绩而言，林巧稚确实比另一位候选的男同学高出 1.5 分。

但是有人说，男医生将来对协和的贡献必定超过女医生，既然他们的成绩差不多，不如还是将文海奖授予男学生吧。

这时有位先生站出来，反驳了对方的性别偏见。他说：“林巧稚课余为公益活动尽了许多义务，她为人热诚、有爱心，这是从医的根本。”

最终一锤定音，文海奖还是花落林巧稚。

- 04 -

毕业后，林巧稚留在了北京协和医院。她进了妇产科工作，成为北京协和医院第一位毕业留院的中国女医生。

那个年代，医学并不发达，生孩子死人是十分常见的事。

林巧稚还在当助理住院医师时的一个深夜，医院里突然来了一个子宫破裂、流血不止的年轻妇人。

按照医院的规定，助理住院医师是无权医治手术病人的。但当时情况紧急，如果不及时救治，妇人恐怕很快会因失血过多而丧命。

林巧稚赶紧向科主任报告了情况的危急。

当时，其他医生都没办法及时赶来。救人要紧，科主任果断地下了指示，由林巧稚负责给病人做手术。

若是手术成功，病人得救；但若是手术失败，林巧稚的职业生涯便要到此结束了。

林巧稚深深明白其中的风险。

可若是一个医生因为担心手术失败而不敢上手术台，那她这些年吃苦受累地学医，岂不是白费力气?

林巧稚鼓起勇气，拿起手术刀，第一次站上了手术台。

这一次，病人的生死，皆系于她一人之身。

庆幸的是，林巧稚证明了自己多年苦心钻研医学的那些时光没有虚度。

林巧稚职业生涯中的第一例大手术，让病人成功保住了性命，也让她由助理住院医师晋升为住院医师。她比同期同学提前 2 个月拿到了协和医院的聘书。

- 05 -

从 1932 年开始，在协和医院的支持下，林巧稚频繁出国进修，去学习世界上顶尖的医学知识。英国伦敦妇产科医院、曼彻斯特医学院、蔡尔斯妇科医院、伦敦妇幼医院、伦敦妇婴医院、奥地利的维也纳医院、美国芝加哥大学医学院、镭放射治疗中心站……都留下了她的身影。

在英国皇家医学院妇产科学系进修期间，林巧稚在导师的实验室内进行了小儿宫内呼吸课题的研究。她的研究成果还被推荐到伯明翰市举行的英国妇产科医学会议上进行交流，受到好评。

1940 年，林巧稚回到了北京。她很快就被升为妇产科主任，成为协和医院有史以来第一位中国籍的女主任医师。

1941 年，战争打破了北京的平静。日军的大规模入侵，让协和医院也被迫停诊。

林巧稚的同事——外国籍的医生纷纷劝她到国外工作，都被她拒绝了。她坚持要留在北京，留下来，帮助更多有需要的病人。

当时医院都关门了，林巧稚就自己筹借金钱，在北京的小胡同里开起了私人诊所。

别的私人诊所都为达官显贵服务，她却反其道而行之，不光以超低的诊金接诊病人，有时还自掏腰包，为那些没有钱的妇人买药材。

她过了足足 6 年这样的生活。

直到 1948 年，协和医院恢复接诊，她才重返协和。

- 06 -

1949 年，新中国成立前，林巧稚收到了开国大典的邀请函。这份许多人求之不得的荣誉，她却回绝了。

她的想法很纯粹："我是一个医生，去做什么呢？那天我出门诊，我的病人更需要我，我必须守护在她们身边。"

在林巧稚的推动下，中国第一个妇产专科医院——北京妇产医院正式落成，由她担任第一任院长。

新中国成立初期，民生艰苦。

是她，牵头组织了大规模的宫颈癌普查和防治工作，使得中国女性罹患宫颈癌的比率大大降低。

是她，带领医生团队深入基层，在偏远地区进行巡回医疗。

是她，负责编写了许多妇幼卫生的科普读物，提高了普通妇女对女性卫生健康的认知水平。

林巧稚的余生都在工作中度过。

当时社会不开明，大部分人认为女性成家后便没有办法正常工作，因而协和医院给林巧稚的聘书上写明——聘任期间不得结婚。

这句话影响了她一生。

后来尽管协和医院取消了这一条匪夷所思的规定，但她仍然坚持一生不嫁。她笑称："我早就嫁给了妇产科事业。"

林巧稚一生未婚，没有自己的儿女。

但是，冰心的 3 个孩子都是她接生的，袁隆平也是她接生的。

根据不完全统计，林巧稚这一生接生了超过 5 万名新生儿，是名副其实的"万婴之母"。

1978 年，林巧稚因患缺血性脑血管病入院治疗。

悼念林巧稚大夫
一團火焰、一塊
人民服務"的
豐滿充實地
想到自己，
技術和感情，
給了她周圍一
於她的醫術、醫德
總行，受過她的醫治
她的培養的人都會
動人的文章。她
在我的心

- 07 -

住院治疗期间，她在轮椅上、病床上写着关于妇科肿瘤的书籍，直至 4 年后，完成 50 万字的著作《妇科肿瘤学》。

1980 年 12 月 2 日，林巧稚因为病情加重被送进了医院，但她没有完全停下工作，而是要求值班医生和护士只要病人出现问题，即使是半夜也要马上通知她。

甚至在 1983 年 4 月 21 日这一天，她还接生了 6 个婴儿。而第二天，她就离开了人世。

在病情恶化、陷入昏迷的时候，她还在断断续续地喊：“快！快！拿产钳！产钳……”

说完这句话，林巧稚便永远地离开了这个世界。

“我是一名医生，经历了太多的生死，并不怕死。人们了解我，我更了解自己。我没有负疚，没有牵挂，没有悔恨，尽可以瞑目而去。”

这是林巧稚生前常说的话。

在她去世后，按照她的遗嘱，她毕生积蓄的 3 万元捐献给了首都的幼儿园、托儿所，遗体献给医院供医学研究用，骨灰则撒在故乡鼓浪屿周围的海面上。

中国曾经历数千年的封建社会，在世俗眼中，女性应当是听话的女儿、贤良的妻子、慈祥的母亲。但是生在旧中国的林巧稚，没有走上当时普通女性的人生道路，而是遵从内心的声音，选择这一生成为她自己，成为婴儿和母亲的守护神。

你们呢，期望将来的自己成为什么样的人？

屠呦呦

——中国医药学是一个伟大的宝库，应当努力发掘，加以提高。

人物档案

出生地	浙江宁波
毕业院校	北京大学医学院
个人荣誉	诺贝尔生理学或医学奖 / 青蒿素之母
主要成就	多年从事中药和西药的结合研究，领导课题组从系统收集整理历代医籍、本草、民间药方入手，在收集 2 000 余方药的基础上，编写了以 640 种药物为主的《抗疟单验方集》；创制的新型抗疟药青蒿素和双氢青蒿素，能有效降低疟疾患者的死亡率；是第一位获得诺贝尔科学奖项的中国本土科学家。

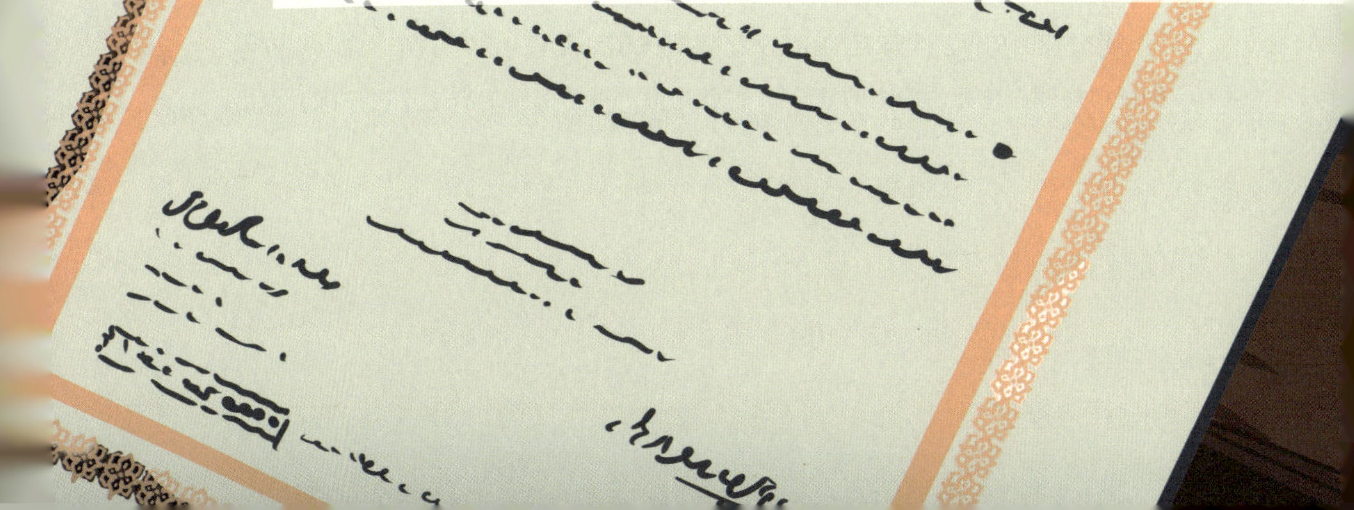

- 01 -

屠呦呦发现的青蒿素，究竟对人类有怎样重大的意义，能让她获得诺贝尔奖呢？

这事说来话长。

疟疾，大众熟知的古老瘟疫，其实是由疟原虫感染人体所导致的一种寄生虫传染病。得了疟疾的人，会反复发高烧、打寒战，严重的还会昏迷、器官衰竭，甚至死亡。

为了找到能够有效治疗疟疾的药物，人类医学探索了数百年。

1630 年，西班牙传教士朱安 · 鲁珀发现，秘鲁的印第安部落用一种叫金鸡纳的热带植物的树皮治疗疟疾。他把这一发现记录下来并传播出去。

1693 年，中国清朝的康熙皇帝身患疟疾，外国传教士献上从金鸡纳中提炼出的药物，康熙的病情很快好转，金鸡纳特效药也在中国获得广泛传播。

1820 年，一位法国医生从金鸡纳的树皮中分离出奎宁，它是有效治疗疟疾的天然药物成分。

1934 年，德国人合成了与奎宁的化学结构相近的氯喹作为抗疟药物，其产量和安全性均稳定提升。

1939 年，人们发现了剧毒农药 DDT 的强效杀虫作用，随后将它用于大规模杀灭蚊虫，阻断“疟原虫－蚊虫－人”的传播链。

各种手段多管齐下，欧美等发达国家和地区陆续消除了疟疾，但在众多的发展中国家，消除疟疾之路依旧漫漫。直到今天，疟疾仍然是世界上流行最广、危害最严重的传染病之一。

最严重的时候，全球有 7 亿人感染疟疾，约 700 万人死亡，其中 90% 的死亡病例来自非洲。

到了 2019 年，全球还有 2.29 亿疟疾病例，死亡 40.9 万例，其中 5 岁以下儿童的死亡病例占总死亡病例的 67%。也就是说，每 2 分钟就有 1 个孩子因为感染疟疾而去世。

尽管在2021年6月30日，中国获得了世界卫生组织的无疟疾认证，但是中国的这一场抗疟之战已经持续了几十年。

- 02 -

1949年新中国成立时，全国的疟疾病例一度高达3 000万，即每100个中国人中就有6个感染疟疾。

20世纪50年代，抗美援朝战争和越南战争先后爆发。战场成了瘟疫流行的温床，解放军战士们频繁感染疟疾，战斗力也受到严重影响。

全人类都饱受疟疾之苦，各国政府加大了研发抗疟药物的投入。

从1955年开始，中国启动了全民抗疟的行动。政府牵头组织广大群众，通过通沟渠、清积水、除杂草、散发蚊帐等手段，有效地阻断了蚊子将疟原虫传染给人类的途径，进而降低了疟疾的感染率。

然而，最重要的还是要尽快找到能够治愈疟疾的特效药。

疟原虫已经在地球上存在了5万～10万年，可想而知，它的生命力何其顽强。

1960年，氯喹和其他抗疟药物对疟疾患者的治愈率接近97%，但几年后很快就下降至21%。疟原虫逐渐对各种抗疟药物产生了抗药性。

于是1967年，一个代号“523”的科研项目悄悄上马了。

超过60家科研机构、数百名科研人员参与了这个项目，一方面他们要按现代医学研制新药的途径，筛选、合成新的化合物；另一方面则要集中较多的人力，从中医药方向寻找新药的突破口。

屠呦呦就是此时加入这个项目的。

- 03 -

1969 年，已经 39 岁的屠呦呦，从卫生部中医研究院中药研究所被调派至这里的中医药协作组，和军事医学科学院的研究人员一起工作。

他们总计收集了 2 000 多种中草药制剂，选择了其中 640 种可能治疗疟疾的药方，并对其中 200 多种中药开展实验研究，利用现代医学和方法进行分析研究，不断改进提取方法。

最后，他们将重点放在了青蒿这种天然药草上。

那时民间流传着一句话：“中医让你稀里糊涂活着，而西医让你死得明明白白。”这句话大致说明了中医和西医治病的原理不同。

中医通常根据辨证施治的原则，用几味、十几味甚至几十味不同药物进行配伍，而药物的单体成分和功效并不清晰。

而按照西医奉行的现代药物研究理论，只有成分明确、药效清晰的化合物，才能成为现代药物，进入医用药品列表。

那么，究竟是青蒿中的什么成分，对疟疾产生了疗效呢？

这是接下来项目组必须攻克的难题。

当项目进度毫无进展时，是系统学习过中医的屠呦呦在古籍中找到了出路。

东晋药学鼻祖葛洪在《肘后备急方·治寒热诸疟方》中，曾提到“青蒿一握。以水二升渍，绞取汁，尽服之”。

这给屠呦呦带来了奇妙的灵感。她意识到，现代医学常用的煎熬和高温提取的方法，或许破坏了新鲜青蒿中的某些有效的药物成分。

因此她重新设计了实验过程，率先使用乙醚进行低温提取。

在经历了 190 次失败后，她终于成功地从新鲜的青蒿中提取出了青蒿素，并且亲自上阵试服提取药物，进行首批人体试验。

在服药观察 1 周后，他们确认了药物对人体无任何毒副作用，是安全的。

1972 年底，屠呦呦和她的团队从青蒿提取物中成功分离出三种结晶成分，并找到了一个对疟疾抑制率高达 100% 的有效单体，命名为青蒿Ⅱ号结晶。

1982 年，屠呦呦以抗疟新药——青蒿素第一发明单位第一发明人的身份，获得了国家最高科学技术奖。

如今，青蒿素类药物已经成为世界卫生组织推荐的抗疟首选药。

根据世界卫生组织统计，现在全球每年有 2 亿多疟疾患者受益于青蒿素联合疗法，疟疾死亡人数从 2000 年的 73.6 万人稳步下降到 2019 年的 40.9 万人。

中国的医药企业已经覆盖非洲 35 个国家和地区，每年对外供应青蒿素药物 1.5 亿支，救治了超过 3 000 万的重症患者；推出的疟原虫快速检测试剂盒，可以在 15 分钟内检测出人体是否感染疟疾；推广的长效药物蚊帐，保护了 10 亿人免遭蚊虫叮咬所带来的疟疾传播。

在人类的药物史上，一种能缓解数亿人疼痛和压力、挽救上百个国家里的数百万人生命的药物，并不常有。

饱受疟疾之苦的非洲人民，称青蒿素为中国神药。屠呦呦被称为青蒿素之母，可以说是实至名归。

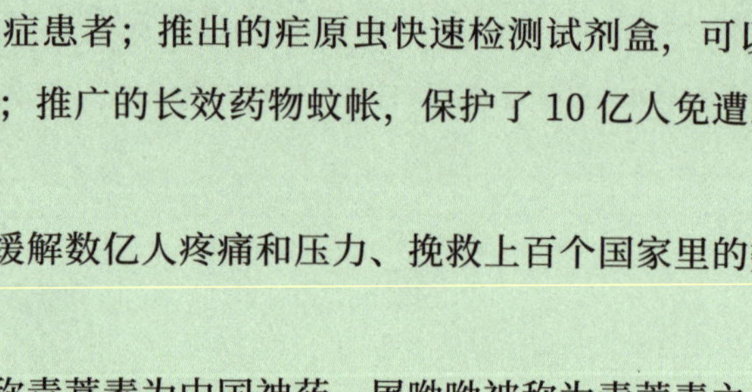

- 05 -

其实在屠呦呦真正闻名世界之前，从来没人意识到，她将来会在中医药领域有一番成就。

1930 年，屠呦呦出生于浙江宁波的一个书香门第之家。家中有 5 个孩子，她是唯一的女孩，自小身体孱弱，年少时还因为不幸感染了肺结核病，不得不休学两年养病。

1951 年，屠呦呦考进了北京大学，在医学院药学系生药专业学习。她一毕业便被分配到了卫生部中医研究院（现中国中医科学院）中药研究所工作。

工作 4 年后，她参加了卫生部全国第三期西医离职学习中医班，系统地学习中医药知识。

她不仅一心扑在工作上，还因为本身就对中医药学感兴趣，经常下班后到药材公司去，向老药工们学习中药药材真伪辨别、质量鉴别、炮制方法等。

据她当年的同学和同事们回忆，屠呦呦在现实生活中是个十足的“粗线条”，不太会照顾自己。

上学时，她每天一放学就回家了，成绩在班里不算突出，一直是中上的水平。有一次身份证找不到了，她让朋友帮忙找找，结果朋友打开她的箱子，发现里面的东西摆放得乱七八糟，完全不像其他女生那样，收拾得整整齐齐。

结婚后，她又一心扑在工作上，做家务很不灵光，买菜、做饭这样的生活琐事，基本上由她的先生承担。

屠呦呦的一个特别之处是她的名字。

“呦呦”是一个富有诗意的名字，取自《诗经·小雅》篇的“呦呦鹿鸣，食野之蒿”，寄托了父母对女儿的美好期待。

当时谁又能料想到，屠呦呦这一生，偏就跟“蒿”这株小草结缘了呢？

- 06 -

2015年，最早分离出青蒿有效抗疟成分青蒿素的屠呦呦，凭借着对人类健康的突出贡献，获得了当年的诺贝尔奖。

这是中国科学家，凭着在中国本土进行的科学研究，首次获得的诺贝尔科学类奖项，也是迄今为止中国医学界获得的世界级最高奖项。

屠呦呦是中国首位获得诺贝尔奖的女性。

2018年初，屠呦呦的团队又公布了一项研究突破——双氢青蒿素对困扰人类已久的疾病“红斑狼疮”存在治疗效果。

屠呦呦又一次震惊了世界。

现在，已经成为“90后”的她并没有停下脚步。

她仍旧在探索，青蒿素在治疗肿瘤、白血病、类风湿关节炎、多发性硬化、变态反应性疾病等方面会有怎样的效果呢？如何才能将自己的研究成果变成救命的良药呢？

她在中医药研究之路上继续前行，前行……

西方医学传入中国后的这些年来，中医承受了太多诘责和质疑。青蒿素不仅是中医药学献给世界的礼物，也让中医重新走到了大众的视野中。但是，中医复兴之路仍很漫长。孩子们，你们愿意追随屠呦呦前辈的脚步，一起努力吗？

吴孟超

——一个好医生，眼里看的是病，心里想的是人。

医大圣

人物档案

出 生 地	福建闽清
毕业院校	同济大学医学院
个人荣誉	中国肝胆外科之父 / 中国肝脏外科的开拓者和主要创始人之一
主要成就	最先提出中国人肝脏解剖“五叶四段”的新见解；在国内首创常温下间歇肝门阻断切肝法，率先突破人体中肝叶手术禁区；建立了完整的肝脏海绵状血管瘤和小肝癌的早期诊治体系；主持建立了中国肝胆外科疾病治疗及研究专科中心，先后获国家、军队、上海市科技进步奖 35 项；出版《腹部外科手术学图谱》《肝脏外科学》等多部医学专著，发表论文数百篇。

- 01 -

吴孟超，中国肝脏外科的开拓者和主要创始人之一。

他的学生，学生的学生，以及第三代、第四代学生，构成了目前中国肝脏外科的中坚力量。

是他，带领同伴完成了中国第一例肝脏外科手术。

是他，将中国肝癌手术成功率从不到 50% 提高到 90% 以上。

是他，在中国首创了常温下间歇肝门阻断切肝法和无血切肝法。

是他，完成了世界上第一例中肝叶切除手术，切除了迄今为止世界上最大的肝海绵状血管瘤。这是世界上第一例在腹腔镜下直接摘除肝脏肿瘤的手术。

是他，建立了世界上规模最大的肝胆疾病诊疗中心和科研基地，建立了世界上最大的肝癌病理标本库，培养了大量肝胆外科领域的优秀人才。

在长达 70 多年的从医生涯里，他挽救了超过 16 000 名患者的生命。

- 02 -

1922年，吴孟超出生在福建闽清的一个小山村里。

因为家境贫寒，吴孟超很小便跟着父母去了马来西亚，在一家橡胶园里谋生。

身为家中的长子，他从7岁开始，便去橡胶园里帮忙割橡胶了。

他每天必须凌晨两点起床去上工。因为橡胶在日照下会快速凝固，无法从橡胶树上滴落下来。

凌晨的橡胶园，蚊虫鼠蛇到处流窜。

那时，吴孟超甚至连一双鞋子都没有，他必须一边忍受蚊虫叮咬、防范草丛中的鼠蛇，一边进行割胶的操作。

割胶需要细心和专注。割胶人如果粗心大意，就容易割到橡胶树的“水线”，而这就会影响橡胶树的生长和日后的割胶工作。

年幼的吴孟超在日复一日的割胶操作里，学会了自律和专注，还攒够了去当地的光华学校上学的学费。

光华学校是由爱国华侨陈嘉庚出资建造的，只在下午上课，学习的内容以中文为主。这样，吴孟超就能上午帮家里工作，下午在学校认真念书。

对于他的家境来说，这样正好合适。于是，吴孟超便在这所学校从小学一直念到初中。

1938 年 10 月之后，抗日战争进入相持阶段。

远在马来西亚的吴孟超和同学们得知祖国正在受难，主动将聚餐的费用捐给国内的中国共产党。

没想到，不久后，这群少年竟然收到了中国共产党领导人发来的感谢电报。

这封电报仿佛烧红的烙铁一样，在年少的吴孟超心里烙上了红色印记。

在马来西亚，吴孟超初中毕业后就中断了学业——当地的高中几乎都是英国人办的，全程只用英文教学。

这封电报，促使吴孟超做出了人生中最重大的决定——回国！他要像那些革命党人一样，参加抗日活动，拯救祖国！

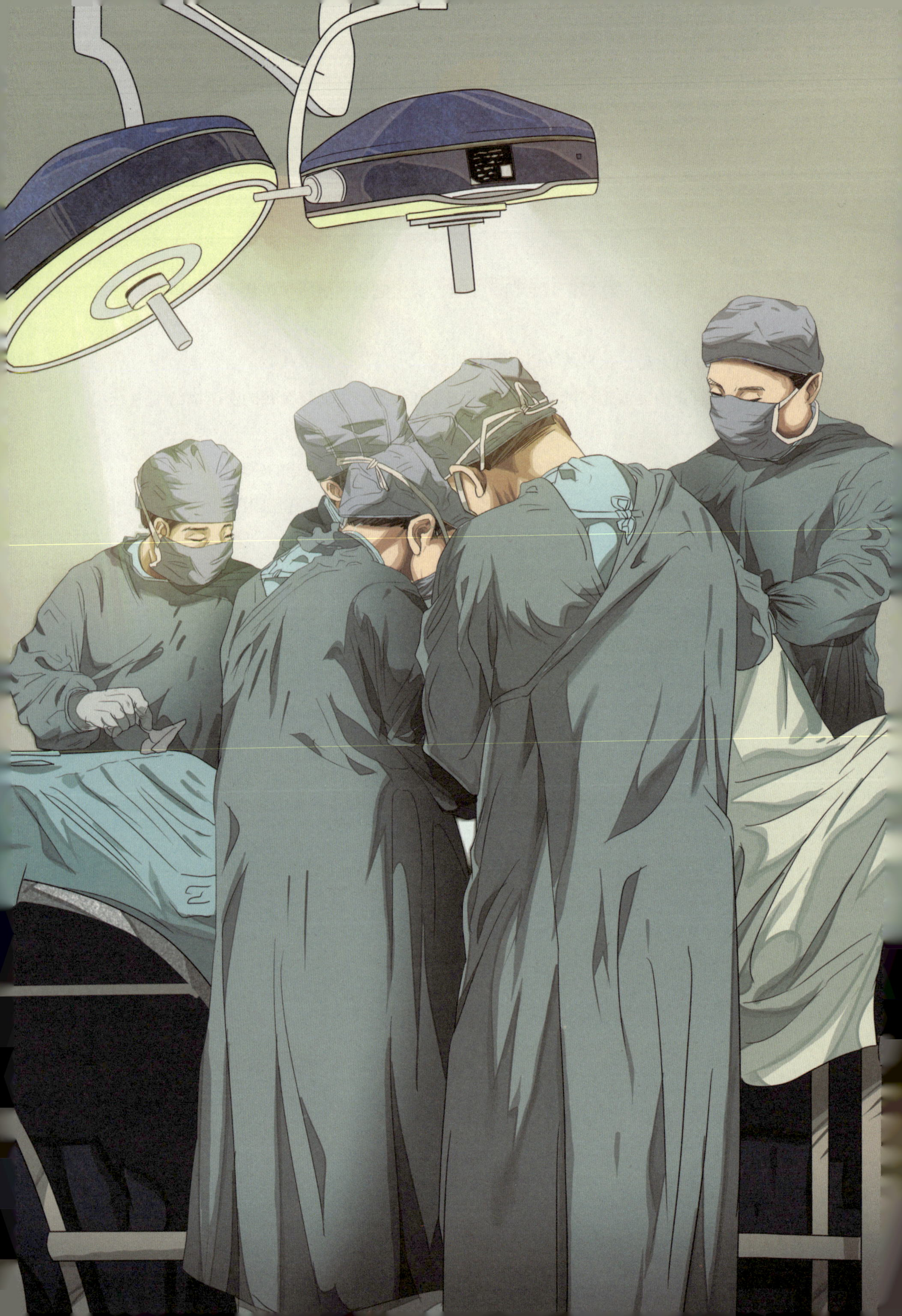

- 03 -

1940 年，吴孟超从马来西亚回国。

他原本想去延安，但因为种种限制，只能留在昆明继续求学。

于是，他在昆明的同济大学附属中学继续学业。1943 年，他考进同济大学医学院。

毕业后，吴孟超进了当时的华东军区人民医学院第一附属医院，当上了一名受人敬仰的外科军医，师从中国外科之父裘法祖。

裘教授对吴孟超说：“中国是个肝病大国，但肝胆外科比较薄弱，你应该朝这个方向发展。”

曾有医学研究发现，中国是肝癌高发的国家。当时，全球每年约有 62 万新发肝癌病例，其中有 55% 的病例在中国。可当时中国的肝癌防治领域是一片空白。

意识到肝胆医学的稀缺性和重要性后，吴孟超将裘教授的建议听了进去，将自己的医学主攻方向转到了肝胆外科。

那个年代，即便是同济医院，科研条件也相当简陋。为了制作肝脏血管模型标本，吴孟超想了很多办法。

终于，在足足努力了 4 个月之后，吴孟超灌注出了中国第一具结构完整的人体肝脏血管模型。

曾经有个国外的专家，在了解到吴孟超那简陋的科研条件之后，傲慢地断言：“中国肝脏外科的水平想赶上我们，起码要 30 年！”

吴孟超对此感到十分愤怒，他写下“卧薪尝胆，走向世界”八个大字，发誓即便耗尽此生，也要将中国这顶“肝癌大国”的帽子扔到太平洋去。

- 04 -

1958 年，吴孟超翻译并出版了中国第一本肝脏外科方面的专著——《肝脏外科入门》。

他和张晓华、胡宏楷组成的三人研究小组，宣布向癌中之王——肝癌发起挑战。

1960 年 6 月，吴孟超公布了他们的初步研究成果——

根据中国人肝脏的大小数据及其规律，正常人的肝脏解剖按内部血管走向可分为五叶六段，但在外科临床上分为五叶四段最为实用。

同年，吴孟超在这个理论的基础上，成功为一个中年肝癌患者进行了肝脏手术。

这是第二军医大学第一附属医院第一例成功的肝脏手术。

此后，在大量的临床实践中，吴孟超还发明了常温下间歇肝门阻断切肝法，提升了肝癌手术治疗的成功率。

1961 年，吴孟超又发现了正常肝脏和肝硬化肝脏手术后生化代谢规律，并据此提出了纠正肝癌术后常见的致命性生化代谢紊乱的新思路与新策略。

1963 年，他成功主刀完成了世界首例中肝叶切除术。这象征着中国的肝胆外科技术从此开始迈入世界医学前列。

而此时，距离他决定专攻肝脏外科，仅仅过去了 7 年。

- 05 -

裘法祖教授经常说：“医术有高有低，医德最是要紧。”

从医 70 多年，吴孟超一直将这句话作为自己的人生指南。

他每周二都会出门诊，如果周二临时有事，改天也会补上门诊的工作。

他星期二的门诊一共 12 个号，来挂号的人必须实名，并且挂号人还要提供他们过去的全部病历。要求这么苛刻，是为了避免票贩子炒号。

他的门诊挂号费用，始终和其他专家一样。病人的治疗费用甚至比其他医院要低不少。

现在做手术可以用器械缝合，比以前更简单。但是吴孟超一直不用器械缝合，他坚持用手工，因为器械缝合的费用比医生人工缝合要贵不少。

“咔嚓一声，一千多元就花掉了，这可是一个农村孩子读书一年的费用！”

吴孟超如何忍心？

他是淋过雨、吃过苦的人，便忍不住想为别人打伞。

抱着这个想法，他尽量给病人开便宜的药，不做不必要的重复检查。不仅如此，他还要求本院医生尽可能为患者减轻经济负担。

直到 96 岁，在手术台上实在站不住了，吴孟超才答应退休。

- 06 -

吴孟超给学生们讲过一个故事——

大海退潮后，海边的沙滩上留下很多搁浅的小鱼。烈日下，等待它们的似乎只有死亡。

但有一个孩子弯下腰一条一条地捡起这些小鱼，把它们扔进大海。

旁观的一个大人对这个孩子说：“那么多小鱼你捡得过来吗？一条小鱼而已，有谁会在乎呢？”

孩子一边不停地往海里扔鱼，一边说：“你看，这一条在乎，那一条也在乎。”

吴孟超将自己比喻成那个执着地在海滩上救鱼的小孩。

尽管能够救起的小鱼有限，但他愿意拼尽一生，全力以赴。

我们都不是小鱼，无法感同身受搁浅沙滩给小鱼带来的痛苦。

但是我们都生过病，都体会过疾病给身体所带来的各种痛苦。这时候若能遇到吴孟超这样尽职尽责的医生，对于生活在病痛中的人们来说，真的是太好了啊！

钟南山

——中国把生命至上作为最高人权，不放弃一个患者，不遗漏一个病人。

人物档案

出生地	江苏南京
毕业院校	北京医学院 / 英国爱丁堡大学
个人荣誉	中国抗击非典型肺炎、新冠疫情的领军人物
主要成就	国家卫健委高级别专家组组长，长期从事呼吸内科的医疗、教学、科研工作；致力于重大呼吸道传染病以及慢性呼吸系统疾病的研究、预防与治疗，成果丰硕，成绩突出；首次证实了隐匿型哮喘的存在，是世界闻名的呼吸病学专家。

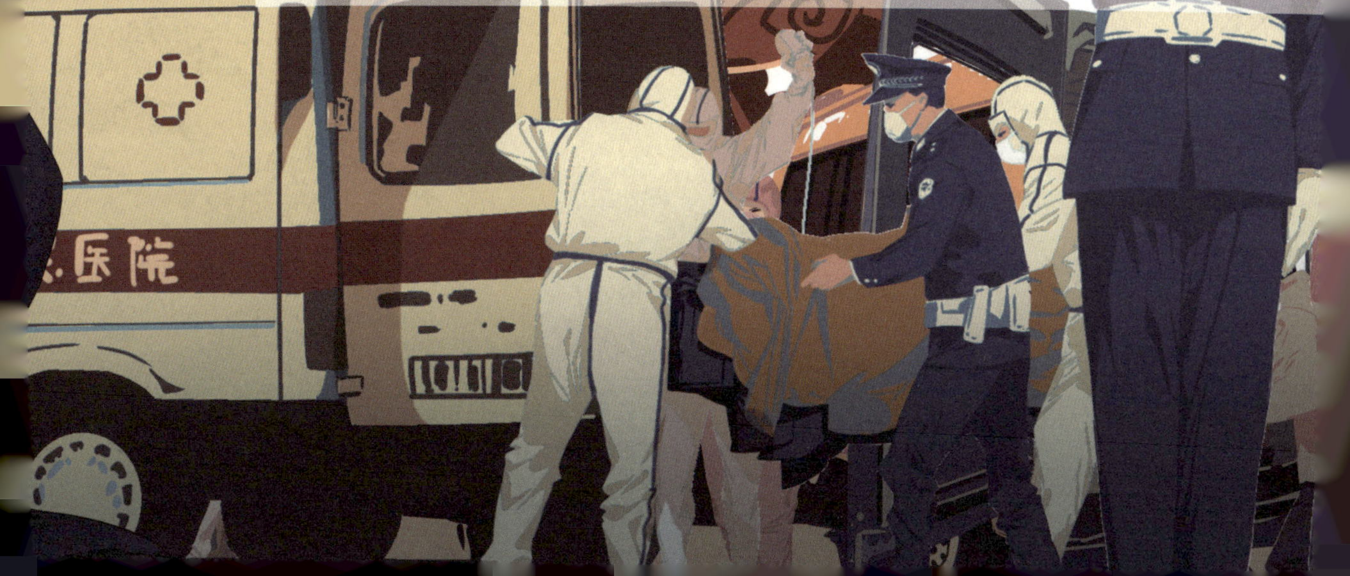

- 01 -

1936年10月20日，钟南山在南京中央医院出生。因为医院坐落于南京钟山（紫金山）的南面，他的父母便给他取名为“南山”。

钟家是医学世家。钟南山的父亲钟世藩，拿到了美国纽约州立大学的博士学位，主攻儿科医学方向，是中国著名的儿科专家，也是当时中国医学界赫赫有名的“八大金刚”之一。他的母亲廖月琴，出生于鼓浪屿有名的廖氏家族，家族里的成员几乎个个是国内知名的医学专家，而她是著名的护理学专家、广东省肿瘤医院的创始人之一。

钟南山出生之时，日本帝国主义大肆侵占中国东北地区，并于1937年7月7日发动卢沟桥事变。由此，抗日战争全面开启。

那是一个动荡不安的战争年代。

日军频繁对南京进行轰炸，他的家也被炸得面目全非。

有一回，不到1岁的他被埋在废墟之中，差点儿死去。幸好母亲及时从废墟中将他扒了出来。

经此一遭，钟家不敢在南京待了，钟南山的父母便带着他南下，去了局势相对稳定的广州。

- 02 -

广州当地人多讲粤语，也就是所谓的白话。平时老师们授课、同学们日常交流，也多用白话。

读小学时，年幼的钟南山因为语言不通，在班上的学习成绩不好，还留过两次级。他的自信心大受打击，甚至有了点儿破罐子破摔的心态。

直到五年级，他偶然在一次考试中取得了不错的成绩。母亲很高兴，还特意表扬了他。受到表扬的钟南山终于找回了点儿信心，他开始调整心态，发誓要认真读书。

1955年，曾是留级生的他，竟然考上了全国录取分数最高的北京医学院（现北京大学医学部）。

除了钟南山自身的勤奋好学之外，他的进步跟父亲、母亲的言传身教也是分不开的。

比如，从母亲身上，钟南山学到了信守承诺。

在钟南山读小学六年级时，母亲跟他约定："只要小学毕业考到年级前五名，我就奖你一辆自行车。"

但是那一年，钟南山在读的岭南大学附小，由于某些原因不能举行毕业考试了，学校只是根据平时的成绩发了一份成绩排名单。在这份成绩排名单上，钟南山排在第二个。

这不是考试考出来的成绩，而且当时家里的生活也很困难，小小的钟南山便没跟母亲提买自行车的事。

没想到，母亲依旧按照约定，给他买了一辆自行车。

从那时起，钟南山就记住了一件事：答应别人的事，就一定要做到。

父亲对钟南山同样有着深远的影响。

钟南山从小就跟着父母在医院里长大，看过很多次父亲为病人尽心医治的场面。

父亲认真书写每一份病历，能少用药就少用药，能用便宜药就不用贵的药。有时

候即使下了班，他也会为那些很小的孩子上门看诊。

因为视力退化，父亲只能用放大镜看文献，到后来甚至都没办法看清文字。即使这样，他还是花了4年时间，捂住一只眼睛，一字一句艰难地写下了多达40万字的《儿科疾病鉴别诊断》。

在人生这所学校里，父母是孩子最初的老师，也是最好的老师。

或许是因为在成长过程中目睹了父亲对医生这个职业的热爱，后来钟南山高考填报志愿时，便填报了医学院。

- 03 -

其实钟南山曾经犹豫过——自己真的要走上医学这条道路吗？

在北京医学院上学期间，钟南山不光学习成绩优异，体育运动还表现得特别突出。大三的时候，他作为北京医学院的运动员代表，参加了北京市的高校运动会，竟然在比赛中拿到了400米短跑的冠军。

1958年，他还被抽调到北京市体育集训队，代表北京市参加了中华人民共和国第一届运动会（又称第一届全运会）。在首届全运会的比赛中，年轻的钟南山以54.4秒的成绩，打破了当时400米栏的全国纪录。

当时，北京体委都关注到这个小伙子，他们盛情发出邀请，希望钟南山能留在体工队。

钟南山热爱体育，他真的为此心动过。但是，理性让他拒绝了这个邀请。他的运动天赋有限，就算成为专业运动员，也不能成为世界级的优秀运动员。

他决定，还是要将自己的一生投入医学事业。

不过，虽然钟南山没有成为专业运动员，但他和体育的缘分并没有到此结束。

他的妻子李少芬是20世纪50年代中国女篮的副队长，电影《女篮五号》里的人物原型之一。

他的女儿钟帷月是优秀的游泳运动员，曾拿过世界短池游泳锦标赛 100 米蝶泳冠军。

而钟南山自己，每周有三四天会抽出 40 至 50 分钟的时间进行体育锻炼。

就像吃饭一样，体育运动成为他生活的一部分。多年保持这样的习惯，也让他现在看着一点儿都不像 80 多岁的老人。他仍能像年轻小伙子一样工作。

有人曾问钟南山，为什么他这么喜欢体育呢？

他说：“体育能培养人的三种素质：第一是竞争精神，一定要力争上游；第二是团队精神；第三是高效率，是如何在一个单位时间里高效率地完成任务。把体育中的这种竞技精神用到工作、学习上来同样有效。”

- 04 -

大学毕业之后，钟南山就进了医院进行临床工作。

他选择的主攻方向是呼吸内科，研究哮喘、慢性阻塞性肺疾病、呼吸衰竭和其他呼吸系统常见疾病。

都说学无止境，为了提升自己，他还远赴英国爱丁堡大学医学院和伦敦大学呼吸系进修。

通过进修医学知识，以及多年积累的临床经验，钟南山首次证实了隐匿型哮喘的存在。那些长期因不明原因咳嗽的病人，因为这个发现，终于得到有效的治疗，病痛得到了缓解。

后来，钟南山领导的研究所，对慢性不明原因咳嗽的诊断成功率达到了 85%，所里的重症监护室抢救的成功率更是高达 91%。

他虽然拒绝了体委的邀请，却在医学领域大放异彩，逐渐成长为一位世界著名的呼吸病学专家。

- 05 -

不过，真正让钟南山闻名于世的，当数那次“非典型肺炎”疫情。

2002 年 12 月底，广州某家医院收治了一例奇怪的病人——肺全部变白了。用了很多抗生素后，他的病情没有任何改善，而治疗他的 8 名医护人员全部被传染。

这是一种闻所未闻的肺炎，没人知道起源，只知道它的传染性强、死亡率高，常规的抗生素对它不起任何作用。

广州医学院第一附属医院（现为广州医科大学附属第一医院）重症治疗室去请教钟南山，他了解情况后迅速做出判断：“这不可能是细菌感染！这是一例要引起高度重视的特殊传染病！”

2 个月后，某权威机构声称他们在广东送去的两例标本切片中发现了衣原体，认为这就是非典病因，建议使用抗生素治疗。此时，某些权威渠道也先后跟进，向大众宣布非典疫情已经得到了有效控制。

钟南山一直战斗在前线，得知情况后，顶住压力，用客观事实和临床经验，有力地反驳了市面上流传的这样那样的谬论——

“非典的元凶不是衣原体，而是某种新型病毒。”

“根本就没有控制住！现在病源不知道，怎么预防不清楚，怎么治疗也没有很好的办法，病毒还在传染，怎么能说是控制住了？”

“这不是一般的学术讨论，而是救命的问题，我们要尊重事实。”

是他对非典高度警惕，在非典暴发初期积累了大量的治疗经验，从而最早制定出《非典型肺炎临床诊断标准》。

是他对真相的坚守、对事实的尊重，阻止了可能发生的大面积误诊。

是他推行的“三早、三合理”的非典型肺炎的治疗方案，让广东成为全球非典病人治愈率最高、死亡率最低的地区之一。

是他不顾生命危险，奔赴疫区指导医疗救治工作，救治危重病人。

是他与国际卫生组织合作，主持制定中国非典等急性传染病诊治指南。

在当年那场非典疫情中，67 岁的钟南山就是“定海神针”般的存在。

- 06 -

在对抗非典疫情中一战成名，这似乎对钟南山并没有什么影响。

他在该退休颐养天年的年龄仍旧坚持在医院的临床一线工作。

每周两个下午，他雷打不动坐在专家门诊室。

他还时不时去病房查房，组织疑难病例讨论。

看病、教学、运动，他的生活安排得有条不紊。

直到 17 年后，武汉发生高度疑似“非典型肺炎”（新冠感染）的疫情时，84 岁的他毫不犹豫再度出山，赶赴疫情前线。

钟南山一边提醒公众“没什么特殊情况，不要去武汉”，一边连夜坐高铁前往武汉。

因为没有买到坐票，年迈的他只能靠在高铁餐车一角闭目养神。

千万人在远离武汉，唯独头发花白的他在逆行。人们仿佛吃下一颗定心丸：“钟南山来了，我们稳了。”

2020 年，因为新冠疫情，中国人度过了一个揪心的春节。

可同样是 2020 年，因为钟南山，我们看到了一位国士的勇气和担当！

“我一生做了一件事，值得，值得。孩子们，快快长大，报效祖国。”

顾方舟

“只要我一息尚存，我存在的场所便是病房，存在的价值便是医治病人。”

林巧稚

“中国医药学是一个伟大的宝库，应当努力发掘，加以提高。”

屠呦呦

“一个好医生，眼里看的是病，心里想的是人。”

吴孟超

中国把生命至上作为最高人权，不放弃一个患者，不遗漏一个病人。”

钟南山

磨铁星球 XIRON KIDS

绿色印刷产品

群星照耀中国

第九册

实业兴邦

饶斌 詹天佑 盛宣怀 茅以升 梁思成

岁闲君 著

时代出版传媒股份有限公司
安徽教育出版社

群星照耀中国

第九册

实业兴邦

岁闲君 著
漫阅花喵 马鲍方 绘

时代出版传媒股份有限公司
安徽教育出版社

群星照耀中国·实业兴邦
QUNXING ZHAOYAO ZHONGGUO · SHIYE XINGBANG

出 版 人：费世平
质量总监：武常春
策划编辑：王冰莹
责任编辑：程宏业
装帧设计：江雨濛
责任印制：陈善军
设计制作：江雨濛

出版发行：时代出版传媒股份有限公司 安徽教育出版社
地　　址：合肥市经开区繁华大道西路 398 号 邮编：230601
网　　址：http://www.ahep.com.cn
营销电话：(0551) 63683015, 63683916
排　　版：江雨濛
印　　刷：天津海顺印业包装有限公司

开　　本：787 毫米 ×1092 毫米 1/16
印　　张：36（全九册）
字　　数：410 千字（全九册）
版　　次：2024 年 6 月第 1 版
印　　次：2024 年 6 月第 1 次印刷
定　　价：178.00 元（全九册）

目录

梁思成

——一个民族的自大或自卑都源于对本民族历史文化的无知。

人物档案

出生地	日本东京
毕业院校	清华大学 / 宾夕法尼亚大学
个人荣誉	中国近代建筑之父
主要成就	毕生致力于中国古代建筑的研究和保护，在中国古代建筑理论及文物建筑保护的研究中作出重要贡献；曾参与华东革命烈士陵园、人民英雄纪念碑、中华人民共和国国徽等的设计。

- 01 -

1901 年，梁思成在日本东京出生。

他的父亲就是中国近代史上赫赫有名的梁启超，清朝末年的思想家、政治家、教育家，戊戌变法的领袖之一。

戊戌变法失败后，梁启超不得不逃往日本，而梁思成就是在梁启超流亡日本期间出生的。

梁思成在日本度过了较为安稳的童年。

1911 年，辛亥革命成功推翻了清政府的统治，阻拦梁启超回国的最大障碍终于消失了。

1912 年，11 岁的梁思成跟父母一块儿回到了中国。

3 年后，年仅 14 岁的梁思成考进了清华学校（清华大学前身）。

梁家家学渊源，在父亲梁启超的教育下，梁思成不仅学业优秀、兴趣广泛，而且具有强烈的爱国情怀和民族意识。

1919 年，北京，一场以青年学生为主，广大群众、市民、工商人士等阶层共同参与的反帝反封建的爱国游行爆发，这就是“五四运动”。作为清华学校“义勇军”爱国组织的中坚分子，梁思成奔走呼吁，召集了许多爱国青年来参加这场爱国游行。

1923 年，梁思成在出国前夕还跑去天安门广场参加“二十一条国耻日”纪念活动。途中，他不幸被军阀金永炎乘坐的汽车撞伤，左腿骨折，这导致他去美国留学的事不得不推迟一年。

- 02 -

1924年，梁思成养好伤后，终于得以赴美国费城的宾夕法尼亚大学学习建筑学。

刚开始，梁思成特别喜欢西方的建筑历史。他经常到图书馆看书，学习西方古代历史，研究西方古代文物。那时的他是那么狂热，甚至能用画笔将那些著名的西方古建筑一个个默画在纸上。

父亲梁启超得知后没说什么。过了一段时间，梁思成突然收到一本宋朝的建筑古书《营造法式》。

这部典籍令梁思成深深地感受到了中国传统建筑文化的博大精深，那是与西方完全不同的一种建筑体系。

可惜因为年代久远，资料和建筑方式失传，这本古籍对于后世中国人来说，已经变得极难阅读、理解。

但是，梁思成在父亲的影响和督促下，自幼就熟读《左传》《史记》等古籍，在阅读中国古代典籍方面拥有良好的基础。

中国古人留下了丰富的建筑遗产，如著名的长城、宏伟的宫殿、秀美的园林和多姿多彩的民居。可是，当时中国从未有人对此做过系统的研究。

于是，梁思成立志，有生之年他要破译这本中国建筑界无人能懂的“天书”。从此，他便将自己的研究方向转到了中国建筑史上。

1927年，梁思成在宾夕法尼亚大学拿到硕士学位后，又去了哈佛大学的研究生院学习。他准备在那里撰写中国宫室史方向的博士论文，并潜心研究中国古代建筑。

可是，做研究工作怎么能只在书本中找资料呢？

梁思成此时已经成婚，他决定回国。

必须回到中国！只有在中国的土地上考察现存的中国古代建筑，才能知晓实际情况！

于是，1928年，梁思成偕妻子林徽因踏上了回国之路。

林徽因也是一名建筑学家，夫妻俩志同道合。他们商量后决定先去欧洲考察一番西方的文明和古建筑，然后再回中国。

- 03 -

回国后不久，夫妻俩便一同进入沈阳的东北大学执教，并创立了中国现代教育史上第一个建筑学系。

可惜好景不长，1931 年，九一八事变爆发，日本侵占了中国东北。他们不得不举家搬迁到北平（今北京）。

没办法教学了，梁思成便去中国营造学社上班。营造学社是一个专门研究中国古代建筑的学术机构。他被调配到法式部当主任。第二年他接到一个重大任务——主持故宫文渊阁的修复工程。

这一年，梁思成完成了他的第一部建筑学著作《清式营造则例》的手稿。

也是在这一年，他和妻子携手，开始了长达十年的对中国土地上古建筑的考察之旅。

20 世纪 30 年代的中国，条件艰苦、物质贫乏，大量古建筑处于废弃、半废弃的状态，且坐落于人烟稀少的地方。

梁思成林徽因夫妇的古建筑调查工作，不仅缺少经费、得不到上层的理解，还经常要跋山涉水、风餐露宿。

尽管如此，他们依然身体力行，走遍了当时中国 15 个省的 200 多个县市，测量、拍摄、分析、研究了 2 000 余处建筑与文物，积累了大量原始资料。

在妻子的协助下，梁思成对考察的建筑物从整体到局部都进行了详细的绘图与测量。各种构件与装饰，从里到外，从正面到侧面，他们都细致地摄影记录；所有碑文、史料，他们也都一一抄录，并确保无误。

凭着这一番努力，梁思成发表在《中国营造学社汇刊》上的许多研究成果及测绘图纸，都达到了世界级的学术水平。

- 04 -

当时在世界建筑行业里有一种说法：想看中国唐代的木制建筑，只能去日本的奈良。

甚至有日本学者狂妄宣称：“中国境内任何一座木料建筑都没有超过 1 000 年历史！”

然而，日本奈良城不过是一座仿照中国唐代长安城造的“赝品”。

后来，梁思成偕妻子去山西五台山地区考察古建筑时，发现当地那座被认定是唐代建筑的佛光寺，其实最早修建于北魏孝文帝时期。

在甘肃敦煌的莫高窟壁画里，“中唐中页”那片区域绘制的《五台山图》中就有佛光寺，并且它在整幅壁画中居于十分显眼的位置。

据此，梁思成和妻子断定，佛光寺修建于北魏孝文帝时期。

佛光寺建成后，周边又陆续增加了许多建筑、雕塑、壁画等。佛光寺的正殿修建于唐代，所以说它是一座唐代的建筑也没有错。

最重要的是，佛光寺作为一座古老的木料结构建筑能保存至今，没有毁于朝代的更替和战火，这是极为难得的。

除了佛光寺，梁思成等人还陆续在周边发现了三座木料结构的古建筑，分别是建于唐建中三年的五台县南禅寺、建于唐大和五年的芮城县广仁王庙、建于唐末的天台庵。包括佛光寺在内的这四座古建筑，在贫瘠的山间乡野存在了千年，成了中国古建筑的“活化石”。

梁思成夫妇的发现，打破了日本建筑界的妄想。日本没有继承中国唐代的正统建筑文化，唐代建筑至今仍留存在中国的土地上。

但梁思成没有因此否认奈良古建筑存在的价值。

后来，在美国轰炸日本时，梁思成曾呼吁美国在轰炸时注意避开奈良古建筑群。

同样，在解放军进入北京时，梁思成为了保护那些珍贵的古建筑群，连夜将北京重要的古建筑标示在地图上，并将地图交给了解放军。

古建筑，无论是中国的还是外国的，对于全世界来说都是无比珍贵的文化遗产，都值得被研究、被保护。

- 05 -

1937 年，抗日战争全面爆发。

日方成立的“东亚共荣协会”给梁思成发请柬，要求他出席相关会议。

但梁思成不肯跟那些软骨头的买办文人同流合污，于是他再度搬家，迁到了云南昆明。

两年后，因为时局不稳，他又带着家人搬到了四川省南溪县的乡下。

那时中国营造学社的经费来源断绝，有时社里连工资都发不出。

妻子林徽因感染了严重的肺病，长年卧床不起；梁思成也不幸得了脊椎软组织硬化症，行动不便。此时的梁家可谓贫病交加。

然而，当美国好几所学校和机构向梁思成抛出橄榄枝，邀请他携全家到美国工作和治病时，他都一一拒绝了。

梁思成说：“我怎么能离开战火中的祖国？我死也要死在我的祖国。”

在极端艰苦的条件下，他和中国营造学社的同事们依然坚持在抗日战争后方继续古建筑的调查研究工作。

偏居乡下的那些年，梁思成一边做实地考察，一边从大量资料中挑选出精华案例，并按照中国历史的发展顺序，将各个时期建筑的特点进行分析和比较，对宫殿、陵墓、寺庙、园林、民居等不同建筑都作了详细的叙述。

直到1946年，他的著作《中国建筑史》和《中国雕塑史》才基本整理完毕。他还受邀前往美国讲学，将中国历史悠久、内容丰富的古建筑介绍给世界。

从大学时受宋代《营造法式》的启发并立志开始，20年的时光过去，梁思成终于将中国古建筑的尘埃拭去，让它于世人面前重现华光。

- 06 -

新中国成立后，梁思成便一直在清华大学教书育人，直到病逝。

他带着助手，再次开始了对那本宋代古籍《营造法式》的研究工作。

他结合清代工部著作《工程做法》和自己对故宫建筑群的研究，以及之前在田野考察中积累下来的古建筑资料，尝试解读《营造法式》。

他在深入理解法式“大木作制度”中“以材为祖”的建筑模数制的基础上，将其与西方古典建筑中以柱径为设计模数的Order（今译“柱式”）相提并论，并极具开创性地提出这是确定建筑比例的基本方法，对中西建筑史比较研究具有重要意义。

要论梁思成一生中最自豪的事，当数著成了《营造法式注释》一书，让《营造法式》这本世人无法理解的宋代古书再次被人们读懂。而梁思成一生中最大的遗憾，是他觉得自己没能保护好北京的古建筑。

1950年，梁思成和都市计划委员会的朋友一起，向政府提交了新北京城的规划方案——《关于中央人民政府行政中心区位置的建议》。

学者们的主张是，一定要保护好北京的古建筑和古城墙，旧城区不建高层建筑，维持原有风貌，改为在西郊兴建新北京城。

1949年的北京，不仅是新中国的首都，还是一座文物之城，满街林立的古建筑就是活生生的文物、古董。中国的古建筑工艺，不需要任何钢筋水泥，全部用料取自自然，环保的同时还能抵抗千年风雨、不腐不坏，具备极高的研究价值与欣赏价值。

旧中国历经百年战火，全国各地留存下来的古建筑都遭到大肆破坏，是梁思成和

妻子林徽因二人，坚持在战乱中走访大江南北，用“样式雷”的方式将那些古建筑测量并绘制下来，最终在图纸上保留下了珍贵的古建筑影像。

这些图纸让后人得以观瞻已经消逝的中国古建筑原貌，也为后来的建筑行业从业者提供了大量参考资料。

一个民族的自大或自卑都源于对本民族历史文化的无知。当人们真正了解了祖国的过去时，他们怎会不发自内心为自己是一个中国人而自豪呢？而这，正是我辈的使命。

茅以升

——外国人能干的，我们中国人也能干。

人物档案

出生地	江苏镇江
毕业院校	西南交通大学 / 美国康奈尔大学 / 美国卡内基梅隆大学
个人荣誉	中国现代桥梁之父
主要成就	为中国的铁道科学技术进步作出了卓越贡献；积极倡导在工程中应用土力学的开拓者；曾主持修建了中国人自己设计并建造的第一座现代化大型桥梁——钱塘江大桥，这是中国铁路桥梁史上的一座里程碑；著有《钱塘江桥》《武汉长江大桥》《茅以升文集》等。

- 01 -

2018 年，国外网站“Highest Bridges”曾专门给世界桥梁进行排名。

前 100 名中只有 18 座桥不是中国建造的，而在前 10 名最难建的桥梁中，中国的就有 8 座。

这些中国桥梁，大多坐落于地貌复杂的高山深谷，它们让偏僻的山村从此和外界有了联系，享受到中国经济腾飞带来的便利。

如今，中国被喻为“基建狂魔”。

可是 100 多年前，在那个科技落后的年代，中国那些横跨江河的大桥，如松花江大桥、黄河大桥、淮河大桥，可都是由外国的桥梁工程师主持建造的。

即使是只有百余米长的上海外白渡桥、宁波灵桥，也是外国人建造的。

直到茅以升出现，在钱塘江上建起了第一座属于中国人自己的现代化大型桥梁，我国桥梁建筑史才有了一座里程碑。

- 02 -

1896 年，茅以升出生于江苏镇江。

他的祖父茅谦是举人，是镇江的名士，曾创办《南洋官报》。

后来全家迁居南京，年仅 7 岁的他便去了南京创办的国内第一所新型小学——思益学堂上学。

按照风俗，当地人每年的端午节都会在文德桥举办“划龙舟”比赛。

9 岁那年的端午节，茅以升期盼了好久，却因为肚子疼，没能去成文德桥。

那天观看比赛的人特别多，全都挤在文德桥上。没想到文德桥因为年久失修，再加上拥挤的人群，直接就塌了。人们不但没看成赛龙舟，有的还被砸死或淹死。

虽然茅以升逃过了一劫，可他心里很不好受。他想，要是文德桥造得结实一点儿，就能避免这样的人间惨剧了！

从此以后，茅以升不仅读书更认真了，还多了些习惯——每次看到桥，不管是石桥还是木桥，他总要走过去将桥看个一清二楚；每次从书本上看到关于桥的文章、段落，他都要抄在本子上；每次遇到和桥有关的图画，他就剪贴起来，慢慢地，他便积攒了几本厚厚的笔记。

1911 年，中国爆发了武昌起义，清政府土崩瓦解。受到这场革命风暴的影响，茅以升的爱国热情也燃烧起来，竟想投笔从戎，去搞革命。如果不是他的母亲苦苦相劝，只怕就没有后来的中国现代桥梁之父了。

后来，孙中山来到茅以升就读的唐山路矿学堂（今西南交通大学）讲话，鼓励年轻学子们努力学习西方先进的科学技术，彻底改变中国贫穷落后的面貌。他还提到，采矿、筑路、造桥也是为革命。

孙中山的一番话让茅以升豁然开朗，他立志要学好造桥技术，报效祖国。

1916 年，茅以升从唐山路矿学堂毕业后拿到了公费留学生的名额，他漂洋过海去美国的大学专门攻读桥梁专业。

1919 年，茅以升的博士论文《桥梁桁架的次应力》一经发布，就被认定处于当时世界的领先水平。不仅国际土木工程界将他文中的科学创见誉为“茅氏定律”，康奈尔大学还给他颁发了优秀研究生“斐蒂士”金质研究奖章。

24 岁的茅以升不曾有一刻忘记自己的初心。

1920 年，他拒绝了美国好几家大公司的高薪聘请，直接回国。

回到祖国后，茅以升才发现，中国大江大河上的各种现代化大桥，竟然都是外国人建造的。

济南的黄河大桥是德国人修的。

蚌埠的淮河大桥是英国人修的。

哈尔滨的松花江大桥是俄国人修的。

云南河口的人字桥是法国人修的。

沈阳的浑河大桥是日本人修的。

一枝独秀不成春，满园春色才倾城。作为当时中国最年轻的工科教授，茅以升决定，他要将自己在国外的所知所学全部传授给国人。于是，教书成了他的首选职业。

从此，茅以升先后在国内多所大学任教，一教就是 30 多年。

- 03 -

1933 年的一天，正在天津北洋大学上课的茅以升突然收到浙赣铁路局局长杜镇远的来信，邀请他帮忙在钱塘江上修建一座大桥。

钱塘江是宁波、绍兴、萧山、台州等地人民前往杭州、上海的必经之地，自古以来便是著名的“险恶之江”，水文地质条件极为复杂，其水势不仅受上游洪水的影响，还受到下游海潮涨落的制约。

一旦遇到台风袭击，海潮倒灌，江面还会形成闻名千古的钱塘江大潮，其威力之猛，竟可将堤岸上重达 1 500 公斤的镇海铁牛冲到 10 米开外。

而钱塘江江底的流沙厚达 40 余米，素来有“钱塘江无底”之说。

所以，别说是在钱塘江江面架设桥梁了，就连把桥墩钉入河床固定都是困难重重。

大家都认为，要在钱塘江上建桥，那是两脚跨过钱塘江——太阳打西边出来了。

因此，人们在钱塘江上一直是以轮渡的方式通行。那里的义渡码头，日送乘客多达 11 000 人次，全年高达 400 多万人次，年货物运送 40 万吨，甚至连汽车都经此轮渡过江。

此时，浙赣铁路已经修到了萧山，上海到杭州的沪杭铁路也早已通车。如果让两条铁路因为钱塘江一江之隔而无法顺利连接通车，不仅影响交通，也影响中国国防。

听闻中国人想自己在钱塘江上建桥后，一些外国人大肆嘲讽：“中国的工程师造不出这座桥。”

茅以升很生气：“钱塘江大桥，我们要自己修，要证明中国人有能力修好这座现代化大桥。外国人能干的，我们中国人也能干，我们不比别人无能！”

收到信后，他没有犹豫，立即向学校请了长假，赶往杭州商议具体的建桥事宜。

- 04 -

茅以升担任了钱塘江大桥工程处处长，受命主持建造第一座由中国人自己修建的钢铁大桥——钱塘江大桥。

建桥施工遇到的第一个难题是打桩。

大桥刚开工不久，就发生了一起重大事故——打桩时江上突然掀起狂风巨浪，一艘打桩船被打翻沉没了，船上的几十名桥工都不幸遇难。

顿时整个社会哗然，谣言四起。

铁道部副部长曾养甫将茅以升召到南京谈话，问明详细情况后，他严肃地告诉茅以升：“我一切都相信你，但是，如果桥造不成功，你得跳钱塘江，我也跟在你后头跳！”

这种困难不能打败茅以升，他十分坚定地说：“你就等着看吧！”

茅以升回到钱塘江边，继续安排桥工打桩。

人们之所以说钱塘江无底，是因为江底常年被江水冲刷，泥沙细微而摇摆不定。

桥桩打下去固定不住，甚至越往里打，细沙越往下陷落。江底沙层还又厚又硬，气锤打轻了，桩下不去，打重了，桩又容易折断。

为了使桥基稳固，需要穿透40余米厚的泥沙，在9个桥墩的位置打入1 440根桩。

茅以升从浇花壶的水把土壤冲出小洞这个现象中受到启发，想出了射水法来打桩。

所谓射水法，就是让桥工们用设备抽取江水，用迅急的水柱在又厚又硬的泥沙层中冲出深洞，然后再打桩。

这种方法不仅让桥工们打进江底的桩稳稳直立，还大大加快了打桩的速度，原来一个昼夜只能打1根桩，现在竟然可以打30根桩了。钱塘江大桥的工程进度顿时加快了不少。

施工中遇到的第二个难题是水流湍急。

针对这个难题，茅以升又发明了沉箱法。

所谓沉箱法，就是将钢筋混凝土做成的箱子，口朝下沉入水中罩在江底，再用高压气体挤走箱子里的水，让工人进入箱内挖沙作业，这样沉箱与桥桩逐步结为一体，在沉箱上再建造桥墩。

但是，新的问题又出现了，他们要如何将做好的600吨沉箱运到指定地点呢？

幸好，茅以升手下有位经验丰富的造桥工人，他提议可以把3吨重的铁锚改为10吨重的混凝土锚，然后趁海水涨潮时把沉箱放下水，等落潮时，赶紧让它就位。

经过这样的尝试，沉箱法遇到的问题也迎刃而解了。

完成前面两个环节之后，终于到了造桥的重头戏——架设钢梁，这给茅以升带来了施工中的第三道难题。

在铁锚改混凝土锚一事上，茅以升又受到了启发。钱塘江上的巨潮涨落原本是人们造桥时的重要阻碍之一，如今却可以通过巧妙利用自然力量的方式，让造桥变得十分省时省力。

于是，他采用浮运法，涨潮时用船将钢梁运至两座桥墩之间，这样落潮时，钢梁就可以缓缓地落到桥墩上了。

造桥工程虽然艰辛，却还算顺利。

那时抗日战争的局势越来越严峻，钱塘江上空经常能看到飞来飞去的日军战机。

有一次，茅以升正在 6 号桥墩的沉箱里和几个工程师及监工员商量问题，突然沉箱里电灯全灭了。原来是日军战机正在进行轰炸，工地临时关闭了所有的电灯。

就这样，顶着敌机的轰炸，钱塘江大桥在 1937 年 9 月 26 日建成通车了。

- 05 -

钱塘江大桥是中国自行设计和建造的第一座双层式公路、铁路两用大桥，是中国桥梁建筑史上的一座里程碑。

可惜，就在 3 个月后，1937 年的 12 月 23 日，为了阻拦日军侵略的步伐，茅以升不得不奉命炸断了这座自己一手建立起来的大桥。

为了确保日军无法修复这座钱塘江大桥，被炸掉的还是最难修复的桥墩。

直到抗日战争胜利后，茅以升才有机会带着他精心保护下来的 14 箱造桥资料，再次回到钱塘江，重新修复这座钱塘江大桥。

修复后的钱塘江大桥，再度屹立在潮起潮落中。它不仅见证过茅以升的造桥人生，还见证过中国近代的屈辱历史，更见证过中国人民拼搏向上的热血和勇气。

1955 年，茅以升负责主持修建武汉长江大桥。

在长江江面建桥，并不比在钱塘江上容易。长江作为中国内河主航道，千百年来承担着繁重的航运任务，其航运价值在全世界都处于前列。如果在长江航道中设置桥墩，不仅会影响船只通行、造成航道拥堵，遇到大雾、雨雪等天气时，一旦船舶撞上桥墩，连锁事故发生的概率也会大大提高。

1955 年 7 月，以茅以升为代表的造桥顾问委员会向国务院提交了设计方案，武汉长江大桥的建设很快进入施工阶段。

听闻我们要在长江上造桥之后，有外国代表团还特意来到武汉，参观了这座大桥

的施工现场，并对茅以升的施工方案表示高度赞扬。

仅用时两年，武汉长江大桥便建成通车。这是中国第一座跨越长江的大桥，长达1 670.4米，上层是公路，下层是铁路，没有桥墩，是名副其实的“悬索桥”。武汉长江大桥连通了京汉铁路和粤汉铁路，贯穿了中国的南北交通。

毛主席视察时，即兴写了一阕《水调歌头·游泳》，赞颂这座“万里长江第一桥”的英姿——

才饮长江水，又食武昌鱼。
万里长江横渡，极目楚天舒。
不管风吹浪打，胜似闲庭信步，今日得宽馀。
子在川上曰：逝者如斯夫！
风樯动，龟蛇静，起宏图。
一桥飞架南北，天堑变通途。
更立西江石壁，截断巫山云雨，高峡出平湖。
神女应无恙，当惊世界殊。

茅以升的一生，学桥、爱桥、造桥、写桥……最后，他自己也化身为“桥”，连接起一座座互相孤立的城镇、遥遥相对的山和水。新中国因为有了他，因为有了很多像他这样的“桥”，从此天堑变通途。

盛宣怀

——做一个顶天立地之人，使各国知中原尚有人物而已。

人物档案

出生地	江苏武进（今江苏常州）
毕业院校	无
个人荣誉	中国实业之父 / 中国商父 / 中国高等教育之父
主要成就	创造了11项“中国第一”，如第一个民用股份制企业、第一个电报局、第一家银行、第一条铁路干线等；创办企业，提出官督商办理念，依靠国家津贴与外商同类企业进行竞争，必要时又与外企合作，联夷制夷，实现企业的良性发展；为中国近代化工业奠基。

- 01 -

众所周知，在中国近代史上，曾经发生过一场救亡图存的洋务运动。

社会名流、晚清重臣、文人志士，面对西方列强的侵略，曾以各自的方式，想方设法为当时大厦将倾的中国谋求一条强国之路。

那时的旧中国，封建王朝的腐朽和西方科技的进步交织着，开始了发展重工业之路。被称为“晚清首富”的盛宣怀，当数那个时代最受瞩目的人之一。

他不仅是李鸿章的得力幕僚，还创造了中国的 11 个“第一”：

第一个民用股份制企业——轮船招商局；

第一个电报局——天津电报局；

第一个内河航运公司——山东内河小火轮公司；

第一家银行——中国通商银行；

第一条铁路干线——卢汉铁路；

第一个钢铁联合企业——汉冶萍公司；

第一所高等师范学堂——南洋公学（今上海交通大学）；

第一个勘矿公司——中国勘矿总公司；

第一个公共图书馆——上海图书馆；

第一所近代大学——北洋大学堂（今天津大学）；

第一个创办中国红十字会。

众多突出的实绩，让盛宣怀在洋务运动中积攒了难以想象的家底，其被誉为“中国商业之父”。

- 02 -

1844年，盛宣怀出生于江苏武进县的一个官宦世家，从小被祖父和父亲寄予厚望，期望他在仕途上有所成就，能光宗耀祖。

少年时，因为太平天国运动，他不得不随父母迁居湖北。

等太平天国运动平息后，22岁的盛宣怀和弟弟一起回到家乡，参加科举考试。没想到，兄弟俩双双中了秀才。但是，这已经是他能在晚清的科举考试中拿到的最好成绩了。

幸运的是，他虽然不是科班出身，却自小随父亲到地方上任职，走南闯北，见识不少，练就了一身经世致用的能耐，在商业和政治上也颇有才华。

1870年，盛宣怀26岁。

时任清朝直隶总督的李鸿章跟他父亲相识。经由家中安排，盛宣怀来到李鸿章身边当他的幕僚，协助他打理洋务运动相关事宜。

幕僚就是如今所谓的“机要秘书”。

盛宣怀曾经辅佐父亲治理地方，眼界开阔，比起那些读八股文的官员，他对洋人的新技术及工业革命的成果不仅更了解，而且接受度更高。盛宣怀能被李鸿章看重，这也是一方面的原因。

- 03 -

李鸿章是清末洋务派的代表。早在太平天国运动爆发的时候，他就已经意识到了用新技术制造洋枪洋炮的重要性。

当时李鸿章的政敌是左宗棠，左宗棠一派势力的思想相对保守，所倚重的商人胡雪岩热衷于倒卖生丝、做军火生意、开办旧式钱庄。

那个年代，电报、轮船、铁路、银行、矿务等众多前沿产业已经兴起。

盛宣怀看到了它们的前景，并热衷于引进先进的西方技术来发展中国近代的工商业。他的想法和李鸿章推行洋务运动的理念不谋而合，他甚至在信中发誓：“竭我生之精力，必当助我中堂办成铁矿、银行、邮政、织布数事，百年之后，或可以姓名附列于中堂传策之后，吾愿足矣！”

盛宣怀获得了李鸿章的赏识。

于是，1872 年，盛宣怀以商入仕，正式踏入官场。

- 04 -

盛宣怀刚上任，李鸿章对他的第一个考验就来了。

那时，中国长江的航运异常繁荣，但江上所行的轮船多数属于英美公司。李鸿章看到这样的情况，便有心办一家中国企业，与西方列强争利。

盛宣怀不仅积极响应，还向他提议，可以通过建造商船来获取建造兵舰的费用。

李鸿章同意了这个提议。

很快，盛宣怀就办起了中国第一家轮船航运企业——轮船招商局，这是洋务运动中第一家从事民用业务的现代公司，也是中国近代史上影响最深远的公司之一。他还自拟了《轮船招商局章程》，这是中国第一个具有规范意义的公司章程，其中的官督商办机制对中国近代的政治、经济影响巨大。

1877 年，盛宣怀奔走于京沪之间，筹银 100 万两。他代表轮船招商局和美国旗昌洋行（下设旗昌轮船公司，是当时长江航运中实力最雄厚的轮船公司）谈判了 3 年，软硬兼施，终于吞并了这家洋行。

这件事，不仅让盛宣怀向李鸿章证明了他的能力，也是让他正式成为清末洋务运动核心人物的开端。

当轮船招商局的航运事业步入正轨之后，盛宣怀的目光马上又转向了电报行业。

1879 年，盛宣怀向李鸿章建议，要在中国创办电报局。李鸿章已经非常信任他，不仅直接同意了，还任命他为督办。

1880 年，中国第一个电报局——天津电报局诞生了。

那时，英国大东、丹麦大北两家公司已经在中国沿海建立了陆上电报线。

为了阻止外国势力在中国沿海建立电报网，盛宣怀一边跟各地官吏打“太极拳”，游说他们同意架设电线，一边灵活运用官督商办的理念，在民间筹措资金，解决经费短缺的难题。

在盛宣怀的努力下，到 1908 年，中国沿海城市，如上海、宁波、广州、福州、厦门等地，都建立了电报线。中国电报总局不仅收回了外国公司设在中国沿海的电报线，将全部电报网络归中资所有，而且修建起合计两万千米的电报线。

这些电报线，连接了中国的大多数商业、战略中心城市，是真正的全国性的电线干线建设工程。

- 05 -

自中国改革开放以来，老百姓间流传着这么一句口口相传的话："要想富，先修路。"交通便利是农村致富的必要条件，先有路，才能带动其他行业的兴盛。

对于盛宣怀所处的旧中国来说，也是如此。

在协理洋务期间，盛宣怀除了严抓中国工商业的发展，还开始督办中国铁路的修建事务。

当时，在中国修建铁路，主要有"三难"。

第一，国库没钱，只能向西方列强借；第二，没有原材料，必须从国外采购；第三，没有能修铁路的本土工程师，只能聘请外国工程师。

想要在中国修成铁路，即便背靠李鸿章，盛宣怀也依旧是处处被掣肘。

他没有着急，一个一个地解决难题。

首先要解决的是中国工业技术人才培养的问题。

1872 年，在同属洋务派的名士、盛宣怀数十年好友容闳的提议下，清政府在香港筹办了幼童出洋预习班，选派优秀的中国学子出国学习西方国家的先进技术，学成后回来建设中国。未来的铁路工程师——年仅 12 岁的詹天佑也在这次的留洋预习班中。

中国必须培养自己的铁路工程师，这是洋务派的一致认知。

15 年后，中国铁路公司在天津正式成立。学成归国的詹天佑被聘为见习工程师，成为中国第一名铁路工程师。仅用了 70 多天，他就带领工人们完成了由塘沽到天津的一段铁路（又称唐胥铁路）的铺轨工程——这条铁路是中国人自己修建的第一条国

中國通商銀行
CB060711
拾圓
西
東
上海
拾
中華民國十五年一月印

际标准轨距铁路。

其次要解决的是原材料采购的问题。铺设铁路需要大量铁轨，对煤铁矿的需求极大。

鸦片战争中，清政府见识了西方列强的坚船利炮，于是各省开始创办各种船局、炮局，研发新式武器，这些也需要大量的煤铁矿。

但是长期以来，无论是军用还是民用，中国都必须出高价买英、美、日等国的煤铁。中国地大物博，难道还找不出本国的煤铁矿来？

1876 年，盛宣怀在征得李鸿章同意后，亲自前往湖北负责矿产的开采。

接下来的数年，他带人奔波于中国各地勘探矿务，这是近代中国第一次进行全国范围内的矿产勘探活动。湖北大冶煤矿，山东登州铅矿，辽宁金州铁矿、锦州煤矿等，都是在盛宣怀的带领下找到的矿区。

煤铁矿被发现后，一大批经营矿产开采业务的企业也相继成立，如开平矿务局、平泉铜矿等，中国近代第一批进行工业化开采的矿产企业诞生了。

1896 年，盛宣怀接手了湖北的汉阳铁厂，这是当时国内最大的钢铁企业。他要求，中国铁路铺设铁轨所需的钢铁一律向汉阳铁厂订购。以国家政策的形式垄断中国的钢铁市场，不仅解决了汉阳铁厂钢铁销路的问题，也解决了中国修建铁路的原材料问题。

解决了原材料问题后，盛宣怀还得考虑修铁路的钱从哪里来的难题。

1897 年，盛宣怀在上海外滩开办了中国通商银行，他自己出任督办。这是中国人自己创办的第一家银行，也是上海最早开设的华资银行。

盛宣怀招募了上海、南洋等地的 10 多个民间商人，他们入股共计 300 万两。此外，清政府单独拨款 100 万两。至于银行管理制度兼营业章程，则参照外商银行成例。

中国通商银行名义上是“商办”，实际是盛宣怀奉旨设立的“官商”性质的银行，规定“权归总董，利归股商”。所以成立之初，清政府便授予它发行银圆、银两两种钞票的特权。

从此以后，中国拥有了本国的“纸币”，能够和外商银行的“纸币”分庭抗礼，中国的经济金融大权不再全然被外商银行把持。

1896年10月，盛宣怀被清政府任命为铁路总公司的督办大臣，统筹修建卢汉铁路。

而中国通商银行的业务之一，便是放款给铁路公司、民族企业，强有力地支持中国的工商业建设。

解决了以上种种难题之后，在接下来的 10 年间，盛宣怀几乎将全部精力都投入在了铁路修建上。

1906 年 4 月 1 日，全长 1 214.5 千米的卢汉铁路建成通车，列车通过大桥的时速限制在 10 千米。卢汉铁路的投入运营，标志着中国铁路运输的真正开始。

除此之外，从 1896 年到 1906 年，盛宣怀共主持修建了约 2 100 千米的铁路，这是中国之前 30 余年修建铁路总长度的 6 倍之多，甚至超过了民国成立至民国二十年（1912—1931）所修铁路的总长度。

- 06 -

百年之前的中国，贫弱交加，饱受列强欺侮。

盛宣怀所主导的中国航运、矿务、电报、铁路、钢铁和银行事业，是一个现代国家的基础性产业，每一样都关乎国计民生。

是他，开创了中国现代工业的先河。

詹天佑

——莽莽神州，岂长贫弱？曰富曰强，首赖工学。

人物档案

出 生 地	广东南海
毕业院校	美国耶鲁大学
个人荣誉	中国铁路之父 / 中国近代工程之父
主要成就	自主设计并建造了中国第一条铁路——京张铁路；创设竖井开凿法和“人”字形线路，震惊中外；筹划修建沪嘉、洛潼、津芦、锦州、萍醴、新易、潮汕、粤汉等铁路，成就斐然；著有《铁路名词表》《京张铁路工程纪略》等。

- 01 -

1909年，詹天佑主持修建了中国第一条完全自主勘测、设计和修筑的干线铁路——京张铁路，有力地回击了外国人“中国能修京张铁路的工程师还没出生”的歧视言论。

如今，智能高铁取代京张铁路，正式登上铁路运营的舞台。由中国自主研发修建的“新京张”，不仅是全球首条5G信号全覆盖的高铁线路，还是世界上第一条时速高达350千米的智能高速铁路。

100多年后的今天，中国已然跻身世界前列，成为引领世界智能高铁应用技术发展的大国。

但人们永远都不会忘记，以詹天佑“人”字形展线设计为标志的京张铁路，它的建成、存在对于中国人的价值与意义。

- 02 -

清咸丰十一年，即 1861 年，詹天佑在广东南海出生。

他家祖上是经商的，有些家底。父亲詹兴洪是个文人，平时也替人写信和刻印章。

詹天佑自幼聪明好学，到了上学的年纪，便被父亲送到私塾读书，成绩十分优异。

1872 年，在爱国革新思想家容闳的建议下，清政府在香港筹办了“幼童出洋预习班”。年仅 12 岁的詹天佑家住广州府，前往香港十分方便，便也去报名考试。最后他凭借优异的成绩拿到名额，和另外 29 位同伴一起漂洋过海前往美国学习、深造。

6 年后，詹天佑以高中全校第二名的成绩考入耶鲁大学谢菲尔德理工学院土木工程系，就读于铁路工程专业，还拿到了奖学金。

詹天佑在美国留学期间，正赶上西方国家进行第二次工业革命。

眼见西方国家的科学技术日新月异，将贫穷落后的中国远远甩在后面，和詹天佑一起留洋的很多中国学子都对祖国的前途产生了悲观情绪。

詹天佑却始终不忘初心，坚定信念：“今后，中国也要有火车、有轮船！”

1881 年，在其他学子犹豫要不要回国时，詹天佑从美国耶鲁大学一毕业便回了中国。

- 03 -

詹天佑满怀雄心壮志归国，本想大展一番身手，然而，现实远远比理想要艰难。当时，清政府内部的封建顽固派极力反对建造铁路。

年轻的詹天佑苦于英雄无用武之地，不得不转行。

接下来的七八年时间，他辗转多处，奔波劳碌，在福建马尾船政学堂学过驾驶海船，在扬武号上当过船员，在福州船政局后学堂当教习，在广东博学馆教外文……总之，他距离实现昔日的梦想似乎越来越远了。

事情出现转机是在 1887 年，这一年中国铁路公司在天津成立。

第二年，在留美同学邝孙谋的引荐下，詹天佑从广东来到了天津中国铁路公司，从见习工程师做起——他是中国第一名铁路工程师。

詹天佑进铁路公司后的第一个任务是修建由塘沽到天津的一段铁路（又称唐胥铁路）。仅用了 70 多天，他就带领工人完成了铺轨工程。

这条铁路是中国人自己修建的第一条国际标准轨距铁路。

当时修建铁路的负责人是英国工程师金达，他对詹天佑的能力十分欣赏，很快就将詹天佑提升为工程师。

1890 年，詹天佑又接手了一个令人头疼的项目——滦河大桥铁路工程。

要修建天津至山海关的铁路，需要在滦河上修一座铁桥。

滦河河面极宽，水流湍急，河床泥沙深厚，地质结构十分复杂。外国专家在这里尝试建造桥墩，但是建一个塌一个，英、日、德三国的工程师们一直都没找到解决办法。

眼看工期快要结束，詹天佑挺身而出，接手了这项造桥任务。

詹天佑先是对滦河周围的土壤进行精密的测量，改变了打桩的位置，又派中国的潜水员潜入水底，用中国传统建筑方法配合机器操作——气压沉箱建筑法进行打桩。

滦河打桩建桥墩的难题被詹天佑彻底攻克了。

成功修建了滦河大桥的詹天佑越来越受重视。

1894年，詹天佑被邀请加入英国土木工程师学会，成为有史以来第一位加入该学会的中国人。此后，他还先后主持修建了京津铁路、萍醴铁路、新易铁路。

其中，新易铁路虽然全长只有42.75千米，专供清皇室祭祖之用，没有什么实际使用的价值，但它是詹天佑第一次担任总工程师独立主持修建起来的，意义重大。

这也是中国历史上第一条完全由中国人自行建造的铁路。

- 04 -

在詹天佑成功修建了新易铁路后，清政府决定修建北京至张家口的京张铁路。

京张铁路是欧洲列强进入中国的一条捷径，也是中国北方国土安全的一道重要防线。如果京张铁路修建完成，那在国家危难之际，北京作为一国中枢能通过这条铁路迅速与周边省市形成联动，地方也可以及时支援北京。

此外，铁路的修建权也代表着一个国家在铁路方面的话语权。当时的英国和俄国都对京张铁路的修建权虎视眈眈，他们想通过控制中国的京张铁路，达到控制中国华北和西北地区的目的。

所以说，京张铁路的修建具有非常重要的战略意义。

然而，在英国和俄国的高级测量师、高级工程师对铁路沿线进行实地勘探后，他们放弃了争夺京张铁路的修建权。

这条铁路全长201.2千米，途经燕山山脉。燕山山脉主要由花岗岩及玄武岩组成，用一般的炸药根本没办法炸开。与此同时，铁路沿线还有不少河流，地质条件异常复杂，想要修建铁路几乎是不可能的。

即便如此，英国和俄国并不甘心就这样放弃，他们达成协议，允许中国人自己修建京张铁路，但是不能雇用任何外国工程师。甚至，那些外国工程师还抱着看笑话的心态，公开断言："中国人无力完成京张铁路的修筑工程。"

当时，中国正在和西方侵略者周旋割地赔款事宜，国家处于四分五裂的边缘，国

人一直受洋人压迫、欺辱，民族自尊心和自信心极大受挫。面对这些冷嘲热讽，詹天佑十分愤怒：“中国地大物博，而于一路之工，必须借重外人，引以为耻！”

于是，他再一次站了出来，接下了这项当时被认为“没有人可以完成”的任务。

- 05 -

1905 年，詹天佑被任命为官办京张铁路总工程师兼会办局务。

当时国内铁路方面的专业人才很少，詹天佑带着仅有的两名工程学员徐文炯、张鸿诰，花了两个月的时间，勘测了京张铁路沿途的环境。

从接手修建京张铁路开始，詹天佑和他的助手们便受到来自社会各界的冷嘲热讽。有人笑他“自不量力”，有人骂他“胆大妄为”，就是没人信他一个中国本土工程师能修成京张铁路。

詹天佑没有辩解，更没有因为他们的质疑就放弃这个工程。

在实际勘测过环境之后，他已经能理解为什么外国工程师会认为“中国工程师不能承担京张线的石方和山洞的艰巨工程”——因为京张工程的修建任务确实相当艰巨。

但是他也比任何人都清楚，京张工程如果失败，不但是他的不幸，也是中国工程师的不幸，同时还会给国家造成巨大的损失。

因此，无论多难，他也要坚持完成它。

修建工程开始前，詹天佑总共为京张铁路勘测了 3 条路线。

一条路线绕道过远，首先被排除了。

一条路线是今天的丰沙铁路，自京西沿永定河岸北上，蜿蜒穿行于众多高山深谷之中，依山傍水，迂回曲折，需要开凿的隧道和架设的桥梁很多，但清政府拨款有限，时间紧迫，这条路线也不可取。

詹天佑最后选择了被认为最难的那一条路线，即从丰台北上西直门、沙河，经南口、居庸关、八达岭、怀来、鸡鸣驿、宣化到张家口，全长 180 千米。这条路线的难关在关沟一带，那里重峦叠嶂、悬崖峭壁，尤其是南口到八达岭那一段，坡度非常大。

敲定路线之后，詹天佑很快就整理好了调查报告，确定了铁路设计方案，并于1905年9月4日正式开工，12月12日开始铺轨。

铁路要穿过崇山峻岭，必须开凿隧道，尤其是居庸关和八达岭。

居庸关山势高，岩层厚，还是坚硬的花岗岩、玄武岩。

用常规开凿隧道的方法炸不开花岗岩和玄武岩，詹天佑选用了爆炸力强但较安全的拉克洛炸药，这在隧道工程中还是首次使用。

八达岭隧道长1 100多米，是普通隧道的3倍长。

詹天佑首创“竖井开凿法”，先从山顶往下打一口竖井，再分别向两头开凿，外面两端也同时施工，这样就把工期缩短了一半。

为了解决南口到八达岭那段铁路坡度大的问题，詹天佑还设计出了双头火车和“人”字形铁轨。

北上的列车抵达南口时，就用两个火车头，一个在前边拉，一个在后边推，向东北前进。

等列车过了青龙桥站前边的“人”字形线路的岔道口，再倒过来，原先推的火车头拉，原先拉的火车头推，列车折向西北前进。

如此一来，火车爬坡上山就容易多了。

原定6年工期的京张铁路，在詹天佑的带领下，仅用了4年就完工通车了，而且工程总费用只有外国承包商报价的1/5。

詹天佑成功主持修建京张铁路，给了藐视中国的外国侵略者以有力的回击，也给中华民族争了一口气，让世界看到了中国的创新精神和敢于向高难度挑战的自信。

京张铁路完工后，詹天佑还想继续为中国的铁路事业奋斗。

1911年，辛亥革命爆发，革命党推翻了清政府的统治，在南京建立起临时政府，推举孙中山为临时大总统。

1912年1月1日，中华民国正式成立。詹天佑很快被国民政府任命为国民政府交通部技监，负责全国的交通技术工作。

为此，詹天佑成立了中华工程师学会，吸纳了大量青年工程师入会，带着他们一同修建粤川铁路、汉宜铁路、粤汉铁路，将他们培养为中国铁路工程事业的后备人才。

1919 年，第一次世界大战结束。中国是战胜国，但在巴黎和会上，外国列强却罔顾中国的利益，妄想接管中国的远东铁路。

消息传到国内，人人为此愤慨。詹天佑作为铁路修建者，更是怒火中烧。

詹天佑亲自致电巴黎和会中国代表，在电话中强烈反对国际共管中国铁路。后来他更是受命代表中国出席国际联合监管远东铁路会议。整整两个月，詹天佑来回奔波于海参崴和哈尔滨之间，他凭借自己的专业学识保住了远东铁路沿线由中国驻军的护路权。

远东铁路保住了，遗憾的是，詹天佑离开了这个世界。因为水土不服，他患了严重的腹疾，加上长年的过度操劳，最终病逝，享年 58 岁。

饶斌

——我愿意躺在地上，化作一座桥，让大家踩着我的身躯走过！

人物档案

出生地	吉林省吉林市
毕业院校	同济大学
个人荣誉	中国汽车之父
主要成就	新中国汽车工业的奠基人；创建第一汽车制造厂、第二汽车制造厂。

- 01 -

1913 年，饶斌出生于吉林市三道码头附近的白旗屯。

他的祖父饶炳文曾在清朝为官，先后担任山西盐运使和吉林官银号督办。祖父去世后，年幼的他随父母移居天津，在南开中学度过了少年时代。

1930 年，他考上了“满洲医科大学”，回到故乡东北。1 年后，日本在东北发动了九一八事变，并全面占领了东北地区。

年轻热血的饶斌义愤填膺，便和一群不愿当亡国奴的同学流亡到了北平（今北京），向政府求助。

经过官方协商，上海同济大学医学院很快答复，允许包括饶斌在内的学生全部转到同济大学继续学业。于是饶斌又去了上海。

虽然又获得了读书的机会，可当时中国的局势动荡，学生们根本无法安心读书。

饶斌参加了一个抗日救亡组织，并积极投身于各种运动，1933 年还加入了共青团。但就在同一年，他所在的组织遭到严厉打击，他被迫离开上海去避风头。

直到 1935 年，他才有机会再次回到上海。

饶斌再一次考入上海医学院，继续学业。1 年后，当得知红军已经到达陕北时，他的心思又活泛起来。跟许多热血青年一样，他北上参军，去延安参加革命。

1937 年，饶斌在抗日战争初期抵达晋西北，同年还加入了中国共产党。

饶斌在参军路上曾途经保定，得知大伯父的女儿饶利郇正在保定当教员，还特意留信给她，鼓励她去太原参加革命。饶利郇受他影响，同年底到山西参加革命，后又到延安女大学习，并被派往晋西北开展妇女工作。

饶斌来到晋西北后，先后担任中共晋西北临时省委秘书长、中共静乐地委宣传部部长兼地委副书记、中共晋西北八分区地委书记等职务。

1945 年，党中央发出了“关于建立巩固的东北根据地”的重要指示。饶斌积极响应号召，带着妻子千里迢迢来到东北，作为最早一批“拓荒者”参加北大荒的开发建设工作。

而他和汽车结缘，正是在东北任职时发生的事。

- 02 -

饶斌来到东北后，先后担任了辽宁省委组织部副部长、抚顺市委书记、吉林市委书记、东北民主联军驻图们卫戍司令部司令员、哈尔滨特别市市长等等。

1950 年，我国领导人第一次访问苏联时，还在哈尔滨的火车上接见了饶斌，对这位白面书生般的哈尔滨市市长有极深刻的印象。

1950 年 2 月 14 日，中苏两国签订了《中苏友好同盟互助条约》，其中有一个援助项目是“建设一个年产 3 万辆中型卡车的制造厂”。那时新中国刚刚成立，满大街跑的汽车没有一辆是中国产的。发展国产汽车产业，是振兴工业的必由之路。

因此，“汽车工业筹备组”成立，郭力为主任，后又担任长春第一汽车制造厂厂长。

但是郭力上任后做的第一件事是提出在当地另外请一个人来做厂长。原因是，建设长春第一汽车制造厂（简称“一汽”）需要地方政府的支援，调派一位熟悉东北情况的当地干部来当一汽的厂长，可以加快工程进度。

熟悉东北情况、水平高、能力强，饶斌恰好符合这些要求。

当年饶斌正在东北计划委员会工作，兼任东北财经学院的院长，他很羡慕那些在基层实实在在干事业的人，于是主动向东北局申请去一汽工作。

当讨论长春第一汽车制造厂厂长的人选时，饶斌的名字被报了上去。

有人马上想起了他：“是那个当市长的白面书生吗？”

列席会议的一机部副部长段君毅回答道：“是。”

人家又问：“他有没有魄力做这一工作？”

得到肯定的回答后，人选也随之确定。

1952 年，39 岁的饶斌被中央正式任命为长春第一汽车制造厂厂长，并被要求一定要在3年内完成建设任务。

- 03 -

1953年7月15日，饶斌在第一汽车制造厂奠基仪式上铲下第一锹黑土，中国汽车工业的建设正式启动。

那块奠基碑石上刻着的“第一汽车制造厂奠基纪念”是毛主席的亲笔题词。

中华人民共和国刚刚成立，百废待兴，百业待举。

建设中国第一个汽车制造厂，是中苏两国共同决议的。中国必须在3年时间内完成建设。这件事与民族、国家命运紧密相连，受到党中央的高度重视。

接下来的3年时间里，饶斌一人身兼多职，忙得团团转，经常回到家后还没等饭菜端上桌，人已经睡着了。

对于一汽来说，饶斌不仅是汽车厂长、建筑公司经理，还是项目工程队与政府之间的沟通人。

为了掌握汽车工业的制造技术和建筑技术，他虚心向技术人员和有经验的老工人求教，从最基本的知识入手，一步步成为汽车工业里的行家里手，不再是不懂技术的领导。

建厂预算超支，他一趟趟跑长春市政府协商费用。长春市第一届人代会还专门出台了支援一汽的方针：“主动积极，尽先办理，只许办好，不许办坏。”

1954年长春市政建设费用的95%和1955年的84%都用在了支援一汽的建设上。终于，他们如期完成了道路、桥梁、上下水道、煤气管道等15项配套工程的建设。

建厂工程人手紧张，饶斌出面动员整个长春市的人民，组织全市机关干部、大学及中学的学生、部队战士，组成了一支30 000多人的劳动大军，义务支援汽车厂的建设。

九台县饮马河农民为一汽赶制了冬季施工用的草帘子29 180片。

一位老大娘把自己家鸡下的几十个鸡蛋也拿到工地上，一定要送给建设一汽的职工吃。

长春市商业部门职工说："只要六五二厂（一汽旧称）需要，不管大风大雨，我们都要组织货源，把物资及时送到，这比啥都高兴。"

所有长春人齐心协力，为了建设一汽，无怨无悔地贡献自己的力量。

1956 年，一座现代化汽车城在长春市拔地而起。

1956 年 7 月 13 日，中国第一辆卡车试制成功，结束了中国不能制造汽车的历史。

卡车从总装车间下线的那天，长春市有几万人特地跑到广场上去看，所有人都是满心的高兴和自豪。

它被命名为"解放牌"。

此后超过 30 年的时间里，"解放牌"成了中国人耳熟能详的卡车品牌，行驶在中国大地上的卡车，每两辆中就有一辆是"解放牌"。

- 04 -

在一汽成功制造出中国人自己的卡车后，饶斌又收到了生产第一辆国产小轿车的任务，而这种高级轿车将用在 1959 年国庆十周年的庆典上。

卡车适用于大型货物的运输，制造起来相对轿车来说更容易一些。

包括饶斌在内的一汽众多技术人员和职工，有些连轿车的发动机都没见过，更别说了解制造轿车发动机的核心技术了。当时他们甚至连制造发动机普通零件的模具都没有。

这一次，饶斌的任务更加艰巨。

当时吉林工业大学有一辆 1955 型的美国克莱斯勒高级轿车，饶斌便将这辆轿车借来，全部拆掉，对每个零件进行手工测绘。

他决定，要让工人们模仿这些零件，全部手工制造出来。

为此，饶斌征用了厂区里的中央大道，将一张张测绘图纸高高挂起、一个个零件有序摆放，直接“张榜招贤”，让工人来认领他们会制作的零部件。

3 000 多张测绘图纸、2 000 多个零部件，不到几个小时就被大家认领完。

工人们先是做了一个全尺寸的油泥模车身，以便随时进行修改。

在确定数据后，他们开始按照图纸，仿制车门、车盖、轮毂等车身覆盖件。

在 33 天夜以继日的奋战后，一汽全厂的工人师傅们硬生生用小锤“锤”出了中国第一辆高级轿车——1958 年 5 月 12 日，中国第一辆小轿车试制成功，临时取名为“东风”，车型编号 CA71。

在这种拼搏精神的鼓舞下，一汽的员工们继续攻克技术难关，于 1958 年 8 月 1 日，造出了中国第一辆高级轿车——红旗轿车。

1959 年，一汽生产的 36 辆红旗牌轿车被分批运往首都北京，参加新中国成立 10 周年的国庆大典。1959 年 10 月 1 日，红旗轿车第一次在全中国人民面前亮相。

它美观、典雅，内外饰充分展现了中华民族的美学艺术风格，后多次参加国外车展，都得到了很高的评价。世界汽车设计大师塞尔吉奥 · 平宁法利那曾称赞它：“东方艺术与汽车技术完美结合的典范。”

此后，红旗轿车成了中国重大国事活动的必备“国车”。在那个年代，乘坐红旗车，是外宾访华的最高礼遇之一。后来红旗更是扛起民族汽车品牌的大旗，走入中国的万千家庭，成为中国人的家庭用车。

之后，“第二汽车厂”开始建设，这个重担理所当然落到了经验丰富的饶斌肩上。

1969 年 9 月 23 日，第一辆东风 EQ140 载重车在二汽试制成功。同年 12 月 30 日，第一辆三吨半军用越野车也在二汽试制出来。

- 05 -

和《群星照耀中国》的其他人物不同，饶斌不是科学家，一开始也不懂什么技术，他只是一名普通的党员干部。但他是当之无愧的中国汽车工业的奠基人，被誉为“中国汽车之父”。

他把自己 39 岁到 47 岁的人生黄金期献给了一汽，此后的 16 年又献给了二汽，他为我国汽车工业呕心沥血，从满头黑发到白发苍苍。

他的人生几乎见证并参与了中国汽车工业发展初期的全过程，没有人比他更配得上“中国汽车之父”的赞誉。

对于中国的一汽和二汽来说，他就如同一座桥梁，连通了党、政府、汽车厂。

他也愿意做那座桥梁，躺在地上，让大家踩着他的身躯走过，齐心协力把汽车造出来，去实现中国几代人的汽车梦！

在中国经济建设的各行各业中，像饶斌这样的党员干部不在少数，他们皆隐于幕后，默默无闻。

谨以此篇，敬献给那些甘当桥梁的人。

目录

刘东生

——我属于那种能力小的人，但我没有泄气，我持续不断地做事情，有时候自己做的事情别人觉得无所谓，但我自己觉得挺重要。

人物档案

出生地	辽宁沈阳
毕业院校	西南联合大学 / 南京大学
个人荣誉	黄土之父
主要成就	从事地球科学研究，平息170多年来的黄土成因之争；建立了250万年来最完整的陆相古气候记录；在中国的古脊椎动物学、第四纪地质学、环境科学和环境地质学、青藏高原与极地考察等科学研究领域中，特别是黄土研究方面取得了大量的研究成果，创立了黄土学；带领中国第四纪研究和古全球变化研究领域跻身世界领先行列。

- 01 -

刘东生是铁路职工的孩子。父亲是当时京奉铁路皇姑屯站的站长，母亲则是普通的家庭妇女。

虽然家里不富裕，但父亲非常重视子女的教育，他早早地让刘东生上私塾读书，还将他送到了沈阳最有名的奉天省立第二小学读书。

刘东生小学毕业那年，发生了中国近代史上著名的“皇姑屯事件”——日军在皇姑屯车站附近，将奉系军阀的首领张作霖炸死了。

这次皇姑屯事件看似是日本帝国主义与中国奉系军阀之间的矛盾，其实全面暴露了日本妄图侵略中国大好河山的野心。

顿时，中国的有志人士掀起了抗日热潮。

包括刘东生在内的在校师生也因为这件事十分愤恨。刘东生更是少年立志，发誓要努力学习，早日将外国侵略者赶出中国。

- 02 -

小学毕业后，刘东生和同班同学讨论将来就业的理想。

大家认为学医有前途，刘东生起初也是这么打算的。

但在当时的东北，教授医学的学校基本都是日本人开的，刘东生对日本侵略者极度厌恶，他坚决不上日本人开的学校。

1930 年秋天，他考进了天津市的南开中学。7 年后，他从南开中学毕业。

那一年发生了震惊全中国的“七七事变”，之后日本开始全面入侵中国。北京大学、清华大学等名校，先后南迁至云南昆明。

刘东生的父母已经在香港落脚，他们为刘东生安排好了去美国留学的路线。可刘东生到达香港后，却向父母表示他不愿意就这样离开中国：“那么多同学，有的在前方抗战，有的虽在大后方读书，但也为抗战出力，我为什么要到外国去躲避祖国的抗战呢？而且，我先在国内学有所获，事业有基础之后，再去国外进一步深造不是更好吗？”

在香港停留了 2 周左右的时间，刘东生辗转来到了昆明。

按照自己的意愿，他考上了西南联大的地理气象学专业。毕业之后，他一边工作，一边继续旁听生物系的课程。

到了 1946 年，他进入中央地质调查所上班，在那里研究古脊椎动物。

- 03 -

1949 年，新中国成立，全国都迫不及待地展开经济建设。可是，黄土高原区的水土流失和下游频繁的水旱灾害，成了我国北方建设和经济发展的拦路虎。

国家成立了水土保持综合考察队，专业是地理气象的刘东生，自然也被紧急调派过来，参与黄土高原区的水土保持工作。

这是他第一次参与黄土高原的研究考察。

黄土高原地区是中国文明的发源地。这里的黄土颗粒细，土质松软，含有丰富的矿物质养分。有些区域的土层厚度甚至深达百米，这在全世界都是绝无仅有的。

但是，这么肥沃的土壤却因为水土流失严重、常年干旱、刮风等，无法种植农作物。对于热爱种植的中国人来说，这简直无法忍受。

可是，为什么偏偏这里有这么一片黄土？

黄土到底是怎么形成的？

黄土区的形成，在当时的中国科学界可是一个大难题：有人认为是洪水冲击而形成的，有人认为是湖泊的沉积产物，还有人认为是石灰岩风化的结果。大家各有各的看法，各有各的科学理论依据，但是都停留在揣测层面。

刘东生从 20 世纪 50 年代开始，就长期扎根在黄土区，对黄土进行深入调研。

没有实际调查就没有话语权。刘东生发现，窑洞的房顶都是由一层红土和一层被人们称作“料姜石”的石灰质土壤结合而成的 。这种“料姜石”实质上是土壤层的淀积层，具备足够的坚固性，因而被人们充作天然的天花板使用。

奇怪的是，这样的淀积层水平延伸得很长，而且一层层和黄土、红色的土相间隔。三层窑洞的结构如出一辙，都是以料姜石做天花板，黄土做墙，红色的土做地。他去请教土壤学专家朱显谟。

朱显谟告诉他，这种红色的土壤属于古土壤层。这个新发现给刘东生提供了思路，成为他黄土研究的重要突破点。

- 04 -

此后数年，刘东生频繁对黄土高原进行野外考察和实验分析，最终完成了《黄河中游黄土》《中国的黄土堆积》《黄土的物质成分与结构》和《黄土与环境》等多部专著，并且提出了自己在黄土研究领域的突破性学说——新风成学说。

刘东生和他的团队一起，研究整理了从黄土原始物质的形成、黄土原始物质的搬运、细粒粉尘物质扬起的动力学条件、粉尘的搬运和沉降的天气过程与条件、粉尘沉降地的环境、粉尘堆积后转化成黄土的变化、黄土上发育古土壤的环境条件和过程等一系列证据，形成了完整的证据链，来支撑黄土的新风成学说。

该学说将风成沉积作用从黄土高原顶部的黄土层拓展到整个黄土序列，并把过去只强调搬运过程的风成作用，扩展到“物源—搬运—沉积—沉积后变化”这一完整过程。

那些年孜孜不倦的挖土生涯，让刘东生最终确定了他在中国第四纪领域研究的切入点和突破方向——黄土成因。

所谓“第四纪（最近 258 万年）”，是地球演化历史上最新的一个地质时期。它是现今地球环境形成和现代人类出现的关键时段。

第四纪时期，地球环境经历了山岳冰川和大陆冰盖的周期性进退、全球海面的大幅度升降，以及全球大气环流和海洋环流型式的急剧重组。

第四纪地质档案记录的地球环境演变史，涵盖不同时空尺度、不同速率的环境变化信息，为人类认识过去的环境演变规律、理解现今的环境变化原因、评估未来的环境发展趋势提供了科学依据。

长期在黄土高原地区进行野外考察的刘东生，根据黄土与古土壤的多旋回特点，发现第四纪气候的冷暖交替远不止四次。于是，他发展了传统的四次冰期学说。

他的这一发现解释了 250 万年以来的气候变化历史，成为研究全球环境演变的利器，也成为全球环境变化研究的一个重大转折，为环境变化的“多旋回学说”奠基。

这些成果改变了黄土研究在地质学研究中的地位，奠定了中国黄土研究的基础。

这为国民经济建设提供了科学依据，也得到了国际、国内学术圈的认可。

在刘东生的推动下，黄土与深海沉积、极地冰芯，成为古代环境变迁研究的三大支柱。

因为刘东生创立了黄土学，于是他被誉为“黄土之父”。

- 05 -

为了研究中国不同的地理地质，刘东生那些年几乎踏遍了大江南北。

74 岁奔赴南极，79 岁出征北极，85 岁踏上青藏高原，88 岁深入罗布泊……

他还加入了黄土高原农业可持续发展的咨询考察团，深入甘、宁、青、晋、陕等黄土高原腹地进行科学考察。

也许有人好奇，黄土学的研究对于人们的日常生活来说，究竟有什么意义呢?

不知大家是否曾想过，对地球来说，人类对地球的影响不是很大；但把地球当作人类的家园，对人类来说，现在已到了需要警惕自身影响的时候了——

比如，1969 年在黑龙江省克山县大规模暴发的克山病。

克山病又称地方性心肌病，病症表现为急性和慢性心功能不全，心脏扩大，心律失常以及脑、肺、肾等脏器的栓塞，患病后的死亡率极高。

当时，刘东生临危受命，组织研究人员前去调查克山病跟当地环境的关系。每到一个村子，他们就对村里的粮食和水井取样、化验并进行分析。

刘东生很快就发现了病因。

原来，矿脉开采使用了深层地下水，以至于地下水缺乏硒、钼、铜等微量元素。当地的居民们长期饮用地下水，缺乏这些人体需要的微量元素，久而久之，自然就得了克山病。

根据刘东生提供的结论报告，医生配置了亚硒酸钠药片给病区的居民们服用，从此克山病便在那一片绝迹了。

如果不是刘东生多年来钻研黄土学，克山病这个案例就不会如此顺利地解决。

你知道吗？人类的历史相对于黄土的历史来说，是非常短暂的。科学家们曾经用古地磁学方法对黄土进行年代测试，结果发现早在 260 万年前，黄土就开始堆积了。

黄土是地球气候和环境变化的记录者，跟人类的生存环境关系密切。

黄土在地球陆地覆盖面积高达 10%，而在中国，黄土分布面积超过 44 万平方千米，以西北和黄河中游一带最多。这里就像一部珍贵的典籍，隐藏着生物气候环境变迁、地球新构造运动、人类文化发展历史等诸多秘密，如同一颗颗尘封的彩蛋。

总有一日，要靠刘东生和他的黄土学，将这些彩蛋一一挖出、打开，阅读地球的记忆。

孩子们，你们愿意像刘老师那样砥砺前行吗？

- 06 -

1973 年，刘东生牵头建立了中国第一个专门从事对环境污染物进行化学分析的实验室。

他和涂光炽一起规划了中国第一个区域环境规划研究项目——北京西郊环境污染调查及环境质量评价。

他还参与了全国克山病地学研究协作和学术交流会，促成地学、生物学和医学在地方病研究中协作解决问题。

他所在的中国科学院第四纪地球化学研究室，也特意成立了“环境地球化学研究组”，积极承担地方病、水土病的病因研究。

这世界上有很多人，有的人能力大，有的人能力小。

刘东生自认为是能力小的那种人。

他没有一刻曾泄气，而是持续不断地做事情。

虽然他做的事情，别人觉得无所谓，但他自己觉得挺重要。他还把自己比作路边的马兰。

在野外考察时，他经常会遇到紫色的马兰花。它们总是一片片地长在路边，平时虽然不太惹人注意，但是开花的时候，它们会出乎意料地开出无比漂亮的花，往往能带给人们惊喜。

他这一生，如路边的马兰，悄悄地开落。

吴征镒

——为学无他，争千秋勿争一日。

人物档案

出 生 地	江苏扬州
毕业院校	清华大学
个人荣誉	中国植物学奠基人
主要成就	组织开展中国的植物资源考察和植物系统分类研究；发表和参与发表的植物新分类群高达 1 766 个，是中国植物学家发现和命名植物最多的一位，改变了中国植物主要由外国学者命名的历史；系统全面地回答了中国现有植物的种类和分布问题，摸清了中国植物资源的基本家底；提出被子植物八纲系统的新观点。

- 01 -

众所周知，中国拥有960万平方千米的陆地面积，横跨了高山、丘陵、平原、高原、等多种地形，涵盖热带季风、亚热带季风、温带季风、温带大陆性等多种气候。

可若是要问，在这片广袤的国土上，究竟生活着多少种植物，它们都叫什么名字，你可能就答不上来了。

这样的问题，还得去问吴征镒，一位被世界科学界称为中国植物“活词典”的植物学家。

2004年，由吴征镒主编的《中国植物志》全套出版问世。

这套书拥有80卷126册，共计5 000多万字、9 000多幅图，为中国31 142种植物建立了“户口簿”。

从此，中国植物学界终于拥有了一部专属的资料参考书。

在中国众多的植物学家中，吴征镒是发现和命名植物最多的一位。由他命名和参与命名的植物分类群就有1 766个，涵盖94科334属，其中新属有22个。就连此前从未有人发现、命名的珍稀植物“锡杖兰”，也是吴征镒在散步时因为摔了一跤偶然发现的。

- 02 -

说起来，吴征镒之所以能对植物如数家珍，除了勤奋，还有他自幼对植物产生的热爱。

吴征镒幼时在扬州长大。在吴征镒成年之前，他就参考清代吴其濬写的《植物名实图考》和日本的一些普及植物知识的图鉴，用看图识物的办法，采集了100多份标本，对物识名，制作出属于自己的“吴征镒植物宝鉴”。

吴家在扬州有座大宅子，宅子里的花园打理得当，草木长势繁茂、千姿百态。正是这些草木，吸引了小小的吴征镒。

他不像其他兄弟那样好动，反而时常蹲在花园里看各种植物，一看就是半天。

他对这些植物萌生了强烈的好奇心。

春天雨后的竹笋，从破土而出到节节拔高，竟然簌簌有声。仅半天的时间，竹笋就长得和他一样高了，这让他十分惊奇。

8 岁时，吴征镒进入家塾读书，他开始识字了。

为了探究跟植物有关的奥秘，年幼的他开始经常到家中专门藏书的测海楼找书来看。遨游在知识的海洋中，他不断地发现关于世界的更多奥秘。

自然学课上，老师直接拿着一朵小花，教学生如何辨别茎、花瓣、花蕊等等，让他对植物学的兴趣越发浓厚。

1933 年，吴征镒考进了清华大学生物系。可是，他家中的长辈们并不赞同他学习这个专业。

西方国家的工业革命冲击着落后的中国，那些有志报国的青年学子，都将学习理科、出国留学作为人生的奋斗目标。

同时，和生物学比起来，理工科学成之后就业更容易，至少能当个技术型人才，一辈子不愁吃穿。

吴征镒的家人都很不解：“学这个有什么用，花花草草能当饭吃吗？”

17 岁的吴征镒无法解释自己为何要报考生物学，他只是单纯地爱花草、喜欢做标

本，想学好这方面的知识。

家人们拗不过吴征镒，他最后得偿所愿。

后来，吴征镒毕业时并没有面临失业，而是留在了清华大学教书。他还参与整理了中国现代著名植物学家秦仁昌等人从国外带回的所有植物标本照片，并在生物学方面继续做研究。

- 03 -

1949年，吴征镒被调至新成立的中国科学院工作。第二年，他就跟随竺可桢副院长，马不停蹄地赶赴沈阳、长春、哈尔滨、青岛等地考察。

日、俄在这些地方留下了大量的科研机构，中国科学院要在调查新中国成立前各研究所情况的基础上，整顿、合并、新建一批研究所，规划整个东北地区的科研机构。

后来，吴征镒的足迹遍及粤、桂、黔、滇等地区。

对全国各大区资源的综合考察，也让他对中国植物区系、大农业、生态环境保护和合理利用资源等问题，有了新的认识。

尤其是云南这个“植物王国”，让他向往不已。

1958 年底，吴征镒带领科考队首次在景洪勐龙选点创建了中国首个热带森林生物地理群落定位站。也是在这一年，他举家从北京搬到了昆明，出任昆明植物研究所的所长。

西双版纳的原始森林，从此多了他流连忘返的身影。

一日，吴征镒散步时意外摔了一跤。结果他在地上发现了一种从未见过的、浑身雪白的寄生植物。

吴征镒喜出望外，不顾满身泥土，小心翼翼地将这株植物采集回去，制作成了标本。这株寄生植物外形宛如僧人使用的锡杖，所以被取名为锡杖兰。

从此之后，吴征镒经常就这件事和同事开玩笑说：“我不怕摔跤，却怕摔得没有价值。如果每一次摔跤，我都能找到从未被发现的新品种，那我愿意天天摔跤。”

- 04 -

吴征镒对植物学的热爱，可见一斑。

另一方面，这份热爱也帮助他熬过了饱受磨难的特殊时期。

那些年，吴征镒被下放到农村进行劳动改造。他白天下田劳动，观察田垄植物的生长，晚上回到家里，还偷偷地将白天所见记录下来。

依据这些已经分门别类的材料，他竟然整理编辑了一本《昆明黑龙潭地区田间杂草名录》，这本书为农民田间除草提供了科学依据。

当时，各种科研著作的出版几乎停滞。

吴征镒却在偶然间得到了一本赤脚医生使用的中草药小册子。

翻阅之后，他灵机一动。或许，他也可以请遍布中国各地的老朋友，帮忙收集并给他邮寄当地的草药，然后由他汇总整编为类似的小册子。

这就是《新华本草纲要》的诞生之始。

吴征镒按照自己的设想，给 5 000 多种中草药编订了目录，结合古代典籍，将植物名称和中草药名称统一起来，编出了这部 50 多万字的《新华本草纲要》。

这套药书合计收录了中国 6 000 多种药用植物，是有史以来收录药用植物最多的文献。它按近代植物分类系统中的科名去排列中草药，书中每个重要的科面前均写有总论，叙述和讨论全科药用植物种类、成分、疗效三者及其相互关系。

凭借这套书，吴征镒获得了中国科学院自然科学奖二等奖。

- 05 -

1983年，吴征镒发表了《太平洋洲际间断分布的意义》一文。他在长期对橡胶宜林地考察、全国植物资源调查、南方植被调查和大量资料的研究比较中发现，海陆板块运动学说和植物进化之间或许存在联系。

在中国植物学界，他是第一个把这两者结合起来研究的人。

中生代以前的地球大陆，还是一块完整的大陆。因为古地中海海底的扩张，大陆被分成了两部分，即古南大陆和古北大陆。地壳造山运动将位于古北大陆的云南和西藏抬起，形成了现在的滇藏高原。

因此，中国植物区系有三大成分，即古南大陆区系、古北大陆区系和古地中海区系。云南所在的中国西南部，就是这些区系成分发生和发展的关键地区。

为了印证自己的设想，吴征镒多次进入青藏高原地区进行考察论证。有一次他股骨头骨折了，只能拄拐行走，他依然拖着病体，冒着风雪翻越了祁连山。

这是因为，对植物的热爱依旧涤荡在他的心中，年迈的他想趁着自己身子骨还算硬朗，多发现一些新的植物种类。

吴征镒这一生，足迹不仅踏遍中国境内，还几乎遍布全球（除了非洲他没去过）。

60 岁之后，他仍然没歇下来，去湘西、鄂西、甘肃、青海、东北、闽浙、海南、川西等地考察，还两次进藏、两次入疆，重走祖国的山川，审视全国植物区系分布。

1999 年 8 月，吴征镒提出建议——

“十分有必要尽快建立云南野生种质资源库，对其中有近期开发价值的野生种质资源进行遗传背景的分析研究，提取 DNA 进行分类保存，在此基础上进行合理开发。”

这一建议，得到了有关部门的高度重视，很快国家就在昆明建立了中国西南野生生物种质资源库。

这一资源库的建立，使我国生物研究在世界占有一席之地，为我国的生物学研究打下了坚实的基础。

在上千年的历史中，中国人从未停止过对植物王国的探索。

古有神农尝百草、李时珍著《本草纲目》治病救人，今有吴征镒编著《中国植物志》，将植物种子收集整理，珍藏进植物专属的“诺亚方舟”。

“原本山川，极命草木。”这句话出自西汉枚乘《七发》，意为“陈说山川之原本，尽名草木之所出”，用来注解吴征镒的一生正好。作为一位植物学家，他的毕生追求得偿所愿。

杨守仁

——梁园虽好，不是久恋之家。

人物档案

出 生 地	江苏丹阳
毕业院校	浙江大学 / 美国威斯康星大学
个人荣誉	中国超级稻之父
主要成就	曾用第一代 IBM 进行博士论文的研究，还发明了田间试验区估算的新方法，人称“杨氏公式”；发表有关水稻栽培理论、水稻育种、育种新途径的开拓等重要学术领域的论文 200 余篇，在总结弘扬我国传统种稻经验和开拓水稻新的育种领域籼粳稻杂交育种、理想株型育种中作出了创造性的突出贡献。

- 01 -

水稻是人类重要的粮食作物之一，耕种与食用的历史都相当悠久。中国是世界上水稻栽培历史最悠久的国家。

不过，很少有人知道，水稻界除了大名鼎鼎的袁隆平院士之外，还有“中国稻作科学之父”丁颖、“中国超级稻之父”杨守仁、“北大荒水稻之父”徐一戎、“中国半矮秆水稻之父”黄耀祥、“西南杂交水稻之父”周开达等等。

丁颖，中国水稻界研究栽培稻与普通野生杂交稻育种的第一人。

杨守仁，继丁颖之后又一个研究亚远缘杂交常规育种的人，中国水稻高产栽培理论体系的始创者，籼粳稻杂交育种、水稻理想株型育种、水稻超高产育种新途径的开拓创造者。他研究的超级稻亩产 800 公斤以上。

徐一戎，将毕生精力都贡献给了中国的寒地水稻事业。中央电视台曾将他和袁隆平并誉为中国水稻界的“南袁北徐”。

黄耀祥，总结并提出作物生态育种的决策，开创了水稻矮化育种的方法，促进中国籼稻矮秆化。

周开达，首创籼亚种内品种间杂交培育雄性不育系的方法，提出亚种间重穗型杂交稻超高产育种理论与技术、重穗稀植栽培技术，创造了光敏不育系生态育种方法和技术。

其中，杨守仁作为归国科学家，是中国迄今唯一既能较全面、科学地阐明中国悠久的传统经验，而又有所创新的著名水稻专家。

他在美国威斯康星大学研究生院深造期间，就已经用第一代 IBM 进行博士论文的研究，还发明了田间试验区估算的新方法，人称“杨氏公式”。

美国至今仍在应用杨氏公式。

好學習
天天向上

- 02 -

1912 年，杨守仁出生在江苏省丹阳市皇塘镇六家村的一个贫寒农家。

他的父亲是当地的种稻、养猪能手。他童年时到私塾上过学，但也需要帮家里放牛，因而熟知做农活的艰辛。如果不是恩师周晓春先生的资助，他的学业仅到小学就终止了。

后来，他考入了国立浙江大学农学院。

大学毕业后，杨守仁被中央农业实验所（中农所）的周拾禄先生选中，到稻作系的赵连芳主任手下当助理。

不久，抗日战争的战火蔓延到了淞沪一带。

中农所先是西迁长沙，后又转迁至四川。

杨守仁因为兼任湖南省衡阳稻场主任，就留在了湖南，主持“南特号”水稻良种的大面积推广。

后来，日本侵略军逼近长沙。他不愿稻场囤藏的大量稻种被日寇抢走，便自作主张提前发放给农民。

疏散了稻场职工之后，他辗转广西、贵州等地后，终于抵达成都，来到了中农所在四川的工作站。

从这时起，直到抗日战争结束前，杨守仁都待在这里。

抗战时期，杨守仁主持过西南五省水稻良种的区域试验，也参与过在川南地区推行双季稻制度的创新。得益于他在川南、川东乃至川中各地考察出差的经历，他写成了《旱年种稻法纲要》等文章，为战后四川地区的恢复性建设完成了不少基础工作。

1945 年，杨守仁被调派至台湾。他原本是陪同卢守耕先生去接管台湾地区的糖业试验所，怎知去了一趟嘉义支所后，就被任命为该支所的所长。

令人惊喜的是，杨守仁竟然在嘉义支所发现了高抗稻瘟病的粳稻品种“光复 1

号”——这在粳稻品种中还是第一例。

这之后，为了学习更先进的水稻育种技术，杨守仁逐渐萌生了出国留学的念头。

第二年，他考取了威斯康星大学的公费留学项目，仅用 1 年时间就免试获得了硕士学位——因为，他发明了田间试验区估算的新方法，也就是“杨氏公式”。

杨氏公式比当时生物统计界权威耶茨的方法更为简便。

1951 年，杨守仁终于拿到了博士学位。他的导师托里教授想让他留校工作，却被他拒绝了：“梁园虽好，不是久恋之家。”

这一次，杨守仁没有返回台湾，而是经由香港，回到大陆。

回来后，杨守仁来到了山东大学农学院工作，后支援东北三省的水稻研究事业。

水稻育种大业任重而道远，需要更多的科研人才加入。不久，杨守仁便被国家批准为首批可招收作物栽培专业博士生的导师。

一位水稻界的泰斗级巨星，正在冉冉上升。

- 03 -

我们都知道，中国自古以来便是一个农业大国，同时也是人口大国、吃粮大国。

伴随国家经济建设的高速发展，国内的商业用地将越发挤占农业用地的份额。也就是说，中国的耕地面积只会越来越少，不可能再有所增加。

那么要实现粮食增产，就只能靠提升农业科技，进而再去提高粮食亩产量。

中国应该是一个水稻高产的国家。

这也是杨守仁最大的期望。

杨守仁在山东大学农学院执教期间，用当时最负盛名的早籼“南特号”与粳稻“嘉笠”（原名“衣笠早生”，原产自日本，为主栽早稻）杂交。两株亲本，无论是在形态上、生理上，还是地理上，都存在很大的差异。但是它们杂交出来的后代，却拥有了叶宽而短、矮秆、紫色芒以及抗旱等优良的性状，并且这些优良性状能够一直遗传到以后若干代。

这就是杨守仁闻名于世的“超级稻”的早期育种研究成果。

农业科研需要科学指导，也要依靠天时。

1951 年，杨守仁从这株杂交稻上只得到了几粒种子。

次年播种下去后，他们拥有了 7 株稻穗。

又过了一年，也就是 1953 年，他们终于收获了一批稻穗。

此后数年，他们不断地进行烦琐的室外盆栽、选株、分系，重新引入丹东陆稻、沈阳红毛、岫岩不服劲等父本进行杂交的工作，这些都为育成超级稻打下了坚实的基础。

1996 年，杨守仁的超级稻终于在沈阳诞生，距离最初那几粒杂交稻种脱穗，已经不知不觉过去了 40 年。

- 04 -

身为一个学者，能在某一个研究领域取得公认的成绩，已属不易。可杨守仁却在籼粳稻杂交育种、水稻理想株型育种、水稻超高产育种这三个水稻育种领域，都做出了骄人的成绩。

从 20 世纪 50 年代起，杨守仁还先后主编了第一部全国高等学校通用教材《作物栽培学》和《东北水稻栽培》等专著，编写了《中国水稻栽培学》，主编了《中国大百科全书》及《中国农业百科全书》中有关水稻的内容，并担任世界名著《稻的生物学》的总校译，出版了个人学术专著《水稻高产栽培及高产育种论丛》和《水稻专题讨论文集》。

他在 80 岁高龄时，仍然笔耕不辍，自辑出版了《杨守仁水稻文选》。

谁能想到在这期间，他经历了多少艰难困苦，风雨半生，几起几落。

对于超级稻的育种事业，他既没有盲目乐观，也不曾悲观失望。

他只是就这么一路脚踏实地，稳扎稳打，传道授业，以身作则。

杨守仁水稻文选
Yang Shouren
Shuidao
WenXuan
辽宁科学技术出版社

- 05 -

“所谓大学者，非谓有大楼之谓也，有大师之谓也。”

杨守仁的稻作研究室，为中国的水稻育种事业培养了硕士、博士几十人。

他的学生陈温福，后来成为中国工程院的院士。

陈温福是杨守仁招收的第一个硕士生，也是第一个博士生。他至今还记得，杨守仁第一次带学生做科研时，叮嘱他的那些话。

杨守仁向他提了三点要求——

一是立即改学并学好英语，因为国际上的科学文献大多是用英文撰写的。

二是作物栽培与作物育种两个专业的课程都要学，因为只有“博”，才能“专”。

三是必须学会种稻，因为不会种稻，就做不好稻作科学研究。

1989 年，陈温福因为晋升副教授受挫，情绪有些消沉。杨守仁以一句恩格斯的名言相赠——“有所作为，是人生的最高境界”，教他如何在逆境和挫折中正确对待自己。

杨守仁对待学生的无私、仁慈，由此可见一斑。他将一身学识倾囊相授，从不藏私，还是学生们在人生道路上的明灯，指引他们不忘初心。

综观杨守仁的一生——

于科研，苦心孤诣；于治学，求实严谨；于学生，无私仁慈。

得恩师如杨守仁，学生之幸。

得大师如杨守仁，中国之幸。

袁隆平

——稻子熟了，妈妈，我来看您了。

人物档案

出 生 地	北京
毕业院校	西南农学院（今西南大学）
个人荣誉	中国杂交水稻事业的开创者和领导者 / 中国杂交水稻之父
主要成就	致力于杂交水稻技术的研究、应用与推广；发明“三系法”籼型杂交水稻，成功研究出“两系法”杂交水稻，创建了超级杂交稻技术体系；提出并实施“种三产四”丰产工程；运用超级杂交稻的技术成果，出版中、英文专著6部，发表论文60余篇。

- 01 -

关于“中国杂交水稻之父”袁隆平的生平事迹，已经有过太多太多的报道。

袁隆平逝世后，媒体公布了他 80 岁时写给母亲的一封信——《妈妈，稻子熟了》，信的内容令人潸然泪下。

他和他妈妈的故事，在这封信公开之前，鲜为人知。

袁隆平的母亲华静，出生于扬州的一个富商家庭，她在教会学校读过书，学习过西方文化艺术和礼仪，还在小学当过英语教师。

袁隆平的父亲袁兴烈，也在那所小学当校长。

知书达理、志趣相投的二人，便顺理成章地走到了一起。

1929 年 8 月 13 日，袁隆平在北平（今北京）协和医院出生了。当时给他接生的大夫，还是中国妇产科学的奠基人林巧稚。

他的出生证上记着姓名“袁小孩”，住址“旧刑部街长安公寓”，还有他出生时的脚印。

旧中国战火纷飞，动荡不安。他们一家人过着颠沛流离的日子，直到 1936 年才落脚汉口。

袁隆平那时年纪小，一直将自己的出生日期记成了 1930 年 9 月 7 日。直到他 80 岁那年，北京协和医院重新整理历史档案，才发现他真正的出生日期应当是 1929 年 8 月 13 日。

1937 年，抗日战争全面爆发后，他的父亲袁兴烈选择了投笔从戎。他的母亲华静不得不辞掉工作，在家照顾几个年幼的孩子。

曾经，母亲华静是小学英语教师，最拿手的便是英语。

在袁隆平的印象中，他很小的时候，母亲华静就开始教家中几个孩子学英语了。

一开始是读英语给他们听，慢慢地，就让孩子们跟着她一起读。

在这种英语环境的熏陶之下，袁隆平的英语自然变得越来越好。

上学之后，袁隆平是班里英语成绩最好的学生。

工作之后，袁隆平从事的水稻育种工作，需要他及时掌握国外最新的科研方向，而很多国外科学界的行业信息和研究资料都是英文，翻译这种专业的论文需要极高的英语素养。

可以说，他优异的英语水平，也对他的农业科研起到了助力的作用。

袁隆平无法想象，如果当初没有母亲华静的英语启蒙，在闭塞的环境中，他如何能够用英语阅读世界上最前沿的科学文献，用超越那个时代的视野，去寻访遗传学大师孟德尔与摩尔根。

华静是少有的知识女性。她每日白天教儿子英文，晚上还要检查他的作业。

她的虔诚，她一丝不苟的行事，最终都印刻在了袁隆平的性格里。

- 02 -

袁隆平是从战乱和饥荒年代走过来的。他的童年是在轰炸机的轰鸣声中度过的。日本人的飞机总是飞得很低，甚至连机上的飞行员，他都看得很清楚。

有次目睹日机丢下炸弹，他一猛子扎进嘉陵江里躲起来。

多年后他回忆起来，还觉得心里发怵。

战争教他从小就懂得了一个道理——弱肉强食。

要想不受别人欺侮，我们中国必须强大起来！

1949 年，袁隆平考上了重庆的西南农学院农学系，在遗传育种专业学习。

他还报名参加空军，可惜因为当时更需要在校大学生参加经济建设，最终没能入伍。

在毕业分配的表格上，他随手填下“愿意到长江流域工作”，于是就被分配到了湖南的安江农校工作。

安江，是个在地图上都难以找到的地方。

他的母亲华静几乎将脸贴在地图上，用了好久才找到学校的大概位置。她十分心疼：“孩子，到那里去，你是要吃苦的！”

他的同学们也劝他，那地方太偏僻了！一个大学生去到那里，说不定将来要“一盏孤灯照终身”—— 找不到媳妇儿。

许多年后，袁隆平回忆起往事，说：“我之所以选择学农，与我从小经历的饥荒岁月有关。随着年龄的增长，学农的愿望更加强烈，甚至变成了我的人生志向。报考大学时，我的第一志愿就是学农。后来，我选择在农校执教，母亲不太赞成，我还跟她争辩农业的重要性，说吃饭是第一件大事，没有农民种田，就不能生存。”

袁隆平最终说服了他的母亲，让他遵从自己内心的选择。

从重庆到安江农校，袁隆平需要先坐船到武汉，再从武汉坐火车到长沙，紧接着坐两天那种烧炭的汽车，翻过雪峰山，如此一路辗转，才能抵达安江。

这一路把年轻的袁隆平都折腾得够呛。

数年后，袁隆平成婚生子，没想到他的母亲华静竟然主动提出要来安江。她不畏辛苦，只想帮他照顾孩子。

那一年，华静已经70岁了，她的一辈子几乎都生活在大城市里，哪里走得惯乡间的田埂呢？这一切不过是出于一个母亲对孩子的拳拳爱护之心罢了。

来到安江农校后，袁隆平很快就安顿了下来。

他起初负责教俄语，后来又改教遗传学。

他大学学的是遗传育种，在中专学校教这一门课程对他来说倒是不难，只是苦于没有教材。

为了解决这个问题，他组织学生们上雪峰山采集标本，然后自制图表、自编教材。之后他又在班上成立科研小组，带领学生做农学实验。

他希望通过自己的言传身教，把这门知识教授给偏远地区的学生，让他们产生学习兴趣。

- 03 -

但这样欢乐的学校时光很快就结束了，大家都陷入了困境——

三年困难时期到来了，无论是老师还是学生，都吃不上饭了。

袁隆平做过一个梦。梦里，他在稻田中睡觉，水稻长得像高粱一样高，稻穗像扫帚一样长，籽粒像花生一样大。凉爽的清风吹过大片水稻，阳光和着叶影的光斑在他眼睑上摇曳。

醒来之后，他把这个梦称为“禾下乘凉梦”。

袁隆平立下一个志愿——要用农业科学技术打败饥荒的威胁，要让中国人民过上吃饱饭的日子。

于是，袁隆平开始研究水稻育种。他认为只有提高稻谷亩产量，在中国固有的耕地上才能生产出更多的粮食。

1960 年 7 月，袁隆平偶然在田间发现了一株与众不同的水稻。

这一株水稻，稻穗低垂，颗粒饱满，比其他水稻结的颗粒要多。

袁隆平原本以为这会是一株高产的水稻，便将这株水稻小心地保存下来，并花了一年的时间精心培育。

但很可惜，这片实验稻田的成果让人失望。

- 04 -

袁隆平一度失望、失落。而陪伴在他身边的母亲华静没有刻意安慰他，只是轻描淡写地说：“失败乃成功之母。”

是啊，如果失败才是人生的常态，那又何必因它而沮丧呢？

袁隆平很快就振作起来，并开始分析自己失败的原因。

他发现的那株高产水稻，性状确实特殊。

可他利用这株水稻试种时，却发现它的子代水稻并没有继承亲本的高产性状。

但是，水稻是两性花，每朵花里面都有雄蕊和雌蕊，这种通过自花授粉的方式产生的子代，就是亲本的复制体，是不可能出现性状分离的。

袁隆平坐在田埂上，望着远方的稻田，百思不得其解。

排除所有的可能性之后，最后只剩下那个不可能的可能了。

也就是说，他发现的那株水稻是一株天然杂交水稻。

- 05 -

为了证明自己的猜想，袁隆平开始在试验稻田中寻找一株“天然雄性不育”的水稻。

从此，他每日揣个水壶，风雨无阻地扎进稻田里，在 14 万株稻苗里，寻找那株关键性的野生不育株，而这件事成功的概率，大约是 1/50 000。

但他的运气很好，他只花了 14 天，就找到了一株不育株，并凭此写成论文，投稿发表在中科院下属的《科学通报》上。

这篇论文得到了国家的高度重视。

慢慢地，袁隆平发现了更多的不育株。

他的研究彻底推翻了米丘林、李森科主张的“无性杂交”学说，并推论出水稻亦有杂交的优势——通过培育雄性不育系、雄性不育保持系和雄性不育恢复系的“三系法”来培育杂交水稻，可以大幅提高水稻产量。

但是他的研究还只是停留在理论阶段，必须用实践去证明。

为了早日培育出真正的高产杂交水稻，袁隆平带着两名助手，远赴湖南、广东、广西、云南和海南等地，他们天南地北地寻找不育株，连续 7 年未归乡。

滇南大地震、三亚大洪水、铁路涵洞的大水洼……他们什么都经历过，什么苦都吃过，最后终于找到了一株野生的不育株“野败”。

就是它，成了那个奇迹的起点。

他们找到的这株“野败”完美地符合杂交水稻的培育需求。

18 个省市的科研人员迅速赶赴三亚，中国水稻的杂交浪潮自此开始。

1975 年，南方地区杂交水稻的种植面积仅仅 370 公顷，可一年后，种植面积飞跃至 13.87 万公顷，两年后更激增至 210 万公顷。

从此，中国人民过上了能吃饱饭的日子。

可是，因为忙于水稻育种事业，袁隆平此时已经很久很久没能跟母亲华静团聚了。

1989 年，母亲华静在安江病危，袁隆平此时还在长沙主持一个杂交水稻的现场会。等他赶回安江，老人家已经走了。

此事成为袁隆平余生难以释怀的遗憾。

80 岁时，他给母亲写了一封信，在信中无数遍向妈妈忏悔，忏悔他当年没能及时赶回来见她最后一面。

人们一直热衷于将袁隆平赞誉为东方“稻神”。

可是你看，即使是大科学家，也是有血有肉的普通人，同样面临着工作和生活无法两全的苦恼啊。也正是因为这样，能够放下“私我”、为人民贡献一生心血的他们，更值得我们钦佩。

竺可桢

——大学教育的目标，在于养成公忠坚毅、能担当大任、主持风气、转移国运的领导人才。

人物档案

出生地	浙江绍兴
毕业院校	唐山路矿学堂（今西南交通大学）/ 美国哈佛大学 / 美国伊利诺斯大学
个人荣誉	中国物候学创始人
主要成就	开创中国气象教育事业，创建中央研究院气象研究所；组建早期中国气象观测网，开展物候观测、高空探测及天气预报等业务；对台风、中国季风及大气环流、气候区划、物候、气候变迁等方面的研究都作出了开拓性的贡献；首先提出季风系统概念；首创区域气候研究，提出亚热带划分指标；确定中国八大气候区，确立气候区划和自然区划的基本轮廓；研究中国近五千年的气候变迁。

- 01 -

如果有人问你，一个地道的中国知识分子应该是什么样的？

你只需要回答“竺可桢”三个字就可以了。

如何让一所地方普通大学成为“剑桥”级的世界名校？

竺可桢站出来说，给他 10 年时间，他将还中国一所浙江大学。

2022 年，英国国际高等教育咨询公司夸夸雷利 · 西蒙兹对全球 1 300 所高等院校进行了一次该机构历史上最大范围的评估。

评估结果显示，清华大学和北京大学分别位列世界第十七位、第十八位，浙江大学排名世界第四十五位。

清北二校上榜自然无可非议，但是谁又能想到，100 多年前还只是一所地方性学校的浙江大学，如今能跻身世界第四十五位呢！

1944 年，英国皇家科学院院士李约瑟博士来到中国湄潭。

在造访了西迁的浙江大学后，他写下了一篇文章——《贵州和广西的科学》。

文章中，他将位于遵义之东 75 千米的浙江大学喻为“东方剑桥”。

当年，以陈建功、苏步青为代表的浙大数学系（又称陈苏学派），与意大利罗马学派、美国芝加哥学派，并称为“世界三大数学学派”。

当时，除了浙江大学之外，还没有哪所中国的大学能在世界学术界自成学派。

- 02 -

那时的浙大，除了世界一流的数学家陈建功、苏步青之外，还有世界一流的原子能物理学家卢鹤绂、王淦昌，世界一流的物理学家胡刚复，中国一流的国学大师马一浮……以及同时代的浙大师生，如贝时璋、钱宝琮、郑晓沧、李寿恒、周厚复、张绍忠、何增禄、束星北、章用、程开甲、谢学锦、许良英、梅光迪、佘坤珊、张其昀、王国松、吴钟伟、范绪箕、俞国顺、卢守耕、萧辅、吴耕民、罗登义、雷男、祝汝佐、王琎、郑奠、李絜非、朱正元……

这些人要么已经是大师，要么是未来的大师，无一不为国家作出了重大贡献。

根据不完全统计，在湄潭的 7 年中，浙江大学在国内外发表的论文数量，一度超过同时期所有的中国大学。

中华人民共和国成立后，浙大师生中有 71 人成为中国科学院学部委员，其中老师有 27 人，学生有 47 人，后来被评为中国两院（中国科学院和中国工程院）院士的多达 51 人。

浙大的辉煌就是因竺可桢而来。

他用了10年的时间，将浙江大学变成了一所跟当时最著名的西南联大齐名的名校。

- 03 -

中国自古以来就是农业大国。若是风调雨顺，农民便能丰收，衣食无忧。没有人比农民更关心天象了。

1890 年，竺可桢出生于浙江绍兴东关镇（今上虞）的一户粮商之家。

或许是受家庭影响，他的学习兴趣一直偏向气象学和地理学。

1910 年，竺可桢拿到了赴美国留学公费生的名额，中国以农立国，他便前往美

南京氣象台

国的伊利诺伊大学农学院学习。

毕业之后，他又转入哈佛大学地学系，进一步钻研气象学。

28 岁那年，竺可桢便拿到了哈佛大学的博士学位。

学成归国后，他先后在武昌高等师范学校、南京高等师范学校、天津南开大学担任教授，负责地理学和气象学的教学工作。

在这期间，他还筹建了气象研究所，建立了南京气象台，成立了中国地理学会，为中国开展气象研究打下了坚实的基础……

竺可桢的前半生，不仅为中国现代气象事业打下了基础，还结束了中国领土和海域的天气预报都由外国人发布的历史。

到了 1936 年，国民党突然邀请 46 岁的竺可桢去浙江大学当校长。

一开始，竺可桢果断地回绝了对方的请求，因为当时他从事教育和气象研究方面的工作，醉心于育人和学术。他曾经花了 8 年的时间踏遍中国，主持建立起一个又一个气象观测站。如今中国人都知道的温度单位“摄氏度”，也是因为竺可桢才开始使用的。

换言之，竺可桢统一了中国气象界的度量衡。

对于一位科学家而言，他当然更倾向专注于气象研究事业，即便是高官厚禄也不能打动竺可桢。

不过很快，竺可桢的亲戚朋友们都来劝他：“这些年浙江文化退步得厉害，需要一个大学来做台柱。推动家乡文化事业的发展，你当仁不让啊！”

竺可桢一听，觉得倒也有些道理，于是最终接下了浙大校长这份工作。

- 04 -

1936 年 4 月 7 日，浙江大学迎来了竺可桢这位新校长。

这是具有历史性的一刻。

当年的浙江大学，可远不如现今的学校环境好、师资条件优越。

浙大的很多教学楼和图书馆都成了危房，号称“天上下雨，地上即漏”，连普通的民房都不如。

作为大学的图书馆，浙大图书馆馆藏书籍竟然只有6万多册。要知道，同一时期的清华大学图书馆，占地7 000平方米，馆藏书籍超过36万册。

浙大的师资力量就更单薄了，国文、中国历史、外国历史等科目竟然没有教授任课，甚至还不断有在职教授辞职。

竺可桢没有畏怯，反而越发打定了主意，要搞好浙大的教育事业。

于是，在那一年浙大的开学典礼上，新上任的竺可桢向学生们提出了那鼎鼎大名的两个问题——

“你们为什么来浙大？”

“你们从浙大毕业以后准备干什么？”

面对台下的莘莘学子，竺可桢说出了自己的期许：“第一，诸位求学，应不仅在科目本身，而且要训练如何能正确地训练自己的思想；第二，我们人生的目的是在能服务，而不在享受。”

后来在一次校务会议上，竺可桢又正式地提议，将“求是”定为浙大的校训。

所谓“求是”，即是——

1. 不盲从，不附和，一切以理智为依归。如遇横逆之境遇，则不屈不挠，不畏强，只问是非，不计利害。

2. 虚怀若谷，不武断，不蛮横。

3. 专心一致，实事求是，不作无病呻吟，严谨整饬，毫不苟且。

竺可桢为何选择了“求是”作为浙大的校训呢？

这是因为浙江大学成立于 1897 年，前身便叫求是书院，是中国人自己最早创办的新式高等学府之一。

百学须先立志。校训便是一所大学办学理念的精髓与内核，渗透到大学的办学宗旨、管理制度、学科建设、师生活动等方方面面。

竺可桢这著名的两问与求是精神，后来成了鼓舞一代又一代浙大师生的良言警句。而他自己，更是将“求是”二字贯穿于他的浙大办学生涯。

- 05 -

竺可桢认为，大学教育的目标，绝不仅仅是造就多少专家如工程师、医生之类，而尤在乎培养出“公忠坚毅、能担当大任、主持风气、转移国运”的领导人才。

而教授们，则是一所大学的灵魂。一所大学学风的优劣，全以教授人选为转移。

假使大学里的许多教授，以研究学问为毕生事业，以教育后进为无上职责，那么学生自然会养成良好的学风，大学就能不断地培植出博学笃行的学者。

所以竺可桢办学的首要大事，便是力求将全中国甚至全世界最好的老师招来浙大。

据不完全统计，当时在浙大任职的教授有 70 多人，其中部聘教授 18 人，占据全国部聘教授总数的 1/4。

文学院院长梅光迪，曾在美国哈佛大学研究院获硕士学位，专攻西方文学。

中文系系主任郭斌龢、外国文学系系主任佘坤珊，都是著名教授。

张其昀原为中央大学教授，1936 年被聘为浙江大学史地系教授兼系主任、史地研究所所长，后又兼任文学院院长。

理学院院长胡刚复是著名的物理学家，物理系系主任何增禄、化学系系主任卢嘉锡、生物系系主任贝时璋等都是著名科学家。

中国函数论的奠基人陈建功、微分几何奠基人苏步青，先后担任数学系系主任。

物理学教授王淦昌、工学院院长王国松、化学工程系系主任李寿恒、土木工程系系主任吴钟伟、航空工程系系主任范绪箕、电机实验室主任俞国顺等，均是工程技术专家。

卢守耕任农学院院长，萧辅任农艺系系主任，吴耕民任园艺系系主任，罗登义任农业化学系系主任，雷男任农业经济系系主任，祝汝佐任蚕桑系系主任。

师范学院院长王琎、教育学系系主任郑宗海、国文系系主任郑奠、史地系系主任李絜非、理化系系主任朱正元等都是学有专长的名师。

竺可桢为战乱时期风雨飘摇的浙大，开启了一个全然不同的新时代。

当时，浙江大学物理系更是成了中国物理研究的前沿阵地。众多师生在此工作和学习，共同创造了中国物理学历史上的辉煌，甚至为新中国的“两弹一星”立下不朽功勋。

- 06 -

抗日战争全面爆发后，竺可桢为了保存浙江教育的火种，也为了保存中国学术的未来，响应国家号召举校西迁。

他们耗时两年半，穿越 6 省、长征 2 600 余千米，最终在贵州省遵义、湄潭及永兴三地落脚，并坚持办学 7 年。初时浙大学生只有 633 人，到抗战结束时，学生已经多达 2 243 人。

竺可桢就职之后的十年间，不论条件如何艰苦，没有一位老师离岗，学生的学习课程也从未落下。浙大人的精神从竺可桢开始，代代传承；老一辈学者对竺可桢的为

人处世，莫不信服。

1949 年 10 月，竺可桢受邀参加中华人民共和国开国大典。之后不久，他便被任命为中国科学院副院长、生物学地学部主任，主要负责地学、生物学领域的学术组织与领导工作。除此之外，他还长期担任中国地理学会理事长，亲自主持筹建中国科学院地理研究所。

此时的竺可桢已经 59 岁了，他把大半生的时间献给了中国的教育事业，现在终于可以回来继续自己喜爱的科研工作。

竺可桢不仅亲自进行冬小麦、棉花、水稻的物候观测，还将农作物物候的观测工作推向全国。在他的指导下，中科院地理研究所迅速建立起了完整的全国物候观测网，还制定了物候观测方法（草案），确定国内共同物候观测种类。

竺可桢的文章写得特别好，他尤其擅长将枯燥的科普描述得引人入胜。他的那篇《论我国气候的几个特点及其与粮食作物生产的关系》，通过科学地分析光、温度、降雨对粮食的影响，就中国如何发展农业生产提出了许多设想。中国自古便是农耕大国，竺可桢的文章契合实际，十分有意义。

竺可桢还喜欢读诗词，在唐宋的诗词中解密古中国的物候变化，因此便有了那篇《唐宋大诗人诗中的物候》。或许是诗词给了他灵感，竺可桢首创了中国历史气候学，其中历史气候变迁就是他钻研最多、成就最大的领域。

中国曾有句古诗：“花如解语还多事，石不能言最可人。”石头和花卉虽然不能说话，却有自己的一套结构组织来表达它们的本质。竺可桢便是它们的“解语人”。其实人和人的相处、人和世界万物的相遇，又何尝不是这样呢？只要我们耐心一些，总能找到方法和技巧，读懂它们所传递的信息。

“我属于那种能力小的人，但我没有泄气，我持续不断地做事情，有时候自己做的事情别人觉得无所谓，但我自己觉得挺重要。”

刘东生

“为学无他，争千秋勿争一日。”

吴征镒

“梁园虽好，不是久恋之家。”

杨守仁

“稻子熟了，妈妈，我来看您了。”

袁隆平

“大学教育的目标，在于养成公忠坚毅、能担当大任、主持风气、转移国运的领导人才。”

竺可桢

群星照耀中国

第六册

大国重工

★ 范旭东 ★ 侯德榜 ★ 李四光 ★ 刘广志 ★ 赵宗燠

岁闲君 著

时代出版传媒股份有限公司
安徽教育出版社

群星照耀中国

第六册

大国重工

岁闲君　著
漫阅花喵　马鲍方　绘

时代出版传媒股份有限公司
安徽教育出版社

群星照耀中国·大国重工
QUNXING ZHAOYAO ZHONGGUO · DAGUO ZHONGGONG

出 版 人：费世平
质量总监：武常春
策划编辑：王冰莹
责任编辑：姜　好
装帧设计：江雨濛
责任印制：陈善军
设计制作：江雨濛

出版发行：时代出版传媒股份有限公司 安徽教育出版社
地　　址：合肥市经开区繁华大道西路 398 号 邮编：230601
网　　址：http://www.ahep.com.cn
营销电话：(0551) 63683015, 63683916
排　　版：江雨濛
印　　刷：天津海顺印业包装有限公司

开　　本：787 毫米 ×1092 毫米 1/16
印　　张：36（全九册）
字　　数：410 千字（全九册）
版　　次：2024 年 6 月第 1 版
印　　次：2024 年 6 月第 1 次印刷
定　　价：178.00 元（全九册）

目录

范旭东

——中国如其没有一班人，肯沉下心来：不趋热，不惮烦，不为当世功名富贵所惑，至心皈命为中国创造新的学术技艺，中国决产不出新的生命来。

人物档案

出生地	湖南长沙
毕业院校	日本京都帝国大学
个人荣誉	中国化工之父 / 中国化工科学研究的先驱 / 中国重化学工业的奠基人
主要成就	生产出中国第一批硫酸铵产品，更新了中国联合制碱工艺；其所形成的“永久黄”团体，是近代中国第一个大型私营化工生产和研究组织；被称赞为中国人民不可忘记的四大实业家之一。

- 01 -

在生活中，我们享受着众多现代工业带来的便利，但是100多年前，中国人还在吃石块状的粗盐，拿猪胰子当洗衣皂呢。

是他，成立了中国第一家精盐制造企业——久大精盐公司，让外国人不敢再讥笑中国人是“食土民族”；

是他，让中国的纺织工业摆脱了印染用碱完全依赖进口的局面；

是他，让中国人用上了国产肥皂；

是他，打破了英国、德国对中国本土化肥市场的垄断；

是他，创立了中国私营企业的第一家化工学术研究所；

是他，创办了享有“亚洲第一大厂”美誉的南京永利硫酸铵厂；

他就是“中国化工之父”范旭东。

- 02 -

范旭东生于1883年，他的祖父曾当过直隶大兴县知县，父亲以教书为业，哥哥范源濂是当时湖南“南学社”的活跃人物之一。

1898年，慈禧太后发动政变，维新变法失败。

范源濂作为学院里维新运动的主要人物之一，在维新运动失败后不得已逃亡日本。1900年，17岁的范旭东追随哥哥范源濂也去了日本，不仅学会了日语，还考进了日本京都帝国大学化学系。

1911年，在日本京都帝国大学任教的范旭东得知辛亥革命爆发后，立刻从日本赶回了国内。

那时，年轻的范旭东一心只想报国。

不久，他的兄长范源濂出任北洋政府的教育总长，因此他也顺理成章地进了财政部工作。

然而不久后，他因为受不了官场的腐败风气，毅然辞去了工作。

之后，范旭东经历了好长一段时间的消沉。直到 1914 年的冬天，31 岁的他偶然经过天津塘沽。

那里的海滩十分广阔，上面晾晒着冰雪一般白的盐坨。

目睹此景，这位年轻的化学家的脑海中突然萌生了一个强烈的念头——既然中国自身拥有这样丰富的盐资源，那么我们就可以不用外国人制造的精盐。

打定主意的范旭东很快就振作起来，并雷厉风行地前往欧洲，考察那里的精盐制造工艺和盐的工业用途。

从欧洲考察回国后，他便在天津创办了久大精盐公司。这是中国本土第一家制造精盐的公司。

在范旭东的指导下，公司很快就生产出了第一批中国本土制造的、又好又便宜的精盐。

范旭东亲自为这批精盐设计了一个五角形的商标，取名为“海王星”。

- 03 -

范旭东首次在精盐制造行业里的尝试，大获成功。

之后，他又将目光放在了肥皂上。

纯碱，化学名叫碳酸钠，是非常重要的化工原料，不仅可用于制造玻璃、陶瓷，还可用于冶金、制药等，而且是制作肥皂、发面的必需品，是日常生活中广泛应用的无机化合物。

纯碱一旦涨价，最先受到冲击的就是普通百姓。

当时的中国，清政府刚刚被推翻。由于清政府腐朽衰败，整个国家受到西方工业革命的积极影响甚微，科技发展十分落后。在中华大地上，几乎所有的工业原材料都控制在外国公司手中。

第一次世界大战爆发后，中国与西方国家（特别是欧洲等国）的贸易往来被阻断，以至于工业产品的输入量大为减少。垄断中国纯碱市场的英国卜内门公司趁机囤积货物，抬高价格。

范旭东在考察市场现状后，决定与陈调甫、王小徐合作，开始尝试可以大规模生产纯碱的办法。

纯碱的规模化生产技术被西方国家垄断，他们便先进行小型试验。

他们在范旭东位于天津的庭院内，建起了一座 3 米高的石灰窑和一套氨碱法制碱装置。

经过 3 个月的摸索和试验，他们终于成功制出了 9 千克的纯碱。

技术有了，时机到了！范旭东立刻向久大公司董事会提出筹建碱厂的建议。于是，1918 年，他们正式成立永利制碱公司。

1924 年 8 月，永利制碱公司首次开工。

没想到，首批生产的纯碱的颜色发红夹黑，质量非常差。更让人丧气的是，大半年后，主要设备干燥锅烧坏了，碱厂不得不停止生产。

为了解决纯碱产品质量差的问题，范旭东趁着设备维修换新的机会，派侯德榜等技术人员去美国进行考察。侯德榜等人带着满腹的考察心得，回到祖国。

范旭东花重金求购了一份索尔维法的制碱简略资料，交给侯德榜继续研究。有了国外实际考察经验，侯德榜很轻易就看懂了这份资料，还对资料中被卖方刻意抽掉的技术关键信息进行了查缺补漏。

两年后，永利碱厂再次开工。这次工厂生产出来的纯碱质量全部达标，碳酸钠的含量在 99% 以上。

同年 8 月，他们带着制造出的“红三角”牌纯碱去美国费城万国博览会参展，获得了金质奖章。

这是中国近代工业进步的象征。

中国人的永利碱厂是当时亚洲第一家、世界第三十一家索尔维法碱厂，打破了西方国家七十多年来对制碱技术的垄断。

到1933年时，范旭东的永利碱厂生产的纯碱的年销量首次超过了行业龙头卜内门公司，产品销往日本市场和南洋市场，真正掌握了中国纯碱市场的主动权。

范旭东的化工生意越做越大。此时北洋政府收回了日本在中国青岛的盐田和工厂，范旭东承办了政府收回的盐田，成立了永裕盐业公司，在汉口开办信孚盐业运销公司，在北京创立静生生物研究所。

在化工产业颇有名气的范旭东被民国政府聘任为中华化学工业会副会长，并以化工专家的身份，参与中国化工产业公司的筹备。

在中国氮气公司的筹备过程中，重要原材料硫酸铵需要向西方国家购买，而民国政府与英国、德国公司的谈判都失败了。

眼看这一计划将要流产，范旭东决定在南京卸甲甸开设永利硫酸铵厂。

这座永利硫酸铵厂，最终在1937年试产成功。

随着第一批国产硫酸铵陆续投放市场，西洋货独霸中国化肥市场的历史结束了。

- 04 -

全国抗战开始后，永利公司在南京、天津的工厂遭受了3次轰炸，厂区不得不停产；青岛的盐厂被日军占领，大量的战略物资以及全套设备被掠至日本九州，这些设备被安装在大牟田东洋高压株式会社横须工厂，战后仅归还了一小部分。

北平、天津沦陷后，日本公司打着“日中亲善”的幌子要收购永利公司，试图抢占久大精盐厂、永利碱厂，同时也想要范旭东这位管理者低头与之合作。

面对这种情况，范旭东断然拒绝。他十分有骨气地说：“宁肯为工厂开追悼会，也坚决不与侵略者合作。”

范旭东一贯自称书生，从不把自己看作商人，他自始至终都认为自己的书生之念比发财之念要浓厚得多。

他说：“本底子是书生事业，唯有亲近学术，开拓我们事业的前程，才是正轨。”

他还十分重视自己的同事和工人，奉行以人为中心的管理哲学，“最注意维持培养同人的人情友谊”。

他在公司先后建立了工人食堂、宿舍、职工消费合作社、运动场、图书室、附属医院、幼稚园、明星小学校等，为工人提供了很好的福利。公司在 1925 年就开始实行职工三班工作制，是中国企业界最早实行每日八小时工作制的工厂。

他还利用自己擅长写作的优势，在公司内创办了旬刊《海王》。《海王》除了提倡科学、介绍大量的科学知识，还设有《家常琐事》一栏，凡永久团体内部之事有闻必录。

- 05 -

范旭东在创办久大、永利时，就给自己定了几个原则：

1. 不利用公司的钱财谋私利；
2. 不利用公司的地位图私益；
3. 不利用公司的时间办私事。

在往后的岁月里，他都忠实地履行着这些原则。

他当总经理的三十几年里，出门不置汽车，家居不营大厦，将一生的全部精力集中于事业。

生活中，他不抽烟、不喝酒，更不赌博，家眷一直住在上海金城银行的宿舍里，靠他的工资维持生计。

工作中，他讲究自立自强，从未用过秘书，所有的函件都亲自处理。遇到比较艰难危险的事情，他更不会委托他人。

1945 年 10 月 4 日，长期的过度劳累和营养不良导致范旭东的免疫力下降，他因突发急性肝炎，不幸在重庆逝世。

当时，正在重庆谈判的国共两党领袖一同前往祭奠。他是中国近代史上，国共两党领袖在同一时间、同一地点祭奠的唯一一人。

他是个浑身浩然正气的书生，也是中国化学工业的开创者。

工业先导，功在中华。

此中国，唯范旭东一人而已。

侯德榜

——只知责任所在，拼命为之而已！

人物档案

出生地	福建闽侯
毕业院校	清华留美预备学堂 / 麻省理工学院 / 美国哥伦比亚大学
个人荣誉	侯氏制碱法的创始人 / 中国重化学工业的开拓者 / 近代化学工业的奠基人之一
主要成就	突破氨碱法制碱技术的奥秘，主持建成亚洲第一座纯碱厂；领导建成了中国第一座兼产合成氨、硝酸、硫酸和硫酸铵的联合企业；发明了连续生产纯碱与氯化铵的联合制碱新工艺，以及碳化法合成氨流程制碳酸氢铵化肥新工艺，并在 20 世纪 60 年代的中国实现了工业化和大面积推广。

- 01 -

侯德榜，字致本，1890 年出生于福建闽侯的一个农村家庭。他的祖父希望他饱读诗书、功德榜天下，所以给他取名“德榜”。

因为家境贫寒，他只能在乡间私塾读书。为了做到学习、劳动两不误，他不仅在放牛时带着书，就连在田间踩水车时，也书不离手。

他的这段“挂车攻读”的经历，一度被传为乡间佳话。

后来，在开药铺的姑母的资助下，侯德榜得以进入一所美国人办的教会中学——福州英华书院读书。

此时中国正处于清朝末年。

国家贫弱，遭受帝国主义列强的欺压和侵略，许多地方都以租借的方式被外国人占领。这些外国人看不起中国老百姓，不但给我们起了很多带有侮辱字眼的称号，还动不动就对中国人拳打脚踢。

侯德榜在英华书院读书时，就多次目睹中国人被外国人欺压的场景。

年幼的他的心中逐渐产生了只有中国富强起来才能摆脱被外国人欺负的想法。

1906 年，侯德榜因为参与反美示威罢课活动，被美国人办的教会学校直接开除了。

幸好，因成绩优异，第二年他就被保送到上海闽皖铁路学堂继续上学。毕业后，他去津浦铁路段符离集车站当工程实习生，拥有了一份稳定的工作。

可是，当目睹周遭的大部分中国人还生活在水深火热当中，他的内心深处总怀着一种凄怆——他现有的学识和能力，竟然对改变祖国的命运和民族的前途起不了一丝作用。

- 02 -

数年后，辛亥革命爆发。清政府垮台，民国政府成立，国家百废待兴。

侯德榜激动之余果断辞职，决定响应政府“师夷长技以制夷”的号召，去考清华留美预备学堂。

侯德榜是清华第一届毕业生。

他在第一学期就取得了 10 门功课全部满分的成绩，以总分 1 000 分的优异成绩誉满清华园。

两年后，他又以全班第一名的成绩，和 15 位毕业生一起赴美留学，在美国麻省理工学院攻读化工专业。

在美国留学的 8 年时间里，他先后获得学士、硕士、博士学位。

除了上课，他还到美国的水泥厂、硫酸厂、燃料厂、电化厂等工厂打工，积攒下各类行业的从业经验。

侯德榜的博士论文《铁盐鞣革》被《美国制革化学师协会会刊》特予全文连载，成为制革界至今仍广为引用的经典文献之一。

他被美国科学会和化学会接纳为会员，这算是业界对他能力的认可。

在美国留学期间，侯德榜认识了范旭东和陈调甫。他这一生之所以走上制碱之路，跟范旭东的影响是密不可分的。

- 03 -

1921年，范旭东告诉身在美国的侯德榜，中国需要大量的纯碱，但索尔维集团垄断了制碱技术，在中国市场横行霸道。

纯碱是一种十分重要的化工原料，纺织、冶炼、造纸、火药、肥皂等都需要用到它。

在古代，人们用植物烧灰制碱，但是用这种原始的方法获得的碱十分有限。直到1861年，比利时人索尔维发明了制碱法。这种方法以食盐、氨、二氧化碳为原料，其中盐的利用率为75%。

为了在这项发明中谋取最大的利益，索尔维公会决定将制碱方法的设计图纸只向同一公会的成员国公开，对外则坚决保密。

各国化学家都想打破这个秘密的堡垒，让这项技术真正地造福人类。只可惜他们的尝试都以失败告终，索尔维集团一直垄断着这项技术。

侯德榜没有忘记自己赴美留学的初心——师夷长技以制夷。

于是，他很快就回到国内，加入范旭东在天津塘沽设立的永利制碱厂，担任总工程师，负责制碱技术指导工作。

侯德榜到永利制碱厂后，在没有受到任何技术的指导下，他和工程师们全凭自己的知识和经验摸索着制碱的方法。

整整实验了3年，他终于找到了量产纯碱的方法。

1924年8月13日，永利碱厂正式开工。

但是，即便侯德榜呕心沥血，永利碱厂生产出的第一批纯碱仍然出现了很大的质量问题。生产出来的纯碱的颜色不是纯白的，而是红黑红黑的，里面的杂质非常多，这样的纯碱是不能用于生产的。

永利碱厂的董事会对侯德榜有很大意见，认为他能力不足，让公司投入的200多万银元打了水漂，他们觉得应该聘请有经验的外国工程师来指导制碱工作。

这个时候，永利碱厂的创始人范旭东扛下了整个董事会的压力。

制碱工学

范旭东在自己债台高筑的情况下，力排众议，全力支持侯德榜继续研制纯碱。他还有计划地将侯德榜和另外几位工程师送去美国考察，学习纯碱制造技术。

侯德榜得知后满腹感慨，心想：今日只有一意拼死，谋求技术问题的解决，以报范公之诚。

- 04 -

为了报答范旭东对自己的知遇之恩，也为了整个中华民族化学工业的发展，侯德榜沉下心来，一头扎进项目里，寻找失败的原因。

很快，他就找到了永利碱厂生产的纯碱杂质含量高的原因。

原来，他们从美国进口的干燥锅，是外国人早已淘汰的劣质产品。使用这种干燥锅合成纯碱，锅里的杂质全都进入了碱块，这样生产出来的纯碱自然就发红夹黑了。

侯德榜在美国考察期间走遍市场，终于找到了新的质量过关的干燥锅。一回国，他马上就将新的干燥锅装备到生产线上，并改进了各种仪器设备。

于是，在 1926 年 6 月 29 日，永利碱厂终于生产出了纯白如雪的纯碱。

同年 8 月，永利碱厂生产的纯国产“红三角”牌纯碱，在美国费城万国博览会上获得了金质奖章。

凭借个人能力探索出索尔维制碱法的秘密，侯德榜本可以高价出售专利获利，就像索尔维集团那样，但他没有那么做。

他把积累的制碱经验和技术，写成了《纯碱制造》一书，并在世界范围内广泛宣传。1960 年，侯德榜所著《制碱工学》在国内出版发行。

- 05 -

七七事变发生后，日军大肆侵华。

南京的永利碱厂在炮火中被毁，永利公司不得不进行转移。后来，他们来到位于内陆的四川省重新建立化工厂。

索尔维制碱法的主要原料是盐，但盐的利用率并不高，大约 25% 的盐会被白白浪费掉。而四川地处内陆，没有丰富的海盐资源，只有成本昂贵的井盐。如果继续使用原来的索尔维制碱法，成本将会大大增加。

侯德榜决心改良制碱工艺。

经过 500 多次的循环试验，在分析了 2 000 多个样品后，侯德榜在 1940 年设计出了一种全新的制碱法——联合制碱法，也被称为“侯氏制碱法”。

他将氨厂和碱厂连在一起，由氨厂为碱厂提供氨和二氧化碳，而母液里面的氯化铵，则可以通过增加食盐和鼓吹氨气的方法，提取出纯净的氯化铵和可循环利用的饱和食盐水。

这种办法使盐的利用率从原来的 75% 一下子提高到了 98%。

原本在索尔维制碱法中产生的废物氯化钙，经侯氏制碱法处理后，也变成了对农作物有用的化肥——氯化铵。

如此一来，侯氏制碱法的工艺优越性，大大超过了索尔维制碱法。侯德榜开创了世界制碱工业的新纪元。

- 06 -

1949 年，侯德榜进入国家化学工业部工作。

哪怕已经功成名就，他仍然惦记着一线的工作，不放弃搞科研。

20 世纪 50 年代中后期，为了发展中国的小化肥工业，侯德榜倡议用碳化法制取碳酸氢铵，并亲自带队到上海化工研究院，与技术人员一道，使碳化法氮肥生产新流程获得成功。

20 世纪 60 年代，中国的碳酸氢铵化肥正式投产。这种工艺生产的化肥产量，曾长期占全国氮肥总产量的一半以上。当时的这种小氮肥厂，对我国的农业生产发展作出了不可磨灭的贡献。

在恶疾缠身的晚年，侯德榜仍然心系国家，心系化学化工事业。

当时他的视力退化得非常严重，即使在不能执笔和没有助手的情况下，他仍坚持审核一些化工方面的书稿。

别人劝他注意身体、多休息，他却笑着说：“我是马命，马是站着死的，我也是，只要一息尚存就要工作。”

侯德榜从未忘记当年赴美留学时许下的诺言：

“吾人今日只有前进，赴汤蹈火，亦所弗顾。其实目前一切困难，在事前早已见及，故向来未抱丝毫乐观，只知责任所在，拼命为之而已！”

他确实做到了——只知责任所在，拼命为之而已！

李四光

——用创造的精神和科学的方法求人生的出路。

人物档案

出 生 地	湖北黄冈
毕业院校	英国伯明翰大学
个人荣誉	中国地质力学的创立者 / 中国现代地球科学和地质工作的主要领导人和奠基人之一
主要成就	创立了地质力学，为中国石油工业的勘探和开发作出了重大贡献；早年对蜓科化石及其地层分层意义有精湛的研究，提出了中国东部第四纪冰川的存在；建立了新的边缘学科“地质力学”和“构造体系”概念，创建了地质力学学派；提出新华夏构造体系三个沉降带有广阔找油远景的认识；开创了活动构造研究与地应力观测相结合的预报地震途径。

- 01 -

李四光原名李仲揆，1889 年 10 月 26 日出生于湖北省黄州府黄冈县（今湖北省黄冈市团风县）的一个贫寒人家。他的父亲是私塾的教书先生，因此他从小便进入私塾学习。

14 岁那年，他告别父母，独自一人来到武昌，报考高等学堂。

他在填写报名单时，误将姓名栏当成了年龄栏，写上了自己的年纪“十四”。

写完之后，他马上就发现了这个错误，但这时如果直接涂改，会影响考官对考生的印象。于是他灵机一动，干脆将错就错，把“十”改成李，又在“四”字后面加上“光”字，从此他的名字便从“李仲揆”变成了“李四光”。

- 02 -

在武昌的高等学堂就读了一年后，李四光拿到了公费赴日本留学的机会，于是他又前往日本东京的宏文学院普通科学习。

当时，中国近代史上许多著名的民主革命家在日本游学，李四光就是在那时认识了影响他一生的宋教仁和马君武。

宋教仁是中国近代革命先驱者之一，被称为“中国宪政之父”。

马君武是中国同盟会章程的八位起草人之一，《民报》的主要撰稿人，与主张“思想自由，兼容并包”的蔡元培同享“北蔡南马”之誉。

接受了民主革命思想洗礼的李四光，追随着两位前辈的脚步，也走上了革命道路。

他首先做的，就是把盘在头上的长辫子剪掉，表明自己站在革命的一边。

此后，除了日常努力学习之外，他还经常出入留学生会馆，赴集会，听演讲，成为孙中山先生的忠实拥护者。

宏文學院

- 03 -

李四光积极投身到革命政党组建活动中。

1905 年 7 月 30 日，他参加了在日本东京赤坂区桧町三番黑龙会会所召开的中国同盟会筹备会。会后，由孙中山主盟，李四光正式宣誓加入同盟会。

他当时写的誓词是：

联盟人湖北省黄州府黄冈县李四光，当天发誓：

驱除鞑虏，恢复中华，创立民国，平均地权。矢信矢忠，有始有卒。

如或渝此，任众处罚。天运乙巳年七月三十日中国同盟会会员李四光。

因为他是同盟会第一批成员中年龄最小的人，孙中山特意勉励了他一番："努力向学，蔚为国用。"

6 年后，辛亥革命爆发，以孙中山为首的革命者推翻了清朝的统治。

随后，李四光受命出任湖北军政府实业部部长。

但不久之后，袁世凯窃取了辛亥革命的果实。愤慨之下，李四光辞去了自己的职务，远渡重洋去英国伯明翰大学留学。

- 04 -

李四光在伯明翰大学学习期间，先学采矿，后来改学地质。

没过多久，第一次世界大战爆发了。

以英国、法国、俄国为代表的协约国和以德国、奥匈帝国为代表的同盟国，为了重新瓜分世界，争夺殖民地资源，展开了一场世界级帝国主义战争。

这场战争以欧洲为主战场，因此在英国留学的李四光很快就受到了波及。

生活物资短缺，物价飞涨，很多中国留学生都难以忍受，先后离开英国。

但李四光凭着顽强的毅力，节衣缩食，利用假期打工，坚持完成了学业。

乐观的他还利用业余时间学会了拉小提琴，并写下了中国最早的一首小提琴曲——《行路难》。

回国后，李四光接受了时任北京大学校长蔡元培先生的聘书——担任北京大学地质系的教授。

这一年，他已经 31 岁了。

李四光在地质系主要讲授岩石学和高等岩石学两门课程。

他十分重视野外实践，经常带着学生们去野外实地考察，一边看实物一边讲解。

学生们将采集到的大量岩石标本带回学校后，他会一一归类整理，做教学研究用。

考试时，学生们除了做考试卷，还会收到李四光发放的各种岩石标本，他们要按照要求写出岩石标本的名称、矿物成分、生成条件、与矿产的关系等信息。

在北京大学任教期间，李四光提出了䗴科鉴定方法，创立了十项标准，将䗴科的主要特性用曲线表示出来，提高了鉴定的标准性和科学性。

利用䗴科鉴定方法，李四光鉴定了大量的化石标本，写出了他的第一部科学巨著《中国北方之䗴科》，获得了英国伯明翰大学授予的自然科学博士学位。

-05-

解放战争时期，国民党丧失民心，被共产党打得节节败退。

1949 年 1 月 31 日，傅作义率领 25 万国民党军队接受共产党和平改编，中国人民解放军进入北平（今北京）。北平就此和平解放，中国共产党的胜利已成定局。

中华人民共和国成立在即，中国代表团赴布拉格出席世界维护和平大会。身在国外的李四光收到了中国代表团带来的消息——邀请他担任政协委员，期望他能早日回到祖国。

此时，李四光却被朋友告知，国民党政府要求他公开发表声明，拒绝接受政协委员的职务，否则他将会被扣留、送往台湾，甚至有生命危险。

李四光当机立断，让夫人去英国与在剑桥留学的女儿李林会合，自己则独自绕道去了法国。

辗转到达瑞士边境城市巴塞尔城后，李四光想办法通知夫人前来与自己会合。

之后，两人又取道意大利，在那里坐船前往香港，再从香港秘密回国。

1950 年 5 月 6 日，李四光夫妇终于回到了北京。

- 06 -

回到北京后，李四光便出任了中国科学院副院长、中国地质工作计划指导委员会主任和中华全国自然科学专门学会联合会主席。

新中国成立前，由于当时历史条件的限制，他侧重于地质基础学科的研究。

新中国成立后，他在继续重视基础研究的同时，还根据国家需要集中精力，积极开拓应用研究领域。

第二次世界大战中，美国在日本广岛和长崎投放的两颗原子弹，让世人见识到核武器的威力。李四光在那时起就已经预见了核能源对一个国家的重要性。

他从英国回来时，带回了一台伽马仪。这台伽马仪后来在寻找制造原子弹、氢弹的核原料铀矿的过程中，发挥了重要作用。

随着工业的发展，石油成为国家工业必不可少的一种资源。

20 世纪初期，众多外国专家曾来中国考察石油无果，将中国视为一个贫油国家。可是如果石油纯靠进口，它那高昂的价格将大大延缓中国的发展速度，还会让国家命脉握在别人手中。

李四光仔细分析了中国的地质条件，坚信在中国辽阔的版图内，一定存在着丰富的天然石油资源。

问题的关键是，要如何才能把它们找出来。这就必须做好石油地质勘探工作。

在李四光的指导下，中国在全国范围内展开了石油地质的普查工作。

1954 年，他在石油管理总局作了一篇《从大地构造看我国石油勘探远景》的报告。这篇报告指出了三个可能性最大的含油区，即青、康、滇地带，阿拉善 — 陕北盆地，东北平原 — 华北平原。

李四光提出，应该首先把柴达木盆地、四川盆地、伊陕台地、阿宁台地、华北平原、东北平原等地区，作为普查找油的重点地区。

很快，人们真的在中国的东北平原和华北平原找到了几百个可能的储油构造。这更加坚定了李四光对于中国具有丰富的石油资源这一判断的信心，也确认了他的“到新华夏沉降带找油”的理论是可靠的。

李四光提出的这个找油理论，精准地判断了中国的石油分布，是一次历史性的预见和突破，为我国寻找石油立下了不可磨灭的功勋。

- 07-

从 20 世纪 60 年代初开始，中国连续发生了好几起比较强烈的地震。

李四光深感地震灾害对国家和人民生命财产造成的损害之严重，在他生命最后的几年里，他强撑病体，将所有的精力都投入地震预测、预报的研究工作中。只可惜这项工作还没有来得及完成，他就与世长辞了。

1971 年 4 月 29 日，李四光与世长辞。他的家人在收拾他的床头时，发现了一张小小的字条，上面写着他饱含深情的话语：

> 在我们这样一个伟大的社会主义国家里，我们中国人民有志气、有力量克服一切科学技术上的困难，去打开这个无比庞大的热库，让它为人民所利用。
>
> 如果我们不这样做，而还是走资本主义陈腐的老路，把地球交给我们的珍贵的遗产——煤炭之类内容极其丰富的财富，不管青红皂白，一概当作燃料烧掉，不到几十年，我们的后代，对我们这种愚蠢和无所作为的行径，是不会宽恕的。

刘广志

——大陆科学钻探，就是深入地球内部的望远镜。

人物档案

出生地	北京
毕业院校	国立西北工学院
个人荣誉	新中国地质部门探矿工程的奠基人和开拓者
主要成就	负责人造金刚石小口径钻探配套技术的研究与应用；领导研究推广定向钻探、绳索取心钻探、空气钻探、反循环钻探、孔底动力机钻探五大技术，不仅使我国钻探工程居世界先进行列，还为一批老矿山探明了深部备用储量；创造性地为上海治理地面沉降、用小型钻探设备治理广西田东煤田严重喷气失火事故、钻成松辽盆地第一口油井等作出突出贡献。

- 01 -

1923年，刘广志生于北平（今北京）。他的父亲刘恩铎，是著名的华文学校教授。

他7岁便进入私塾读书，12岁考入孔德学校读初中，后来又考入北京四中读高中。他就读的学校都是当时的北京名校。

跟那个时代的所有人一样，他的求学生涯是在炮火和战乱中度过的。

1931年，九一八事变爆发。

然而，蒋介石却给国民党军队下令："攘外必先安内。"

国人眼睁睁地看着大好河山被日本侵略者侵占，无不激愤。

刘恩铎教育一众子女："勿忘国耻、精忠报国，是每一个中国人的责任。国家积贫积弱，必然会受外人欺负，而国家想要富强，唯有走科学救国之路。因此你们一定要学些实用的知识，用功，再用功！"

父亲对祖国的满腔热忱的爱，给年仅10岁的刘广志留下了深刻的印象。

日本大举侵略中国，北京很快成了日占区，以至于日语成为学校的教学课程之一。

于是高中一毕业，刘广志就跟同学们结伴，打定主意要逃离日占区。

他们一路流浪到洛阳，参加民国政府河北省教育厅主持的全国人学联考，并拿到了大学录取证书。凭借录取证书，他们又辗转来到昆明，进入西南联合大学机械系读书。

然而，大学生活刚开始不久，刘广志就因为参加反对孔祥熙的运动，被捕入狱。

被营救出狱后，为了躲避国民党特务的迫害，刘广志又转学到地处陕西汉中的国立西北工学院航空系就读。

刘广志的理想是做一名飞行员，但因为贫困，他无力承担航空系的昂贵学费。到了大学三年级，他不得不转入学费低廉、专业也不那么“体面”的矿冶系。

- 02 -

抗战胜利后，刘广志跟随学校迁回天津，于 1947 年从天津北洋大学矿冶系毕业，获得工学学士学位。

他和 7 位志同道合的同学决定，一起去玉门钻井队当实习工程师。

中国连年战乱，玉门这种偏远的塞上风沙之地，条件非常艰苦。

刘广志作为技术人员，受到的待遇稍好一些，他的饭碗里偶尔能看到一两片陇西火腿。

1949 年 4 月，新中国成立前夕，刘广志所在的北京地质调查所受到党和政府的委托，负责筹备新中国的地质钻探事业。

6 个月后，刘广志领着一群新老工人，在北京门头沟区耿王坟工地上，竖起了北京解放后的第一座钻塔。

他们只用了 3 个月的时间，就钻成了一口 500 米深的钻孔——这是他们向新中国献上的贺礼。

- 03 -

新中国成立初期，国家制定的第一个“五年计划”，目标主要有两个：一是集中力量进行工业化建设；二是加快推进各经济领域的社会主义改造。

1951 年，在北京恭王府的花园（当时为北京重工业学校）里，刘广志主持开办了新中国第一期钻探工程师培训班。

这批学生经过他的培训后，立即被分配到白云鄂博、铜官山、大冶、攀枝花、永仁、渭北、白银厂等大型矿区开展钻探工作。在工作实践中，他们很快就成为新中国钻探队伍里的中坚支柱和骨干力量。

因此，在很长一段时间里，钻探界都将这批培训班的学生称为钻探行业的“黄埔一期”学员。

培训班结束后，刘广志还不能闲下来。他主持制定了符合中国国情的第一部《岩心钻探规程》和《钻探六大质量指标》。这两本书，成为中国钻探行业的工作指南。

除此之外，刘广志还亲自到白云鄂博、白银厂、攀枝花、铜官山等大型矿区，组织、指导多工种综合勘探工作，让中国的钻探水平得到迅速提高。

刘广志组建起了新中国地质部门的第一支探矿队伍，他是新中国成立以后，开展正规化、大规模找矿钻探工作的主要奠基人。

- 04 -

犹记得，这支探矿技术队伍刚成立时，硬件条件十分简陋。当时全国只有十几台钻机，西方资本主义国家还对我们实行了严密的技术封锁。

可当时中国正处于经济复苏期，对矿产资源有着迫切需求。

在地质学家李四光先生的指导下，刘广志和众多“黄埔一期”的同事协力攻关，开创了中国从未有过的多工种地质找矿工作的先例。

到 1953 年，全国开动的钻机兼备用钻机达 3 000 台。

1959 年的中秋，广西田东 113 煤田地质队在工作时，突然发生了一起钻孔瓦斯喷气引发大火的事故。喷发的火柱高达 20 米，宛如一条咆哮的火龙，久久无法止喷。

刘广志奉地质部副部长何长工之命，星夜赶往火灾现场。

在常规灭火方法全部失效的情况下，刘广志联想到了油田灭火的处理措施。

他当即指挥 8 台消防车，先在井上造出一层密布的高压水幕，以此来隔离水幕内外的空气。

与此同时，他找来了手榴弹，测好准确距离后，再利用长杆将手榴弹置于喷火口处，用爆破法将明火熄灭。

明火熄灭后，他再度指挥现场的工作人员，安装双台高压水泵，架设高压管道，并计算好泥浆用量。

做好这些周全的准备，清理完现场全部杂物后，刘广志亲自和机长一同进入井口处强制下钻，并快速向井内灌入高比重泥浆，隔绝了瓦斯和空气的再次接触，彻底消除了火灾再次发生的可能性。

这是世界上使用小型地质钻探设备成功处理小井眼喷火严重事故的第一例，其处理方法也是刘广志个人首创。

- 05 -

“大跃进”时期，地质系统进入了开发矿业的高潮期。

但由于盲目“跃进”，钻探工程存在效率低、质量差、成本高等种种问题。

经验丰富的刘广志，又一次大胆地提出了一个全新的工艺概念——金刚石钻探。

但是，当时中国还没人找到过天然的金刚石矿，金刚石钻具从哪儿来？

刘广志作为研发金刚石钻头磨具的协调者与带头人，终日奔走在各个研究所之间，协调技术合作与研发进度。

在地质部探矿工程司和几个科研机构的通力合作下，全新的人造金刚石钻具很快就研制成功了。

正所谓，工欲善其事，必先利其器。有了人造金刚石钻头磨具后，中国的钻探技术很快达到国际先进水平。

这项技术在 1985 年获得了中国国家科技进步一等奖，刘广志作为第一获奖人，为中国钻探技术的变革作出了重大贡献。

20 世纪 60 年代，上海市出现了区域地面沉降问题。

刘广志根据油田采油出现地面沉降的处理经验，分析并指出上海地面沉降的主要原因是过量开采地下水导致的土层压密。

他建议采用边开采边向含水层回灌注水的措施。

在刘广志的协助下，上海市地质局设计施工了全国第一批高精度基岩标、分层标监测孔，并在不同地区应用动压或静压回灌注水法，或者是夏注冬用等方法。历经 10 年，上海自 20 世纪 20 年代开始出现的地面沉降趋势逐步得到控制。

有了上海这个成功的案例，刘广志提出的这一方法在 20 世纪 90 年代之后，被许多大城市用来解决地面沉降的问题。

- 06 -

自从人造卫星上天、美国登月成功后，世界各国的钻探工作不再满足于只在地球表面钻探。

中国的地质工作，也开始向“外太空”（用地球资源卫星进行探测）和“地球深部”（地球科学钻探）两个方向发展。特别是对地球深部的研究，已经成为许多发达国家的战略工程。

1980 年，苏联在科拉半岛的 SG-3 井（孔深达 12 262 米）中，意外地发现了不该出现的“深部循环流体”。它们在深达 11 500 米的地方均匀、平稳地进行循环。

这是个令人不可思议的发现。

苏联对这个钻孔的调查结果，推翻了当时世界上所有科学家关于地震、地电、地磁等方面的原有理论。

为了追踪这门前沿学科的最新动态，刘广志牵头组织行业内钻探和探矿机械方面的教授、专家、翻译人员，编印出版了 8 册《科学钻探文集》，合计约 250 万字。

在刘广志对多方的推动下，1989 年，中国正式成立了大陆科学钻探科研规划小组。

国家给这个小组制定的先期目标是钻探一个 5 000 米左右的深井，长远目标是钻探一个 10 000 米以上的特深井。

历经 10 年的努力，这个被称为“深入地球的望远镜”的 5 000 米深井，终于在 2001 年 8 月 4 日于江苏省东海县正式动工了。

那一年，刘广志已年近八旬。他十分激动地说：“从我提出这个倡议到今天，已历时 8 412 天，我终于看到在我们的国土上打自己的科钻深井，我太高兴了！”

到 2005 年，中国大陆科学钻探已经深入地下 5 158 米，是当年正在实施的国际大陆科学钻探计划 20 多个项目中最深的科学钻井。

有句话叫作：“上天神舟五号，下地科钻一井。”

一直以来，让地下深层的岩石自己开口说话，是刘广志和一代又一代地质学家的共同梦想。

如今，它终于实现了。

赵宗燠

——我要尽最后一点力量，再为国家做些事情，不然就没有机会了。

人物档案

出 生 地	四川荣昌（今重庆荣昌）
毕业院校	中央大学（南京大学前身）/ 德国柏林高等工业学院
个人荣誉	中国人造石油之父
主要成就	在人造石油方面成功研究出多种合成液体燃料的方法；在组织水煤气中压流态化合成试验、煤的气化和低温干馏、油页岩沸腾床燃烧新工艺试验等方面均有建树；为能源转换及其生产建设作出了贡献；致力于解决“三废”和环境污染问题，研究改革城市燃料结构，提出开发“第五能源”（节能）建议，推动能源有效利用。

- 01 -

赵宗燠出生在四川荣昌（今重庆荣昌）的一个殷实的赵姓大家庭，他在家里排行第三。他的父亲对兴办现代工厂颇有兴趣，曾和同盟会成员一起筹办过川南瓷厂、搪瓷厂、火柴厂等等。

打从赵宗燠记事起，他家中便时常有各种客人来访。其中有几位从欧洲回来的长辈，给他留下了很深的印象——他们告诉他，德国人竟能从煤炭里提炼出焦油来。

1924 年，20 岁的赵宗燠考入了南京大学化学系，5 年后留校任教，并攻读研究生。

九一八事变发生后，他参加了业余军事训练班和抗日“十人团”。

“一 · 二八”淞沪抗战爆发后，他跑去参加学生义勇军，为前线将士运送弹药、食品，支援抗战。

眼看着中国危在旦夕，赵宗燠像大多数年轻学子一样，拥有一颗“科学救国”“工业救贫”的中国心。

1935 年，赵宗燠不顾父亲和妻子的阻拦，远赴德国留学。

他来到了德国柏林高等工业学院，攻读石油加工专业。

当时，德国煤炼油的核心技术对外国学生保密，赵宗燠只能从煤的气化、净化、催化、筑炉等书本里钻研学习，期望能触类旁通。

4 年后，他完成了毕业论文《油类紫外光谱分析》，顺利拿到了柏林高等工业学院的化学工程博士学位。

- 02 -

赵宗燠毕业那年，正是中国抗战最艰难的时期。

得知他即将学成回国，国内知名大学纷纷致信邀请他去任教。此外，他还收到了来自军政部的来信。信中说：“由于日军封锁，中国军队所需要的汽油、煤油、柴油运不进来，军用燃料奇缺，有些汽车已靠烧木炭行驶。因此我们计划要搞石油代用品加工厂，请你回来参加这方面的工作。”

赵宗燠一回到重庆，军政部交通司的朋友们立刻找了过来，执着地游说他：“抗战前方、后方用油都很困难，你无论如何不能去教书，一定要留在重庆！”

就连军政部的领导也来动员赵宗燠，一再恳求他留在交通司工作。

他们期望赵宗燠办一座燃料工厂和一座煤炼油工厂。

年轻的赵宗燠满怀雄心壮志，决心报效祖国，于是他专门写了一份书面报告。交通司以此为依据，制定了一个创办“费托法”煤炼油实验厂的方案，由赵宗燠担任合成油厂的筹备处主任。

可就在这时，周君实突然登门造访了。

他说明来意：聘请赵宗燠当同济大学的校长。

因为战乱，同济大学由上海暂时搬迁到了云南昆明，周君实和教育部想把它再搬到四川来。

赵宗燠已经准备出任合成油厂的厂长了，他觉得很为难。

周君实却提议，赵宗燠可以把找校址和办厂的工作结合起来同时干。

合成油厂的地址，需要找一个有山有水有煤炭又安全的地方，这和同济大学的校址标准不谋而合。

于是事情就这么说定了。

- 03 -

抗战时期开办工厂，不是件容易的事。工厂的土建工程，机器设备的采购安装，技术人员进行的煤炼油研究试验，哪一样都离不开赵宗燠，他忙得团团转。

所幸，他们的煤炼油研究试验工作很快就取得了成果，而且有的成果还达到了当时世界同等水平。

根据研究成果，赵宗燠和几位技术人员合作发表了《合成石油铁催化剂研究》《合成石油镍催化剂研究》等论文。

但是，他的一腔热血最终落了空。

抗战时期，国家财政确实困难，但造成工厂缺少资金和物资的最主要原因，是国民党政府高官的贪污腐败行为。他们甚至借机大发国难财。

1945年，抗日战争胜利后，赵宗燠满怀希望地以为，这回终于可以放开手脚搞工业建设了。他满怀激情地提出了一个扩大合成石油生产的计划。

但他的建议不仅没有被国民政府采纳，还得到了相反的命令：日军已败，抗战工业不再需要，工厂停办，人员解散。

赵宗燠感到痛心疾首又惶惑不解。

1946年初，赵宗燠奉资源委员会之命，带领几位技术人员去东北接收日本遗留的工业，其中有锦州煤炼油厂。

这又点燃了他搞合成石油研究和生产的希望。

他高兴地拟订了恢复锦州合成油厂建设的议案，但他的期望再度落空了。

国民党当局仍旧对工厂建设不屑一顾，为了制止赵宗燠的“胡闹”，国民党政府竟然停发了他的工资，还将他调离了锦州。

赵宗燠被调到了天津，出任天津化学工业公司的总经理兼总工程师。

天津解放前夕，国民党当局命令他撤到南京，再转去台湾，并通知赵宗燠的夫人可以先行前往台湾。

理想一再遭到打击的赵宗燠，愤慨地对妻子王应明说：“我对国民党是彻底没了信心。我一生就想给国家办点新兴工业，为改变国弱民穷的落后面貌出力。可是我遭遇到的，不是偏见歧视，就是恶意中伤；不是门户排斥，就是压制打击。至于国民党，不以政府中的贪污为耻，贿赂可以公行……我更是看够了，我死也不跟他们去！”

王应明这些年也将丈夫的遭遇看在眼中，十分心疼他，便说：“你不去，我也决不走。我们两人患难与共，要死，我也要和你死在一块。”

- 04 -

天津解放后，一男一女两位客人突然造访赵家，他们是东北工业部派来的干部李新和杨洁。他们对赵宗燠说，东北已完全解放，全国的解放也指日可待。中国共产党和人民政府决心迅速重建东北工业，他们是专程来天津恭请赵宗燠参加东北工业的恢复和建设工作的——特别是锦州合成油厂的重建工程。

赵宗燠一心报国，如今终于迎来了人生的转机。

赵宗燠早已将中国的“油情”摸得滚瓜烂熟。

虽然东北已经解放，但是全国的解放战争还在继续，人民解放军既需要粮秣弹药的供给，也需要汽、煤、柴、润等石油产品的支持。

很快全国就要解放，国家必然要全面恢复和发展经济。可中国现有的天然石油矿藏不能满足需求，因为当时中国是世界上公认的“贫油国”。

即便将来在中国国土上找到大油田，但要供应亿万人民的生活和生产建设所需，恐怕维持 8 ～ 10 年也很艰难。所以，中国人必须利用锦州的工业基础和我国丰富的

煤炭资源，通过努力尽快生产且多产合成油，为改变国家的贫穷落后面貌贡献力量。

- 05 -

赵宗燠一到任，就开始了有计划的忙碌。

他指导和带领二三百名技术人员和工人，夜以继日地进行设计、检修、安装、调试，终于在 1949 年底抢先恢复了原料气制造设备的运行。

同时，他还指导了与中国科学院大连石油研究所的合作，研制出生产合成油的常压钴催化剂、钍催化剂、镁催化剂及合成生产装置，解决了造气、合成等关键技术问题。

此后，他又与大连石油研究所合作，研究开发出性能更好、可用于合成油生产的熔铁催化剂。这种熔铁催化剂获得了国家级奖项，是新中国成立后最早获此殊荣的重要成果之一。

1950 年，锦州煤炼油厂的合成油生产装置全线试运行成功，生产出了合格的合成油产品。这是日本人搞了 8 年也没能办到的事。

到 1954 年，该厂的复建全面完成，合成油年产量高达 3 万吨。第二期工程开发建设完成后，合成油年产量达到 5 万吨。

这样的产能在今天看来或许微不足道，但对于天然石油年总产量才 30 万吨的刚成立不久的新中国来说，却是弥足珍贵的。

它向世人表明，中国人是完全有能力用自己的煤提炼出石油的！

而赵宗燠也在新中国的天空下，继续大展拳脚。

科学是一门经世致用的学问。赵宗燠的经历告诉我们：科学家要是赶上了战乱年代，在动荡的环境中难以实现“经世致用”的抱负。

因此，珍惜现在的和平生活，好好学习吧，孩子们！

我们无法像英勇的烈士们那样抛头颅、洒热血，却可以像这些科学家先辈那样，为了人类的真理和社会的进步，努力地“穷理以致其知，反躬以践其实”。

群星照耀中国

第四册

全面堡垒

岁闲君 著
漫阅花喵 马鲍方 绘

时代出版传媒股份有限公司
安徽教育出版社

群星照耀中国·全面堡垒
QUNXING ZHAOYAO ZHONGGUO · QUANMIAN BAOLEI

出 版 人：费世平
质量总监：武常春
策划编辑：王冰莹
责任编辑：罗翔宇
装帧设计：江雨濛
责任印制：陈善军
设计制作：江雨濛

出版发行：时代出版传媒股份有限公司 安徽教育出版社
地　　址：合肥市经开区繁华大道西路 398 号 邮编：230601
网　　址：http://www.ahep.com.cn
营销电话：(0551) 63683015，63683916
排　　版：江雨濛
印　　刷：天津海顺印业包装有限公司

开　　本：787 毫米 ×1092 毫米 1/16
印　　张：36（全九册）
字　　数：410 千字（全九册）
版　　次：2024 年 6 月第 1 版
印　　次：2024 年 6 月第 1 次印刷
定　　价：178.00 元（全九册）

目录

404

黄旭华

——对国家的忠，就是对父母最大的孝。

人物档案

出 生 地	广东海丰
毕业院校	上海交通大学
个人荣誉	中国核潜艇事业的先驱者和奠基人之一
主要成就	长期从事我国核潜艇的研制工作；主持了我国第一代核动力潜艇的研制；为中国核潜艇事业的发展作出了杰出贡献。

- 01 -

2021 年 10 月 28 日，一件大新闻轰动了中国科学界——

有位老人，突然决定捐赠 1 100 万元的个人所获奖金作为科技创新奖励基金，以助力更多的优秀人才脱颖而出，为装备研制事业作出更大贡献。

科学技术在不断创新，它的发展是没有止境的。老人只希望，他的捐赠能起到“种子”的作用，引起社会的响应，让更多的人都来关注、关心并支持科研、教育和科普事业。

这位老人，就是共和国勋章获得者、中国工程院院士、中国核潜艇研究设计专家——黄旭华。

法国哲学家萨特曾说过一句话：“世界上有两样东西是亘古不变的。一是高悬在我们头顶上的日月星辰，一是深藏在每个人心底的高贵信仰。”

对于黄旭华来说，他心中永恒的信仰，就是中国。

曾有人问他，忠孝不能双全，他是怎样理解的？

黄旭华说：“对国家的忠，就是对父母最大的孝。”而这也是他在自己暮年之时，将毕生所有捐献出来，创立这个科技创新奖励基金的根本原因。

- 02 -

经历过战争的人，都深刻地明白一个道理：想要过上太平安稳的生活，必须拥有一个强大的祖国。

1924 年，黄旭华出生，正好赶上旧中国战火纷飞的年代。

他从小就目睹了许多中国人因为战争而流离失所、家破人亡的惨状。

国也是家，是由无数个小家组成的大家。

在中国这个大家里，少年强则中国强，少年智则中国智。

每个有理想、有志气的年轻人，都应该通过努力奋斗来改变国家受欺凌的现状。

生于医学世家的黄旭华，儿时的梦想是当一名救死扶伤的医生。

但是少年的他发现学医救不了中国人，于是他做了一个重大决定—— 他要放弃学医，改学造船。

后来，他考上大学，毅然选择了造船专业。

1954 年，黄旭华被调到上海船舶工业管理局，并被选送去参加苏联援助中国的几艘舰船的转让制造和仿制工作。

也是在这一年，美国的“鹦鹉螺号”核潜艇首次试航。

3 年后，苏联的第一艘核潜艇也公开下水亮相。

这种新式海洋武器的出现震惊了全世界。

《潜艇发展史》的作者霍顿甚至认为，导弹核潜艇是“世界和平的保卫者”。

和常规潜艇比起来，核潜艇拥有惊人的续航能力。

一个高尔夫球大小的铀块燃料就可以让潜艇航行 6 万海里；而常规潜艇以柴油为燃料，则需近百节火车皮的柴油。

常规潜艇水下航行受蓄电池电量的限制，最多全速巡航数小时就要浮出水面，用柴油机在水面航行；而核潜艇可以在海洋连续深潜数月，在水下环行全球。

如果再为这种核潜艇配上洲际导弹，配上核弹头，就拥有了在海面下进行核打击的力量，即应对核报复的力量。

可见，对于大国而言，核潜艇是至关重要的国防利器。

如果中国拥有核潜艇，敌对国家还敢向我国发动核战争吗？

所以，中国人必须拥有自己的核潜艇。

出于国防安全形势的需要，中国选拔了 29 名年轻的骨干人才，组建了造船技术研究室（后称为 09 研究室）。

曾参与仿制苏式常规潜艇的黄旭华，就是这 29 人中的一员。

- 03 -

核潜艇的研发并非一朝一夕的事情，尤其是在那样的年代，大量的计算、模拟、实验，工作量非常大，想要在短期内获得突破，是极其困难的事情。

但这些技术骨干坚信，我们一定会造出自己的核潜艇！

这支 29 人的研发队伍没有国外的技术，也没有丰富的经验。

但是，他们每一个都像黄旭华那样，怀揣着理想、愿意为建设祖国奉献一生。

他们拥有同一个目标，决意为国家发挥自己的特长，挥洒自己的热血，只为完成任务，建造出只属于中国的核潜艇。

中国的核潜艇研发历程就这样开始了。

- 04 -

1957年，黄旭华的母亲突然收到一封信。信中，黄旭华简洁地告诉她，自己以后不能常回家了。

从那时起至1988年的30年间，黄旭华从未回过老家，连通信地址也没敢告诉家里人——他和亲友几乎断绝了联系。

他这么做是因为核潜艇是当时国家最高级别的机密任务之一。

核潜艇研发基地所处的自然环境十分恶劣，有人戏谑说，那里平均每年刮两次七级大风，每次刮半年。

除了恶劣的自然环境，他们还面临着没人、没钱、没资料、没技术等一系列难题。而最大的困难，是大家根本没见过，也无法想象核潜艇的样子。

黄旭华便和同事们“大海捞针”，从国外报刊中搜罗所有有关核潜艇的信息。他们用这种笨办法硬是拼凑出了核潜艇的大致轮廓。

研发中国核潜艇的科学家这才知道，原来世界上最先进的核潜艇外形是水滴形的。因为水滴形的艇身设计能让潜艇在水体航行时受到较小的摩擦阻力，且保持水下机动性和稳定性。

这群聪明的中国科学家，就这样靠着零散的资料，构思出了核潜艇的图纸。

当时恰好有研究人员从国外带回了两个美国“乔治·华盛顿”号核潜艇儿童模型玩具。他们把玩具反复拆装后，发现这些核潜艇玩具的内部构造虽然复杂，但和他们

绘制的图纸基本一样。

黄旭华想：核潜艇也没什么大不了的嘛！再尖端的东西，都是在已有技术的基础上综合创新出来的，并不神秘！

- 05 -

确定了核潜艇的设计图纸之后，他们终于可以开始核心数据的计算了。

当时美国的研制思路是“三步走”：

先建造以水面航行为主的核动力普通线型艇，然后建造常规动力的水滴型潜艇。这两步都成功后，再将二者结合，水滴型核潜艇就研制成功了。

时间紧迫，黄旭华在与团队商定后，通过大量的水池拖曳和风洞试验，获得了丰富的数据。这些数据让他们决定一步到位，将核动力和水滴艇体相结合。

这一步说来轻巧，想要办到却极其艰难。

当时新中国一穷二白，设备条件有限，黄旭华他们只能用算盘和计算尺计算核潜艇上的大量数据。那些必须精确到小数点后两位的部件配重，他们只能靠一台磅秤来称。

为保证数据准确，科研人员通过分组来分别计算数据，结果不同就重来，直到得出一致的数据。

这些计算可不是简单的加减乘除运算，而是要运用三角函数、对数等各种复杂、高难度的运算公式和模型。

至今，黄旭华还珍藏着一把北京生产的“前进”牌算盘，这把算盘当初陪伴他度过了无数个日夜。中国第一代核潜艇的许多关键数据都是靠算盘打出来的。

核动力装置、水滴型艇体、艇体结构、人工大气环境、水下通信、惯性导航系统、发射装置等一系列关键技术，被黄旭华用最古老、最原始的“土方法”逐一解决。

1970 年 12 月 26 日，中国自行研制建造的核潜艇首艇下水试航。

1974 年 8 月 1 日，这艘核潜艇被正式编入海军战斗序列，隶属中国海军北海舰队。

1988 年，中国核潜艇实现极限深度潜航，并成功于水下发射运载火箭。从此中国成为世界上第五个拥有弹道导弹核潜艇的国家。这意味着，除美、苏、英、法之外，中国也具有了二次核打击的能力。

中国军队海基战略防御力量初步形成。

- 06 -

虽然相关历史书上只有简短的一句“中国核潜艇试验成功”，但对于黄旭华和他的团队来说，却如同在鬼门关前走了一遭。

核潜艇虽然制造完成了，却需要做危险的深潜试验。越往海洋深处，艇身承受的压力就越大，不能有任何一道焊缝、一条管道、一处阀门出现问题，否则便会艇废人亡。

比如 1963 年，美国的核潜艇“长尾鲨号”在做深潜试验时出现事故，艇内 100 多名官兵全数死亡，无一人生还。

在我国核潜艇深潜试验之前，参加试乘的人员中，甚至有人写好遗书：“我们要出去执行任务，万一回不来，有未了的事情，请家里代为料理。”

大家没想到的是，黄旭华身为总师，竟然亲自上舰艇参加深潜试验，此举无疑给众人吃了颗定心丸。

后来，深潜试验不仅成功了，还在南海先后进行了许多次。

黄旭华经历了中国的核潜艇从研制到投入使用的全过程。

中国核潜艇艇体的每个部分都是国产的，没有一件设备、仪表、原料来自国外。

国产核潜艇的诞生，意味着中国人从此在广阔的深海里，也拥有了自己的话语权——这是黄旭华一生中最自豪的事。

为了这件事，黄旭华整整 30 年没回过老家。甚至连父亲过世时，他都无法回家奔丧，以至于母亲对他“寒了心”，兄弟姐妹怨他“不孝”。他从来没有为自己争辩过只言片语。

这是他一生中无法挽回的遗憾，但他永远不会后悔。

有些事总该有人去做，有些苦必须由这一代人扛下来。这样我们的下一代、再下一代才能跑得更快、飞得更高，早日追上那些曾远远将我们抛在身后的发达国家，迎向更美好幸福的生活。

陈一坚

——如果我们没有飞机，将来还会受别人的欺负！

人物档案

出生地	福建福州
毕业院校	厦门大学 / 清华大学
个人荣誉	“飞豹”战机之父
主要成就	长期从事飞机设计研究工作，曾参加多种型号的飞机的设计和研制，是“飞豹”战机的总设计师。

- 01 -

1949 年，新中国成立前夕，出现了一个紧急事件——

10 月 1 日的开国大典上，阅兵仪式需要展示中国人民解放军的空军飞行队伍，然而，飞机却不够用。

当时新中国满打满算只有 100 多架战机，因为局势问题，只有 17 架能够参加阅兵飞行。

这可如何是好！

工作人员赶紧将这一情况汇报给周总理，并请求指示。

周总理沉思良久，最后拍板决定：飞机不够，那就飞两遍吧！

于是，阅兵仪式上，17 架战机中飞在前面的 9 架战机以较快的速度飞完；它们绕飞一圈后，又迅速回到队伍的最后面。

就这样，开国大典打造出“新中国有 26 架战机参加阅兵仪式”的场面，看起来较为壮观。

现在我们回头去看这一段过往多少有些心酸，仿佛对当年深深的无奈感同身受。

战机数量够的话，谁愿意使用这样的办法呢？

还好，现在我们的战机再也不用飞两遍了。

这背后的大功臣，非陈一坚莫属。

是他，在国家最缺战斗机的情况下，挺身而出。

是他，即便面临多次失败，依然坚持到底。

中国空军拥有的国产主力战斗机，已从新中国成立初期的“零”发展到数量和质量均处于世界顶尖的水平。而陈一坚，更是被誉为中国国产歼击轰炸机“飞豹”之父。

- 02 -

抗日战争全面爆发时，陈一坚才不到 7 岁，为躲避战火，他随父亲任课的学校迁往福建省南平县。

满天轰鸣的日军战机成为他童年里挥之不去的梦魇。

让他印象最深刻的是，某次日军飞机空袭时，有人生怕敌机驾驶员听见地面的声音，意外将哭叫中的婴儿活活闷死。

那一幕简直是人间惨剧！

当时尚且年幼的陈一坚心中有了一个疑问：“为什么天上都是敌人的飞机，我们的飞机哪里去了？”

1948 年，陈一坚高中毕业了。

福州的几所大学刚刚恢复招生，他成功考入福建师范大学物理系。

不过没多久，他又听说厦门大学航空系正在招生。

当时陈一坚兴奋无比，果断地改变了志愿，转而报考厦门大学，他把三个志愿上的专业都填上了“航空系”。

陈一坚已经打定了主意：“要是厦门大学不录取我，我换个大学再去考（航空系），直到录取为止。”

年轻的他早在那时就决定了，他一定要学航空、造飞机！

如果中国人没有自己的飞机，将来还会受别人的欺负！

幸好，功夫不负有心人。陈一坚最终得偿所愿，他成了一名航空系新生。

- 03 -

大学毕业后，陈一坚被分配到哈尔滨飞机制造厂的设计科工作。

在那里，他修过从抗美援朝前线回来的受损飞机。

他仿制过苏联“伊尔 -28”轻型轰炸机。

他不仅会修理飞机、仿制飞机，还参与了中国第一架自主设计的歼击轰炸机“歼教 -1”的研制。

你可能不知道，什么叫“歼击轰炸机”。

顾名思义，这种战机就是歼击机和轰炸机的结合体。歼击轰炸机在保证空战自卫能力的同时，还兼具了对地打击的能力，它主要被用于突击敌方地面、水面目标。

20 世纪 60 年代，美国将 F-4“鬼怪”歼击轰炸机投入越南战争。F-4 战机上装备了先进的雷达，能保证战机上的机载武器精确打击目标，表现出了不俗的战斗力。

苏联的“苏 -24”、英国的“狂风”也相继研制成功并投入使用，都是世界知名的歼击轰炸机。

世界上许多国家也都开展了歼击轰炸机的研制项目。

人有我无，落后就要挨打。

中国必须拥有自己的歼击轰炸机。这事关未来的海空战场形势与中国的国防安全。

1977 年 2 月，国家正式下达了歼击轰炸机“飞豹”的研发任务。

而这项重任，正好就落到了陈一坚头上，他被任命为该项目的总设计师。

- 04 -

这种新型歼击轰炸机对于那时的中国来说，是一个全新的概念。

陈一坚申请带队前往欧洲，考察西方的飞机设计、制造技术，了解他们先进的设计理念。

在联邦德国访问期间，德国人无时无刻不在向中国人炫耀他们的歼击轰炸机。

可是到了参观环节，德国人却用玻璃把他们的先进战机遮挡起来。陈一坚想要近前看看，却被对方毫不留情地拒绝了："你们中国人是外行，只能在远处看看。"

当陈一坚向德国发出请求，希望他们参与中国歼击轰炸机的研制时，德国人竟然狮子大开口，报出了难以置信的高价。而且，他们还有一个苛刻的前提条件，那就是德国不会跟中国共享一丁点儿的核心技术。

通过购买西方先进技术来研制中国歼击轰炸机的路子，被彻底阻断了。

被玻璃遮挡住的、都不能近前看几眼的德国歼击轰炸机，还有德国人那句"你们中国人是外行，只能在远处看看"，不时在陈一坚的脑海中闪现。

这一趟欧洲之行，让陈一坚越发感受到了中国科技的落后。

当时为了发展经济，从 1981 年开始，军费不得不大幅削减。歼击轰炸机"飞豹"的研发由重点项目逐步降级为"量力而行"的项目，研发进度逐步放慢，后来甚至到了几乎停滞的状态。

陈一坚理解国家的难处，但这个飞机是中国空军和海军都迫切需要的！

所以，无论遇到多大的困难，"飞豹"必须搞出来！

没有技术他们就自己探索，没有先例他们就创造先例！

- 05 -

那时中国已经拥有了自主研制的导弹、氢弹和人造卫星。中国当时服役的歼击机，重达十几吨，可以携带一枚或者两枚小型导弹。有人就认为没必要花大钱去研制歼击轰炸机了。

“飞豹”的研发经费一开始就不多，甚至一度中断。

面对重重困难，陈一坚没有退缩。陈一坚和他的“飞豹”团队，依旧砥砺前行。没有科研经费，他们就利用微薄的工资和办公经费来继续调整方案、打样设计。没有科研条件，他们就在猪圈上建造了强度实验室，在席棚里做实验……

仅一年时间，陈一坚就将“飞豹”的模型摆在了上级部门领导的面前。

- 06 -

从 1978 年到 1988 年，这架属于中国人的“飞豹”战机经历了 10 年时间，终于迎来了首飞。

在这之后，这架战机又经过了多次试飞，陆续解决了震颤、方向舵脱落等严重问题，最终它以完美的姿态获得了国家认可，成为部队实战可用的军机装备之一。

中国在自研军机方面，不再是一片空白。

1997 年，中国海军航空兵如往常一样驾驶着战机，执行海上巡逻任务。

在巡海飞行中，中国战机遇到了两架日本 F-4 战机。

日本飞行员福岛丰文感到疑惑——中国竟然拥有了一架他见所未见的战机？

以往日本人碰见的中国战机，受航程所限，都是跟日本战机打个照面就会返航。

但是这架战机与日本出动的 F-4 战机周旋了很长一段时间。很明显，它的操控性和机动性远远优于 F-4 战机。

最终 F-4 战机应对吃力，不得不返航。

这一架战机，便是中国最新的“飞豹”——歼轰 -7。

它的作战半径高达 1 600 千米，最新型号的载弹量达到了 7 吨，并且搭载了诸多先进的对空、对海精确制导武器。

陈一坚的“飞豹”，让中国实现了从跟踪研制到自主研发的巨大跨越，为我国海空军武器装备发展立下了汗马功劳！

祝榆生

——广厦万间只睡卧榻三尺。

人物档案

出生地	重庆
毕业院校	中国人民抗日军事政治大学
个人荣誉	三代坦克之父
主要成就	主管军工科研，是中国第三代主战坦克之父；担任99式主战坦克总设计师，使中国主战坦克技术达到世界先进水平。

- 01 -

坦克是陆军的重要装备之一。对于现代陆军来说，主战坦克的性能在很大程度上决定了陆军装甲部队的战斗力。

作为目前世界上最优秀的陆上作战武器之一，坦克的先进程度甚至可以作为衡量各国陆军实力水平的标准之一。

自 1915 年“坦克”这个概念诞生伊始，各国就纷纷开始研发。

中国也不例外。作为一个有着漫长陆地边境线的大国，坦克对国防安全具有重大意义。

1999 年，在新中国的 50 周年国庆阅兵式上，由中国人自主研制并具有知识产权的第三代 99 式主战坦克，作为装甲方阵的第一方阵，驶过天安门广场接受检阅。

第三代 99 式主战坦克是中国的新式坦克，于 1984 年立项，经历了十多年时间终于研制成功。它率先采用了光电对抗系统这一先进技术，还配置了主动防护技术，各项性能指标达到世界先进水平，震惊世界。

美国军事专家詹姆斯·邓尼根称：“中国 99 式坦克理论上要强于美国现役的 M1A2 主战坦克，战场上如果这两种坦克迎头相遇，美国 M1A2 坦克要吃大亏。”

99 式主战坦克的研制成功，不仅让中国的主战坦克跻身于世界最先进的坦克之列，也让这款新式坦克的总设计师荣获国家颁发的“兵器工业科技发展终身成就奖”。

如今，99 式坦克已衍生出多种改进型，成为中国陆军装甲部队的主力装备。

而这位带领十几位中国工程院院士、兵器工业专家等工程技术人员，设计出 99 式坦克的总设计师祝榆生，更是被誉为中国的“三代坦克之父”“独臂神师”。

- 02 -

我们回溯 99 式主战坦克的研制历程时，会发现当年它在研发过程中充满着重重困难。

其一，20 世纪 80 年代中期，我国兵器工业的很多基本技术不如美国、英国等发达国家，在设计能力、工艺水平和工艺装备上跟他们都存在巨大差距。当时设计院所和工厂里的计算机屈指可数，数控机床和数控加工中心更是寥寥无几。

其二，由于国际政治、军事形势的影响，兵器工业系统从 20 世纪 80 年代中期开始陷入了长达十几年的行业亏损，新型技术装备的研发工作也是举步维艰。

在这样的条件下，祝榆生竟然造出了各方面性能达到国际顶尖水平的 99 式主战坦克。

他究竟是怎么办到的呢?

- 03 -

很少有人知道，祝榆生曾是一名银行职员。

从银行职员到八路军中有名的“兵工奇才”再到“三代坦克之父”，他的人生简直是一段传奇。

1936 年，旧中国战火纷飞，饱受外国欺凌。年仅 18 岁的祝榆生刚刚初中毕业，就在银行找了份工作。在那个年代，像祝榆生这样有学历、有学识，又在银行有份稳定的工作的人，未来将是一片光明。

然而不过一年，祝榆生就辞去了这份大有前程的工作。

1937 年，日本对中国的侵略野心日渐明显，7 月 7 日，日军对卢沟桥发动进攻。自此，抗日战争全面爆发。

祝榆生在爱国心的驱使下，弃笔从戎，他考入了南京黄埔军校第十三期炮科，希望学成之后，从军报国。可是，值此国家存亡之际，以蒋介石为首的国民党却消极抗日。

在黄埔军校上了不到一年课的祝榆生，见此情形，毅然退学，转而跑到延安抗大（即中国人民抗日军事政治大学）学习，并参军抗日。

八路军战士中有很多性情淳朴、目不识丁的农民，有着初中学历的祝榆生，是八路军中难得的“高级知识分子”。

当时八路军缺少子弹，兵器落后，很难与装备先进的日军对抗。

眼看牺牲的战士越来越多，祝榆生决心要让自己“学有所用”。

但凡是从敌人手里缴获了武器，他都要拿来研究一番。看不懂日文，他就拿着手中的实物反复操作，几回下来，连蒙带猜也能弄明白怎么用。

从此，他一边跟着八路军东征西战，一边刻苦学习。他阅读了大量兵工资料，还改良、创新了几十种“土武器”“土机械”。

八路军埋的地雷隐蔽性不够，祝榆生就改进了“土地雷”，增加了延迟引爆的新功能。敌人对这些“土地雷”不了解，发现后想将其带走研究，但随后“土地雷”会

直接爆炸。如此一来，即使敌人发现了地雷，也逃不过被炸的结局。

1945 年初，新四军七师攻打枣庄，枣庄城墙坚固，部队苦无良策。

祝榆生接上级指令前去参战后，提出要炸城墙。七师师长谭希林半信半疑：“你能炸开敌人的城墙？”

祝榆生斩钉截铁地回答：“能炸开！炸不开，我负战斗失败的全责！不过，我要 1 300 斤炸药，少一斤也不行！”

战斗打响后，祝榆生用自创的集团装药爆破法，在城墙上炸开了一个十几米宽的突破口，攻城部队一举突破敌军城防。

谭希林长舒一口气，夸赞祝榆生“真是个兵工奇才”。

祝榆生还自创迫击炮平射法，把原本只能曲线发射、打击威力和精度都不尽如人意的武器，变成几炮就能打掉一个小据点的作战利器，为游击作战提供了很大帮助。

1948 年，在一次迫击炮实弹射击试验中，一枚炮弹发射失败。

为了弄清楚原因，祝榆生独自上前查看。就在他把手伸到炮口的一瞬间，炮弹突然爆炸，祝榆生在这次事故中失去了右臂。

那一年，他 30 岁，成了一名独臂战士。

- 04 -

尽管失去了一只手臂，行动上有种种不便，但祝榆生没有停下自己前进的脚步。

1959 年，祝榆生经过多次争取，如愿以偿来到哈尔滨军事工程学院任职。在这里，他开始了一边工作一边学习兵工知识的生活。

他和那群年轻的学员一起旁听课程，几年下来，他硬是将和炮、弹、药有关的课程全都学了一遍。

20 世纪 80 年代以来，以德国豹 -2、美国 M1A2 为代表的第三代坦克开始引领世界主战坦克的潮流。

可是中国坦克的整体性能却仍处于第二代的水平，其防护力、机动力、电子系统性能等与世界先进坦克相比存在很大差距。

为满足武器装备更新换代的需求——追赶世界先进武器的水平，中央军委下达了研制第三代坦克的重要指令。

与世界最先进坦克水平的差距，要依靠 99 式坦克的研制来完成追赶，无疑是一项艰巨的任务。

让年轻人上吗？

没错，那时国家已经培养了一批有学识、有基础的人才。可是，这帮年轻人没有经历过战场，实践经验相对缺乏，怎么搞？

时任国防科学技术工业委员会副主任的邹家华，找到了已经离休 3 个月的祝榆生，力邀其担此重任。

于是，66 岁那年，祝榆生再度出山。

- 05 -

一开始，祝榆生的任务是“研发能与世界上先进的坦克相抗衡的国产坦克”。

祝榆生却把目标定得更远：“打个平手有什么用啊，非得把它打掉！”

有人回忆说：“祝老的桌上、床上堆满了书，他每天除了睡觉，脑袋一直‘开机’，对各国的主战坦克技术了如指掌。我们都怕上祝老的车，因为一上车他就会考我们各种新技术。”

由于没有右臂，祝榆生夹着十几斤重的资料包奔走在各个场地时，经常失去平衡。多年来，他已记不清摔倒过多少次，有一次他甚至摔断了 3 根肋骨，即便如此，他还坚持开完了一场持续数小时的会，才前往医院医治。之后，他又躺在病床上听取了相关单位的技术研制汇报。

后来，祝榆生亲自带着研制团队，拉着刚完成定型的 99 式主战坦克到试验场进行性能试验。

无论是高原、沙漠、荒滩还是丛林，只要是坦克所到之处，都会留下这位右袖中空、走路略显不稳的老人的身影和足迹。

祝榆生身上仿佛永远都涌动着令人惊叹的能量，有人甚至说他“是用特殊材料制成的人”。

他明明只剩一只手臂，行动上有种种不便，却把组织分配的房子退回，甘愿住在水泥地板、白粉墙壁的陋室。

“广厦万间只睡卧榻三尺。”

他每顿饭都只吃很少的粮食，却跟年轻的同事一样夜以继日地工作。

有人笑祝榆生是个傻老头，但他们不会知道，这位老兵午夜梦回的时候还常常想起当年一块儿从军、一块儿抛头颅洒热血的战友们。

华夏的国土上，硝烟渐渐散去了。

很多战友都牺牲了。

既然他有幸活了下来，就要连同他们那一份，好好地活下去，为祖国奉献一生！

王泽山

——火炸药研究已融入我的一生，我这一辈子只想做好一件事，别的我也做不来。

人物档案

出生地	吉林省吉林市
毕业院校	哈尔滨军事工程学院
个人荣誉	火药王
主要成就	在火炸药领域潜心研究，创立“发射装药学”；推动中国火炸药研究应用从跟踪仿制跨入自主创新和引领发展的阶段，为实现中国武器装备现代化和推进军民融合发展作出了卓越贡献。

- 01 -

造纸术、印刷术、火药、指南针是中国的四大发明。

其中，火药作为现代火炸药的始祖，影响了欧洲的文明发展历程，让欧洲迅速从冷兵器时代转换到热兵器时代，为资产阶级革命提供了条件，还成为西方列强侵略中国的主要打击武器之一。

在第二次世界大战时，火炸药在战场上被大规模应用。那时，用火炸药填充的最重的炮弹，甚至需要数百名士兵协力才能抬动、搬运。虽然威力巨大，但操作极不方便。

火炮的口径会影响炮弹的威力和攻击的距离。同时，炮弹的打击范围越大，那么炮弹的重量也必然越重。

于是，在火炮性能和炮弹重量之间找寻平衡，就成了世界性难题。

虽然当时大多数国家都采取了模块化的装填技术，但很难兼顾炮弹攻击的最大射程和最小射程之间的路径切换，即使能够实现射程的切换，也会对炮弹的射速提出新的要求。

由于以上种种原因，火炸药技术成为一个国家国防实力的重要体现之一。

在进入热兵器时代后，中国的火炸药技术曾长期落后于欧美等国，是王泽山的出现，结束了中国在火炸药技术领域的弱势局面。

- 02 -

1935年，伴随一声清亮的婴啼，一个小男孩来到了这世上，他父亲给他取名为“泽山”。

王泽山的家乡是东北吉林省吉林市的一个叫作桦皮厂的偏僻小地方。

那是一个动荡的年代，他一出生，就经历了日军侵略、伪满洲国的统治。

尽管世道艰难，战火纷飞，但王泽山的父母不管做什么都坚持要让孩子念书，他们甚至卖房卖地也要供孩子上学。为了供家中三个孩子上学，王泽山的父母每天起早贪黑地工作，他的母亲有时还帮别人家接生。

穷人的孩子早当家。王泽山从小便极懂事，他会学着做点零工挣钱，帮大人们分担家中的活计。

那个时候的东北地区，日本侵略者不仅要求当地学校教授日语，还要给当地的孩子洗脑，教他们认定自己是“满洲国人”而非中国人。

王泽山的父母十分爱国，每天等王泽山放学回来，就对年幼的儿子谆谆教诲：“不论怎样你都要记住，你是中国人而不是什么‘满洲国人’。”

爱国的种子便这样种在了王泽山的心田。

- 03 -

王泽山上大学时学的是火炸药专业。

在那个年代，火炸药是个冷门的专业。其他考生都向往在空军、海军领域大展身手，为何王泽山偏偏对这门专业情有独钟呢？

这得从朝鲜战争说起。

1950 年 6 月 25 日朝鲜战争爆发。

1950 年 10 月，中国人民志愿军应朝鲜请求，赴朝与朝鲜人民军并肩作战。

当时，新中国刚成立没多久，历经了多年战乱，正是百废待兴的时候，卷入这场战争无疑会对国家发展产生重大影响。但是美国派飞机轰炸中国的辽宁丹东，损害中国的领土安全。如果朝鲜被美国占领，那么中国的国境安全与国家利益将会受到严重威胁。

与此同时，美军派遣军舰进入台湾海峡，让中国直接感受到了来自美国的威胁。

基于以上种种理由，中国军队必须出兵朝鲜半岛，打响这场抗美援朝的战争。

那几年，年轻的王泽山正准备考哈尔滨军事工程学院，他同时也在密切地关注着这场战争。

朝鲜战争从1950年一直打到了1953年，最终中国胜利了，但中国人民志愿军也付出了巨大的牺牲。

当时的志愿军比起美军来，战斗装备简陋无比，敌我双方在火力上的差距显而易见。志愿军缺粮少弹，火力补给严重不足。

王泽山自然也看出了当时朝鲜战场上中国军队火力不足的弱点，他暗暗地在心里做了个决定。

抗美援朝结束后的1954年，年仅19岁的王泽山考上了哈尔滨军事工程学院炮兵工程系。

在报专业时，王泽山选择了陆军中的火炸药专业。他是全班唯一主动选择火炸药专业的学生。

有人嫌弃这门专业过于基础、枯燥和危险，王泽山却异常坚定："国家需要就是我的研究方向，而火炸药领域是有国家战略意义的。"

从那时起，火炸药研究就成了他的毕生追求。

- 04 -

历经数十年的钻研，王泽山在含能材料工程领域获得了多项重大研究成果。这不仅让他成为中国火炸药学科的带头人，也让中国在火炸药领域成功赶超西方国家，跻身领先地位。

20 世纪 80 年代，王泽山首创的火炸药资源化系列再利用技术，为消除废弃含能材料的公害提供了技术支撑。他是我国火炸药领域军民融合道路的开拓者。

他的这项技术获得了 1993 年度“中国国家科学技术进步奖”一等奖。

20 世纪 90 年代，王泽山再次通过研究发射药燃烧的补偿理论，发明了低温感含能材料，解决了炸药长期贮存的稳定性问题，并显著提高了发射药的能量利用率。

这项技术获得了 1996 年度“中国国家技术发明奖”一等奖。

当时间跨入 21 世纪，王泽山也到了退休年龄。

此后的 20 多年里，他依然没有闲下来，而是利用自己发明的装药新技术和相应的弹道理论，研发出了一种具有普遍适用性的远射程与模块装填火炸药技术。

根据他独创的补偿装药理论和技术方案，火炮用一种装填模块即可覆盖全射程，这种技术大幅提升了远程火炮的打击能力。

从此，中国火炮射程提高 20% 以上，弹道性能全面超过其他国家的同类火炮。

- 05 -

如果采用过去的布袋式装药技术，火炮的射速只有每分钟 3 至 4 发。而现在采用王泽山发明的全等式模块装药技术，火炮的射速可以达到每分钟 12 至 15 发，相当于过去 3 门火炮的威力，更有效地利用了新一代含能火药技术。

同时，这项技术，不需要研制新火炮，不需要采用其他新技术，不用改变火炮的总体结构，不需要增加膛压，轻而易举地就让中国原本的 155 毫米火炮的射程，直接超过了当时世界上同类型最先进的火炮。

这就是王泽山这项技术带来的威力。

这项技术，也让他获得了 2016 年度“中国国家技术发明奖”一等奖。

如今中国的火炮从性能上来看，超过美国和俄罗斯的同等类型火炮不少，单是射程，就能够超过美国同类火炮的30%。

因为在火药方面的杰出贡献，王泽山曾三度获得国家技术奖项。

国家赠予他的所有奖金，加起来高达1 050万元。

在2021年12月，他将这些奖金全数捐给了他所任职的南京理工大学，用于成立“泽山育才基金”。

钱财于他只是身外之物。如今这位年近九旬的老人，依旧奔波于试验场和办公室之间，坚持在一线科研岗位上。

为了方便工作，他学会了使用网络通信软件，来跟年轻的同事沟通。

王泽山说，他这一辈子，除了火炸药，别的都不会。他的生活已经和科研紧密相连。

能够为国家作出贡献，他就很满足了。

王小谟

——成功在于再坚持一下。

人物档案

出生地	上海
毕业院校	北京工业学院
个人荣誉	中国预警机之父 / 中国现代预警机事业的开拓者和奠基人
主要成就	主持研制中国第一部三坐标雷达等多种先进雷达；在国内率先发展国产预警机装备，提出中国预警机技术发展路线图，构建预警机装备发展体系；主持研制中国第一代机载预警系统，引领中国预警机事业实现跨越式、系列化发展，并迈向国际先进行列。

- 01 -

王小谟是一名雷达专家，同时也是中国现代预警机事业的开拓者和奠基人，被誉为“中国预警机之父”。

不过，预警机究竟是什么？大概很多人都没听说过吧。

预警机其实也是一种飞机。它的全名为“空中指挥预警飞机”。

预警机和其他战斗机在外形上就存在着极大的不同，它的机身上背了个巨大的蘑菇状圆盘。这个蘑菇似的圆盘是预警雷达的天线罩。

这个大圆盘里面，不仅安装了先进的电子侦察设备（又称敌我识别器），还安装了一套高精度、高速度数据处理的计算机系统。

过去，人们在地面设置雷达基站，向空中飞机传递地面信号。

但是大家都知道，地球是一颗巨大的圆球，地面具有一定的曲度。另外，地球表面还存在大量凹凸起伏的地形，这会成为雷达信号传播的障碍，对地面雷达基站的搜索能力造成干扰与延迟。

同时，地面雷达基站的搜索距离也有限，一旦空中飞机提升高度，就会与地面失

去联系。这时候飞上高空的飞机身处茫茫云海，就如同走进小黑屋，要在什么都看不清、摸不着的情况下跟敌人作战。

预警机将整套远程警戒雷达系统安置在飞机上，借由它的飞行高度，来去自如地搜索、监视各类空中或海上的目标，并将这些信息传递给同样飞在空中的己方飞机，指挥或者引导它们执行作战任务。

除此之外，预警机对于地面陆战也有重要作用。

预警机拥有先进的电子侦察设备，无论在何种气候条件下，它都能探测到几百千米以外的目标，并能同时跟踪几十甚至数百个敌我目标，随时能探测到地面上坦克、大炮的调动、海上舰艇的活动及空中飞机的飞行情况。

预警机将这些信息输入计算机系统，地面部队可以及时从中查看敌我双方的情况，保证战术能及时调整，以便稳准狠地打击敌人。

曾有军事专家认为：“一个国家如果拥有较好的预警机，即使战机数量只有对手的一半，也一样可以赢得战争的胜利。”

- 02 -

世界上最早研制和装备预警机的国家是美国。

第二次世界大战后期，美国科研人员通过安装警戒雷达、改装小型飞机，制造了世界上第一架空中预警机 AD-3W 复仇者，并于 1944 年首次试飞。

20 世纪 50 年代，美国又对 C-1A 运输机稍作改进，试飞成功后，它被定名为 E-1B 跟踪者，这便是世界上第一架真正投入使用的舰载预警机。

当时大陆的防空系统处于创建初期，存在很多防空空白地区。

拦截敌机是国土防空作战的主要手段，而拦截是否成功又主要取决于预警和指挥。

在没有预警机的时代，雷达是提供预警和信息指挥的最重要的装备。我国当时只有很少的雷达站，而且破旧不堪。

在这种状况下，美国的飞机对大陆的入侵频频得手。

中国国土面积大，拥有漫长的海岸线，未来必然面临着来自海洋的战争威胁。

所以，王小谟在预警机领域的研究，对中国来说意义十分重大。

如果没有王小谟，或许中国的预警机不可能这么快赶超西方。

命运奇妙的地方在于，如果当年不埋头搞雷达技术、不研制预警机，王小谟或许能成为一名京剧大师。

- 03 -

1937 年，七七事变爆发后，日本全面入侵中国。

一户王姓人家几经迁徙，辗转奔波，最终在上海市落脚。

这家有三姐弟，长子王宏谟，次子王君谟，还有一个女儿王家英。他们因战乱背井离乡来到上海，然后相继成家。第二年，王宏谟的儿子出生了，取名为王小谟。

和那个时代的大多数科学家一样，王小谟的童年，是在纷飞的战火中度过的。他的父亲王宏谟毕业于军校，是一名军人。他身为军人的孩子，对于战乱有着更为深刻的感受。

后来，王家举家迁到北京，在报子街胡同租房定居。那时王小谟刚刚 12 岁，他终于过上了安稳日子。

当时的京剧名家马连良也住在这里，从小耳濡目染的王小谟，对京剧可谓如痴如醉。能拥有一台可以听京剧的无线收音机，成了他小时候最大的心愿。

但是在那个年代，一台无线收音机的售价非常昂贵，王家父母是绝对不可能因为一个孩子的个人兴趣而花这笔钱的。

他决定，买不起收音机那就动手“攒”一台吧！

王小谟开始辗转于各个市场淘零件，用来组装收音机。学校旁边就是宣武门，附近刚好有个小市场，里面经常出售一些旧货。

王小谟积攒了几个月的零花钱，在那个小市场里陆陆续续买齐了一块矿石、一根铜丝、一个耳机、一根天线。

他回家后一番鼓捣，竟然拼凑出了一个简单的二极管，而且真的能发声！对于一个十几岁的少年来说，这无疑是莫大的鼓舞。

这大概就是他少年时与无线电的第一次亲密接触。

年纪稍大一些时，王小谟又成功组装了三灯机、五灯超外差式收音机。

1956 年，痴迷京剧的王小谟即将高中毕业，此时他已经是小有名气的胡琴手，经常在学生组织的京剧团中挑大梁。

顺理成章地，他被北方昆曲院相中了。

- 04 -

命运的转折点就在这时出现了。

如果不是那次偶然的经历，或许如今科技界就少了一位著名的雷达专家，而艺术界则多了一位戏曲大师。

那一天，王小谟陪同学去参观一场科技展览会。

展览会上，有个奇怪的大家伙吸引了他的目光。他站在那里久久驻足，不肯离开。

有人告诉他：“那是雷达，是用来侦察飞机的定位机器。”

王小谟惊叹半晌：“它能侦察飞机？那岂不是跟古代传说中的‘千里眼’‘顺风耳’一样？”

不久之后，王小谟就拒绝了北方昆曲院的邀请，考入了北京工业学院（现北京理工大学）。

童年经历过的战火，“为祖国学习”“为国防献身”的爱国教育，都深深地刻在了他的骨子里。

比起个人的兴趣爱好，他觉得，祖国的需要才更重要。

- 05 -

王小谟毕生都致力于雷达技术研究与工程应用。

王小谟为了看懂外国的技术资料，开始努力学英语、学计算机。不久，国家成立了电子工业部第 38 研究所，将王小谟与一众技术人员调派到贵州的深山里，要求他们研制出三坐标雷达。

王小谟身为三坐标雷达的总设计师，这一待就是十几年。

在他的带领下，38 研究所不仅研制成功中国第一部三坐标雷达，还对低空雷达技术发起攻关，研制成功了中国第一部中低空兼顾雷达。

中国国产雷达开始登上国际舞台，与国外先进雷达装备同台竞技。王小谟也升任 38 研究所的所长，肩负起更重要的任务。

1998 年，中国向以色列订购了 4 架“费尔康”预警机。当时中国空军的空中协调能力较差，迫切需要预警机辅助空中作战。谁料，因为美国的无理干涉，以色列临时撕毁了销售合约。

花甲之年的王小谟主动请缨：“既然买不到，那就自己造！”

预警机的技术难关，本质上就是雷达技术和飞机的一体化结合。王小谟就是雷达领域的专家，他还真不信，没了外国人，中国就造不出自己的预警机来!

王小谟以国产预警机的总设计师身份，带领团队来到了西北戈壁。仅仅 1 年时间，他们就制造出了样机，第二年马上展开试飞工作。

几年后，由中国自主生产的最新预警机投入使用，震惊了全世界。

这款预警机采用了相控阵雷达技术，比美国和俄罗斯的预警机还要先进。它的服役填补了中国人民解放军从前没有国产预警机的空白，其先进的雷达技术更是令全世界惊叹。

在王小谟的带头努力下，中国不仅成功研制出了国产预警机，更是创造了世界预警机发展史上的 9 个第一，突破 100 余项关键技术，累计获得重大专利近 30 项。

群星照耀中国

第五册

科学之光

岁闲君 著
漫阅花喵 马鲍方 绘

时代出版传媒股份有限公司
安徽教育出版社

群星照耀中国·科学之光
QUNXING ZHAOYAO ZHONGGUO · KEXUE ZHIGUANG

出 版 人：费世平
质量总监：武常春
策划编辑：王冰莹
责任编辑：崔金迪
装帧设计：江雨濛
责任印制：陈善军
设计制作：江雨濛

出版发行：时代出版传媒股份有限公司 安徽教育出版社
地　　址：合肥市经开区繁华大道西路 398 号 邮编：230601
网　　址：http://www.ahep.com.cn
营销电话：(0551) 63683015, 63683916
排　　版：江雨濛
印　　刷：天津海顺印业包装有限公司

开　　本：787 毫米 ×1092 毫米 1/16
印　　张：36（全九册）
字　　数：410 千字（全九册）
版　　次：2024 年 6 月第 1 版
印　　次：2024 年 6 月第 1 次印刷
定　　价：178.00 元（全九册）

目录

赵梓森

——好专业比名牌大学更重要。要了解自己，找到适合自己的专业，将来一定有前途，兴趣是最好的老师。

人物档案

出 生 地	上海
毕业院校	浙江大学 / 上海大同大学 / 上海交通大学
个人荣誉	中国光纤之父
主要成就	开展光纤通信技术的研究，并提出正确的技术路线；参与起草了中国“六五”“七五”“八五”“九五”光纤通信攻关计划；组织研制出中国首批实用化的光纤光缆和设备；先后完成了中国第一条实用化 8Mb/s、34Mb/s 和 140Mb/s 等 6 项国家、邮电部光缆通信重点工程。

- 01 -

1932年，赵梓森出生于上海的一个普通家庭。他的父亲是百货公司的售货员，母亲开了间小小的制衣作坊，靠做缝纫活儿、销售小商品贴补家用。

因为父亲的职业，赵梓森打小就见多识广。从小学开始，他就热爱捣鼓一些小制作，比如氢气球、矿石收音机、滑翔飞机模型等。

有一次，赵梓森使出浑身解数做了一个模型飞机。当时，上海恰好在组织学生参加模型飞机比赛，他就把自己心爱的作品拿去参赛。没想到赵梓森竟然得了名次，更没想到当时的上海市市长吴国桢亲自给他颁奖。

从此以后，赵梓森越发爱上了科学。

- 02 -

1949年，赵梓森高中毕业后，选择报考浙江大学农学院。

但在浙大仅读了一年，赵梓森就熬不住了。因为他发现，农学院学生升入大二时，学习的居然是细胞学之类的需要大量记忆的课程。

“我根本不是念农学院的料！”认清现实后的赵梓森，毅然决定退学！

他重新参加了高考。这一次他考上了复旦大学，报考了自己心仪的物理系。无奈的是，他的成绩没达到物理系的录取分数线，他被学校调配到了中文系。

农学院的经历让赵梓森深深明白，强求不来。于是他索性放弃了复旦大学，转而到上海大同大学的电机系就读。

1952年，中国对全国高校院系进行了大规模的调整，大同大学部分院系被并入

了上海交通大学。此时，已经在电机系读了一年书的赵梓森，接触到一门全新的学科——通信技术。

他突然发现，这门学科才是他真正的兴趣所在。于是，他又转到了通信专业。

那个年代，很多学生对自己的前途感到茫然，赵梓森却始终明确信念，追随本心，不惜几经波折，选择自己喜欢的专业。

- 03 -

1953 年，新中国刚成立没多久，全国各地人才紧缺。赵梓森曾被指派为领队，带领同学们先后前往南京电信局和沈阳电信局实习。实习期间，他们的主要工作是维护通信设备。可是上手操作后，赵梓森才知道，很多技术知识自己都没有学到，或者学得很浅，根本不够用。就这样，靠着一边自学，一边实践，赵梓森顺利度过了实习期。

1954 年，赵梓森被正式分配到武汉邮电学校，当上了人民教师。

前三年，在工作之余，赵梓森将大学里学过的微积分、电工原理重新温习了一遍，还补充了关于数理方程、概率论、信息论等知识。

很多跟他专业无关的基础课，如英语、俄语、日语等，也在他的学习范畴之内。

一方面，是因为当时国外的通信技术正高速发展，许多专业资料都使用外文，掌握多门外国语言正好能帮赵梓森更快速、便捷地了解国外的技术情况；另一方面，则是因为赵梓森悄悄给自己定了个人生小目标——考取中科院的研究生。

他喜欢教书，但他更喜欢搞科研。

在教书期间，赵梓森每年都被评为优秀教师。学校领导为了挽留优秀人才，不批准他去考研，一口气任命他为几个实验室的负责人。这时候的赵梓森才真正有了如鱼得水的感觉，一有空就泡在实验室里，做各种研究和实验。

1959 年，武汉邮电学校被升级为武汉邮电学院，变成大学本科院校。

赵梓森几乎能把大学教材倒背如流，他不仅在大学课堂上展露出极高的教学水平，还受邀参与了全国邮电学校的教材编写、培训教师等工作。

此外，赵梓森在科研方面也大放光彩。

赵梓森的团队研制出一个能解 3 阶微分方程的模拟计算机，荣获“武汉市高校科技成果特等奖”。

20 世纪 60 年代中期，武汉邮电学院的领导成全了赵梓森一直以来的心愿，专门指派他去中科院深造进修。

赵梓森在学习之余，完成了“信号流图 Mason 公式”的推导问题，还专门撰写了论文《用 0－∞法解网络》。

同年，《电子学报》第四期刊发了赵梓森这篇论文，在中国航天部引起不小的震动。航天部总工程师蔡金涛评价说：“国外的克希霍夫、麦克斯韦，中国的顾毓琇等曾不断努力寻求简捷的解法，已知方法也不少，但都不大合乎理想，赵梓森提出的‘0－∞法’原理简单明了，它不与任何已知的方法近似，而运用起来比较简单，比较成功。”

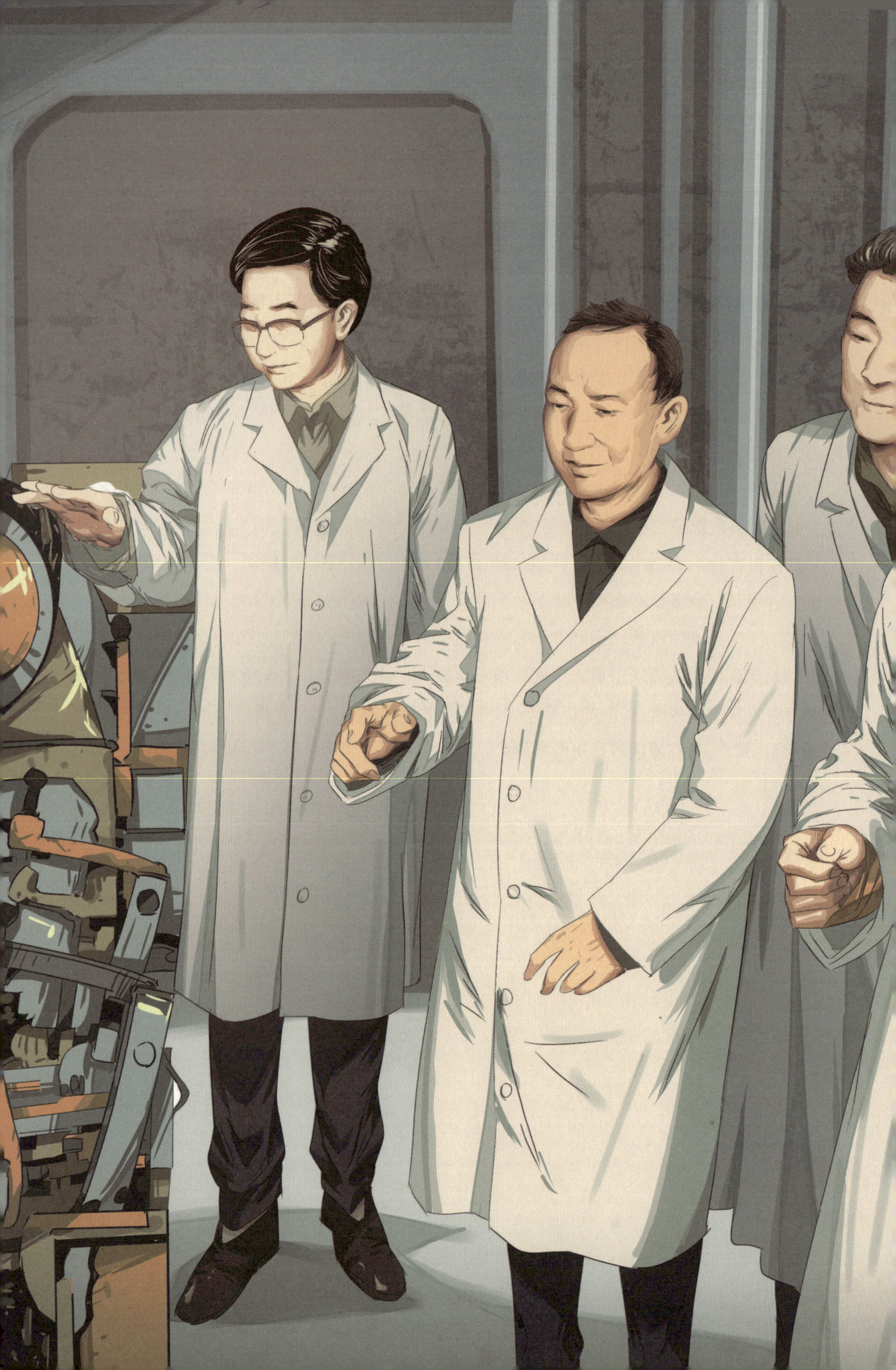

- 04 -

技术水平过硬的赵梓森，就这么走进了邮电部的视野。

1969 年，赵梓森被邮电部直接抽调到四川眉山，参与“京沪杭 1800 路中同轴电缆干线”的部署。这是他首次参与国家级重点项目，代表了业界对他科研能力的高度认可。

1970 年，赵梓森的工作再次发生调动，他回到武汉邮电学院负责研究 960 路微波载波机。

此时，武汉邮电学院已经更名为邮电部 528 厂，专门从事邮电设备的研发生产工作。北京邮电科学研究院将国家科研项目“激光大气传输通信”以及全部项目执行人员，转移到了 528 厂。当时，激光通信项目迟迟不出成果，528 厂的领导们对赵梓森的能力十分认可，便安排他担任项目课题组的组长，全面接手这个项目。

赵梓森的命运，从此和中国的激光通信行业牢牢绑在了一起。

不久后，赵梓森便不负众望，找到了解决大气激光通信难题的办法。

他在项目原有的研究成果上，研制出了脉冲相移通信，首次在实验里成功实现了短距离激光通信。

许多同事为此欢欣鼓舞，赵梓森却暗自忧虑——因为这种通信技术，必然会受到天气和障碍物的限制。

为了验证自己的猜想，赵梓森特意将这套实验设备搬到武汉当时最高的建筑——汉口水塔上，从这里向 10 千米之外的水运工程学院发射信号。果不其然，它无法支持长距离通信，注定难有好的发展前景。赵梓森便决定，找另一种新的通信方式代替它。

- 05 -

赵梓森寻找的答案就是——光纤通信。

光是宇宙中跑得最快的家伙，当它被应用于网络信号传输时，每秒的速度高达400T。

《科学美国人》杂志曾评价说：“光纤通信是二战以来最有意义的四大发明之一。如果没有光纤通信，就不会有今天的互联网和通信网络。”

1974年8月，赵梓森代表邮电部科技委，向国务院科技办公室汇报多年努力研究的成果。

这是一场关于光纤通信技术方案的“背靠背辩论”。赵梓森提出的“石英光纤作为传输介质，半导体激光器作为光源，脉冲编码调制作为通信制式”的技术方案，打败了其他科研团队，最终中选。

光纤通信被国务院科技办公室列入“五五”计划重点赶超科研项目，赵梓森也被任命为技术负责人，主导光纤科研攻关。

赵梓森就这样开始了自己的光纤之路。

没有钱也没有人，他第一步要解决的是光纤原材料石英的来源。

要让石英拉成的玻璃丝实现光通信，这对石英的纯度要求极高。因为只有这样，才能最大限度降低光在光纤内传输时带来的信号折损。赵梓森和他的同事采用最简易的实验设备、最简单的工艺和最基础的原料，经过若干次的实验，才炼制出了纯度超高的石英。

后来，赵梓森终于在厕所旁的简易实验室里，拉制出第一根具有中国自主知识产权的实用光纤。它是一根短波长、阶跃型的低损耗光纤，长度仅有17米。

赵梓森一直想找个机会，把光纤通信技术展示在众人面前。正好赶上国家提出“农业学大寨，工业学大庆”的口号，邮电部组织了一场“学大庆”的展览会，要求下属部门提供新技术展品。

赵梓森在展览会上，就地搭建了一个小型的电视通信系统，用光纤替代传统的铜线传输黑白电视信号。使用的光源是上海光机所提供的激光器，而通信系统则是赵梓森自己设计的脉冲调相系统。

此后，光纤通信不仅被列为邮电部重点项目，还得到武汉邮电科学研究院的大力支持。整个武汉邮电科学研究院的研究方向，转向了光纤通信。

中国光纤通信时代的序幕，就此拉开。

- 06 -

光纤通信光有石英光纤还不够，还涉及通信机、激光器以及测试仪表等一系列光通信配套产品的研制。

在赵梓森的指导和全院技术人员的通力合作下，各项成果不断面世。

20 世纪 70 年代，中国第一根符合国际标准的、具有实用价值的低损耗光纤诞生。

20 世纪 80 年代，中国第一条用光纤传输的光通信市话系统“武昌 — 汉口段”成功开通。

20 世纪 90 年代，世界上最长的架空光缆工程“京汉广”工程铺设完成，总长约 3 000 千米。

只用了十几年时间，中国就在通信技术方面追赶上当时世界最先进的技术水平，甚至在部分领域，长期处于领跑地位。

与此同时，中国飞快地进入了光纤数字化通信时代。

赵梓森退休之后，依旧闲不下来。他亲自带教授、带博士，担任武汉邮电科学研究院的首席顾问，指导团队的科研工作，在光通信技术与应用领域，持续不断地发布最新成果。

他还直接推动了“中国光谷”建设项目落户武汉。如今，武汉光谷已经成长为全球最大的光纤光缆研制基地、中国最大的光器件研发生产基地、中国最大的激光产业

基地。

他工作过的武汉邮电科学研究院，也成了中国光通信行业的创新源头之一。

说到这里，有谁还记得，当年赵梓森本来是农学院的学生呢?

多年后，面对高考专业如何选择的提问，赵梓森微微一笑说："好专业比名牌大学更重要。要了解自己，找到适合自己的专业，相信将来一定有前途，兴趣是最好的老师。"

这不仅是一位科学家的善意劝诫，还是他个人的现身说法。

世间万物，如果热爱，必有回响!

杨振宁

——我的血液中流淌着父亲的血液，那是中华文化的血液。

人物档案

出 生 地	安徽合肥
毕业院校	西南联合大学 / 清华大学 / 美国芝加哥大学
个人荣誉	中国首位诺贝尔物理学奖获得者
主要成就	和 R.L. 米尔斯合作提出非阿贝尔规范场理论；和李政道合作提出弱相互作用中宇称不守恒定律；在粒子物理和统计物理方面做了大量开拓性工作；提出杨－巴克斯特方程，开辟量子可积系统和多体问题研究的新方向等。

- 01 -

有人曾说，一个人能感受到的杨振宁的伟大程度，取决于这个人目前所拥有的知识的丰富程度。

或许你对他并不了解，先听听那些伟大的科学家是怎么评价杨振宁的吧。

美国著名的物理学家、诺贝尔奖获得者赛格瑞曾推崇杨振宁是“全世界几十年来可以称为全才的三个理论物理学家之一”。

美籍华裔实验物理学大师、诺贝尔奖获得者丁肇中说：“中国积极吸收自然科学，由来至今，已届树人之年。国人在国际科学坛上有建立不朽之功绩者，乃自杨振宁始。”

被誉为“20 世纪的门捷列夫”的诺贝尔奖获得者、物理学家盖尔曼说：“杨振宁是那个时代第一流的物理学家！”

理论物理大师泰勒说：“以杨振宁的成就，他应该得到第二次诺贝尔奖。”

现在想必你们已经对他有了初步的了解。

- 02 -

杨振宁曾和李政道一起发现宇称不守恒定律，二人一起荣获诺贝尔物理学奖。

杨振宁曾和凝聚态物理大师安德森一起在国际理论物理大会上同台，二人分别作了历史性报告。

杨振宁和米尔斯的杨－米尔斯规范场理论，是继麦克斯韦电磁理论、爱因斯坦引力理论之后设想的关于力的起源最重要、最基本的理论。它是粒子理论的基石。当代粒子物理学中的标准模型，就是建立在杨－米尔斯规范场理论之上的。

世界上有多个诺贝尔奖获得者是因为找到杨振宁的标准理论所预测的粒子而获奖的，如丁肇中、希格斯。而通过研究杨振宁的标准理论取得一定成就，并间接获得诺贝尔奖的人，则有数十个。

“夸克之父”盖尔曼曾声称：“量子色动力学不过是将杨振宁标准模型的 su（2）对称性扩展到 su（3）而已。”

杨振宁“垄断”了理论物理，由他领进物理学大门的学生，几乎包揽了近 60 年来诺贝尔物理学奖中理论物理和粒子物理方面的奖项。他的标准理论描述了 62 种基本粒子，解释了 4 种基本力，已经是大半个世纪理论物理和粒子物理研究成果的几乎全部，堪称“物理教皇”。

然而，杨振宁的影响不仅限于物理学界。

数学界的最高奖菲尔兹奖的获得者中，有人因研究杨振宁的方程而获奖。

杨振宁的伟大是毋庸置疑的。

即便是普通人，也能从无数科学家对他的赞叹中，感受到这位科学泰斗、一代物理学宗师的伟大。

- 03 -

杨振宁的存在本身就是最大的贡献。他的出现，增强了中国人的自信心。

不过，他因为人生道路上的一次选择，至今饱受非议，被民众误解，甚至他在学术上的成就也被否定了。

这是怎么一回事呢?

杨振宁 16 岁就读于西南联合大学，20 岁毕业后进入清华大学研究生院。

他仅用了两年时间，就以优异的成绩获得了硕士学位，并拿到了珍贵的公费留学美国的名额。1957 年，年仅 35 岁的他就与合作者共同获得诺贝尔物理学奖，打破了西方学术界对诺贝尔奖的垄断，成为有史以来第一位获得诺贝尔奖的中国人。

当时，中国人莫不以他为荣。

那时候，新中国刚刚成立不久。因为经济萧条、科技严重落后，国家迫切需要引进人才重振雄风。

原本在美国留学、工作的邓稼先和钱学森等科学家，都相继返回中国，但杨振宁选择继续留在美国。

- 04 -

杨振宁做出这样的决定，或许有自己理性的评估和周全的考虑。

他是搞前沿物理研究的，他的研究成果在当时的中国很难马上发光发热。不像钱学森、邓稼先，他们研究的是应用物理，研究成果可以直接用于造导弹，是新中国最迫切需要的东西。

在那个特殊的年代，杨振宁如果留在美国，能利用自己在前沿物理学界积累的人脉和影响，积极为新中国奔走活动，说服各个国际学术研究组织，帮助中国科学家参与国际交流。这对于新中国来说，或许会有更长远的意义。

总之，杨振宁最终选择继续留在国外。

- 05 -

1971 年，中美关系刚刚“解冻”。

杨振宁回国讲学，他是第一批来华访学的科学家之一。

这趟旅行结束后，回到美国的杨振宁，将共产党执政下的新中国所取得的最新成就和变化，在美国广为宣传，澄清了西方对中国的许多误解。

后来，杨振宁又多次回国讲学，并利用自身在尖端学术圈的影响力，邀请了许多中国学者参加海外学术交流会，让中国的科学家出现在国际舞台上。

他为促进中美人民的相互了解作出了巨大贡献。

1976 年，毛主席去世。杨振宁在纽约的一场追悼会上作了一篇名为《人类历史上的一位巨人》的致辞。

他说——

20 世纪初的中国社会是一个在封建主义和帝国主义层层压榨之下，暗无天日的社会；是一个农村破产、工业被帝国主义全盘控制的社会。借用鲁迅的话，是一个吃人的社会。面对这些压榨，中国人民做了数不尽的英勇反抗。

革命的成果是辉煌的。中国从一个山穷水尽、丧失自尊心的国家变成今日自足自信、前途光明的新中国，这是怎样天翻地覆的变化啊！

在艰难的道路上，带路的是毛主席；在巨大的牺牲面前，带路的是毛主席；在取得辉煌成果的每一个过程中，带路的是毛主席。在半个世纪的时间里，他是中国的明灯，是中国的舵手。

为了进一步促进中美关系，1977 年，杨振宁和梁恩佐等人又在波士顿创办了“全美华人协会”。

《纽约时报》上曾整版刊登着他提供的《致美国卡特总统公开信》及其他文章。全文用英文发表，旁边加了八个中文字：亡羊补牢，犹未为晚。

- 06 -

1978 年 3 月，在杨振宁等人的倡导下，中国科学技术大学创建少年班。

1980 年，杨振宁在纽约州立大学石溪分校发起并成立“中美教育交流委员会”，以资助中国学者去该校进修。

1983 年 12 月，杨振宁曾向邓小平提出建议：“搞软件 15 到 18 岁较有利。”由此，科大少年班设立了计算机软件专业。

从 1985 年到 1986 年，杨振宁倡议的“亿利达青少年发明奖”“吴健雄物理奖”和“陈省身数学奖”等奖项相继设立。

1997 年，在杨振宁的建议下，清华大学决定根据普林斯顿高等研究院的经验，成立清华大学高等研究中心。杨振宁把他在清华的工资都捐了出来，用于引进人才和培养学生。

2003 年底，杨振宁回北京定居。清华大学盖了三幢“大师邸”，一幢给杨振宁，一幢给姚期智，一幢给林家翘，后两者都受到杨振宁的影响而回国。

杨振宁在后半生，不仅为中国物理学界带来了前沿知识，还利用自身的影响力，

吸引了大量优秀科学家回国服务，把中国在部分领域的研究提高到世界一流水平。

他还极力推动中国的基础科研，把一生的积蓄捐赠给中国众多大学，出资奖励学生，推荐了上千名优秀学生赴国外深造，为中国的人才培养作出巨大贡献。

杨振宁的这些努力触动了很多外国的科学家，他们纷纷站出来帮助中国科学家，为中国打开了学术交流的大门。

杨振宁一直用自己的实际行动，证明他即使身在美国，依旧满怀拳拳爱国之心。

他不曾忘记，他的血液中流淌着父亲的血液，那是中华文化的血液。

纵然世人对他有万千非议与不解，他却从不辩驳……

林为干

——我最大的特点就是勤奋。

人物档案

出生地	广东台山
毕业院校	清华大学 / 美国加州大学伯克利分校
个人荣誉	中国微波之父
主要成就	中国电磁场与微波技术学科的主要奠基人，被国内外同行尊称为“中国微波之父”；从教多年，为中国电子学特别是电磁场与微波技术学科的发展培养了一批杰出人才，曾是新中国培养博士生最多的导师之一。

- 01 -

1919 年，林为干出生于中国华侨之乡广东台山县大纲村。

他的父亲林本伟原本是个中学教员，后来又开了律师事务所。他希望自己的三个儿子能成为国家栋梁，便给三个儿子分别取名“为栋”“为梁”“为干”。林为干在家中排行第三。

在五四运动萌发的科学与民主观念的熏染下，三兄弟先后成长为热血青年，心中播下报效祖国的火种。大哥林为栋投笔从戎，历经战火洗礼。仅长林为干 3 岁的二哥林为梁参加革命后壮烈牺牲。作为家中幼子，林为干同样对积贫积弱的中国感到痛心疾首，但两位兄长鼓励他发奋读书，将来走科学救国之路。

林为干很早就显露出他在数学方面的天赋。

初二结束时，他跳级考上了广东省第一中学（现广雅中学）高中部。高一结束时，他又一次跳级，进入高三甲班学习。两次跳级，并没有影响他的成绩。高中毕业时，他不仅是唯一应届考上清华大学的学生，还在中山大学的入学考试中拿到数学满分的成绩。不过，他最终选择了北上，去清华大学继续学业。

清华大学聚集了一群当时全中国最好的大师，有教国文的朱自清、教物理的吴有训、教数学的华罗庚等，他们的课林为干都听过。林为干和钱伟长还当过同学，当他感叹钱伟长的勤奋时，钱伟长告诉他：“清华有个人比他还用功，那就是华罗庚。”

华罗庚是被破格招进清华大学工作的。他刚进入清华大学时，只是一个初中毕业生。为了赶上自己落下的进度，当整个清华园进入沉睡的梦乡时，华罗庚的窗前仍亮着不眠的灯光。他每天只睡五六个小时，如饥似渴地吸收着知识。一本普通学生需要十几天才能读完的书，他一两夜就读完了。短短几年，华罗庚就读完了学校算学系图书室里的所有数学专著和期刊。

“树老易空，人老易松，科学之道，戒之以空，戒之以松，我愿一辈子从实而终。”华罗庚一生都用这句名言来约束自己，他勤奋刻苦，始终如一。

林为干慕名而来，旁听了华罗庚的课后，他被华罗庚的经历深深地震撼了。在那之后，林为干不再为自己的聪颖而沾沾自喜，他的性格也变得沉稳起来，开始整日埋头苦读。

那时候清华的考试制度非常严格，一门不及格就要留级。林为干还没满 16 周岁，是班上年龄最小的学生，学的是艰涩难懂的电机工程专业。但他勤奋刻苦，成绩在班上一直名列前茅。他所在的年级，入学时 40 多名学生中只有 20 多位顺利毕业，林为干就是其中之一。

- 02 -

1937 年，日本发动了震惊中外的七七事变。不久，清华园被日军占领，清华大学的师生被迫离开，林为干跟着他们西迁昆明，在西南联大继续攻读研究生。可是，战争的恶化，阻断了林为干和家人之间的联系，失去家中的经济支持后，他的学业也跟着中断了。

为了维持生计，林为干不得不离开西南联大，在昆明电政局找了份技术员的工作。但是，林为干不想就此放弃继续深造的梦想。那些年他一直坚持白天去上班，晚上回家继续读书生活。战乱总会有平息的一天，他期望着，将来有一天可以继续搞科研工作。

1945 年，中国赢得了抗日战争的胜利，林为干等待已久的转机终于出现了。这一年，他通过考试拿到了国家公费出国留学的名额，得到了赴美学习一年的机会。

第二年，当同批赴美的学子忙着收拾行李准备回国时，林为干以各科全优的成绩考进了世界顶尖学府——美国加州大学伯克利分校，并在那里继续攻读博士学位。

当时的美国，正是世界微波技术的研究中心。林为干的博士生导师温纳里主攻电磁场和微波放大器，获得了斐然的成果。林为干师从于他，自然也将自己的研究兴趣，放在微波和雷达方向上。

1951 年 8 月，林为干的博士论文《单腔多模微波滤波器》刊载在美国杂志《应用物理》的首页。这个来自中国的年轻学者，发现了一个圆柱谐振腔有 5 个同谐振频率的简并模可以利用，他首次建立了单腔多模滤波器的多级电路模型，创立了一种新的单腔多波型微波网络理论。

他的这篇学术论文，打破了之前国际微波学界认为的“一个圆柱谐振腔只有 2 个简并模可以利用”的传统认知，轰动了国际学界，橄榄枝纷纷朝他抛来。

然而独自在异国求学多年的林为干，早已归心似箭。

- 03 -

微波，是指频率为 300MHz ～ 300GHz 之间的电磁波，是无线电波中一个有限频带的简称，即波长在 1 毫米到 1 米之间的电磁波。

微波能很轻易地穿透物质表层、深入内部，比红外线的穿透性更强。它就像一只眼睛，在遥感领域，它可以探测大地、普查地球资源、监视农作物生长、测绘地形等；在军事领域，它能够应用于定向能武器、雷达和通信等。

微波早在 20 世纪 30 年代就成为一门技术科学，到第二次世界大战时，微波技术更是得到飞跃式的发展。

而林为干创立的单腔多波型微波网络理论，更是奠定了其后几十年间现代卫星通信的理论基础。直到 21 世纪初，林为干所构建的理论，依然站在该学术领域的前端。

微波技术对中国的国防与社会生活建设意义重大。新中国刚成立不久，微波领域一片空白，林为干的归国正是时候。不过，他的归国之路，并没有那么容易。那时，钱学森想要回国却受到美国军方劝阻并遭到软禁的事情，已经在中国留学生的圈子里传开了。恰好这时导师温纳里也提出，让林为干能留下来。

林为干深知自己研究的微波技术对美国军方来说极其敏感，他不敢大肆声张自己的回国计划，而是私下联系了许多在美的中国留学生，鼓励大家一起回去为新中国作贡献。

几个月后，林为干等数名中国留学生一同登上了归国邮轮。

谁知船到香港时，香港当地海关竟然以护照不对为由，拒绝林为干等人上岸。他们赶紧向广东省政府发出紧急电报。几天后，广东省政府派船直接前往公海迎接，他们才得以踏上祖国的土地。

- 04 -

回到祖国之后，林为干在电磁学家冯秉铨的邀请下，暂时居留广州，先后在岭南大学、中山大学和华南工学院（现华南理工大学）任教。

林为干被任命为岭南大学电机系系主任、华南工学院电讯系系主任时，才 30 岁出头，高教部领导李云扬称他为“最年轻的系主任”。正是这位最年轻的电机系系主任，为新中国培养出了第一批电信人才。

20 世纪 50 年代中期，成都电讯工程学院即将在成都兴建，与此同时，还要将交通大学、南京工学院、华南工学院三所院校的电讯类专业，全部整合到一起。这个重任交到了吴立人和林为干手中。

接下来几年里，林为干陪着吴立人一块儿南下北上，奔波于众多校园和教授之间，为新生的成都电讯工程学院招揽师资人才。林为干作为华南工学院电讯系系主任，更是带头将全家搬到了新学院的所在地——成都。

此后，林为干就在这里教书育人，终日与学术为伴，度过了自己的余生。

- 05 -

林为干回国之后，虽然一直忙于教书和学院筹建事务，但他在学术科研上从没有松懈过。成都电讯工程学院的校园里，至今坐落着一尊林为干的半身雕像，上面刻着一句烫金格言：做一辈子研究生。而他也是用一生在奉行着这句格言。

20 世纪 60 年代初，林为干在国内首创“无线电物理”和“无线电数学”两门专业学科。在改革开放过后，他又以这两门专业为基础，成立了“无线电物理系”和“应用物理研究所”，后来中国微波领域的许多开创性学术贡献，都在这两个地方诞生。

1963 年，林为干和钟祥礼合作，在《物理学报》上发表了《传输线特性阻抗的一个新计算方法》。当年学术界主流对传输线的特性阻抗的计算办法，主要分两种：一是函数变换法，二是变分法。但是这两种方法都有缺陷，计算过于复杂。林为干和钟祥礼的这篇论文，正好将这两种方法结合了起来，大大简化了计算方法——这种方法即如今被国际学术界认可的“林—钟方法”。

于是，全世界的微波工程师都在使用这种“林—钟方法”，它的计算公式不仅准确而且计算简捷，远胜微波领域其他主流科学家的计算公式。

后来，林为干又出版了《微波网络》《微波理论与技术》《电磁场工程》《电磁场理论》等专著，为电磁工程界高级科技人员以及高校师生提供了一套高水平理论读物，大大推动了我国电磁理论、微波理论与技术的发展。

- 06 -

即便到了晚年，林为干的学术生涯一刻也没有停下。

古稀之年的他曾连续多年发表高质量论文，平均每年发表论文 20 多篇。其中，1994 年，他在国际学术刊物《电磁波与应用学报》上，单独发表了数篇论文，在国际上产生了重要影响。

就在所有人都以为这位老人的科学之路已经走到尽头，该停下来喘口气时，1995 年 12 月，他的论文《一个介质球的静电镜像群》突然发表在美国《静电学》学报上，一举攻克了困扰电磁学领域百年的“哥德巴赫猜想”级难题——关于点电荷在介质球中的镜像问题。

后来，林为干不幸摔伤了腰椎，不得不坐在轮椅上，蜗居一室。因为长期伏案，他还有颈椎骨质增生的毛病。尽管饱受病痛折磨，他仍然坚持每天拿着放大镜，在稿纸上推演公式。

21 世纪初，林为干亲自指导团队，先后承担了多个国家自然科学基金项目的攻关工作。

每一年他都有重要论文在国际一流期刊上发表，这个“习惯”一直延续到他 90 多岁高龄。如果老天爷让林为干活到 100 岁，那他在 100 岁时还要继续发表有影响力的学术论文。

除了硕果累累的学术成就之外，他还为中国培养了许多优秀人才。

有人曾问林为干科学生涯有所成就的秘诀是什么。

他回答说：“我最大的特点就是勤奋。”

但是，勤奋绝不是唯一的答案，应当还有一位科学家对于知识的纯粹渴望、充沛的好奇心、浓烈的热爱……你觉得呢？

吴大猷

——我离开故国许久，最怀念的，就是我的恩师饶毓泰先生。

人物档案

出生地	广东广州
毕业院校	南开大学 / 美国密歇根大学
个人荣誉	中国物理学之父
主要成就	终生从事物理学的教学和研究，对中国近代科学的发展作出了重大贡献；培养了一批著名的物理学家，如杨振宁、李政道和黄昆等。

- 01 -

吴大猷生于 1907 年，也就是光绪三十三年，那时候广州还被叫作广州府，中国处于腐败的清政府统治之下。

吴家家境不错，吴大猷的祖父是进士出身，父亲是举人出身，所以吴大猷也算得上出身名门望族、书香世家。他的父辈就职于清政府，眼见国运衰微，在教育吴大猷时，下了好一番心血，期望将他培养成国之栋梁。

可到底是人算不如天算，吴大猷年幼时，他的父亲和祖父就先后病逝，吴家没了顶梁柱，家境一落千丈。幸好，伯父吴远基正担任天津某中学校长，他深知知识的重要性，经济也还算富裕，而吴大猷勤奋好学，他一直都很喜欢这个侄儿，便把他带到天津继续学业。

就这样，吴大猷在天津最好的精英学校——天津私立南开中学，继续学习。南开中学的西洋新式教育，不仅给吴大猷打好了英语、数学等课程的学习基础，还让他对科学这门课产生了浓厚的兴趣。

吴大猷当时还在读高二，就利用课余时间自学了高三的课程。迫不及待想考大学的他，以同等学历去报考南开大学矿科，竟然还真的考上了，考试成绩相当优秀。

就这样，吴大猷跳级成功，顺利进入南开大学。

正是在南开大学，他和自己一生的恩师饶毓泰先生相会了。

那时，饶毓泰刚从普林斯顿大学毕业没多久，他专攻物理，博士论文是研究低压电弧的电子发射速率的实验成果。学成归国后，他接受了南开大学校长张伯苓的聘请，在南开大学创立了物理系，并兼任系主任。

吴大猷经常向这位年轻的饶教授请教学术上的问题，还与对方一起散步、下棋。他们的师生情谊也日益深厚。在饶毓泰的影响下，吴大猷对物理学也越来越感兴趣，他毅然从矿科转到了物理系。

1929 年，吴大猷从南开大学物理系毕业了。那时中国急缺科学人才，大学里更缺能教科学的老师。于是，饶毓泰安排吴大猷留校任教，专门负责讲授近代物理学和力学。

到了 1931 年，饶毓泰感觉时机成熟了，找到清华大学物理系负责人叶企孙，两人联名推荐，帮吴大猷拿到了中华教育文化基金董事会的乙种研究奖助金。

在饶毓泰的争取下，吴大猷成功踏上了前往美国密歇根大学的留学之路。

当时，美国密歇根大学拥有全世界最先进的技术设备、最前沿的科研理论。吴大猷对量子力学和红外分子光谱所知有限，不得其门而入，而美国密歇根大学正是这方面学术的起源地。

- 02 -

在美国密歇根大学物理系求学时，吴大猷主要跟着系主任兰德尔教授，进行红外光谱实验的研究。他创造性地把红外光谱仪的直线狭缝改为弯形的，大大提高了它的分辨率。后来，吴大猷的这项技术发明被众多美国工厂纷纷采用，这直接影响了世界光谱仪的发展趋势。

拿到硕士学位后，吴大猷又跑去美国顶尖的大学，借助他们先进的仪器设备，进行原子及分子理论、原子和分子光谱学等方面的众多科学实验。

在此期间，吴大猷研究苯及其衍生物的拉曼光谱，发现并证明了苯的同位素移动，并对此作了正确的解释。

吴大猷还是中国最早进行原子多重激发态研究的科学家，他较早地计算了氦原子双激发能态，计算了慢中子与原子碰撞的散射截面，提出了原子碰撞的理论模型和计算方法。

吴大猷的两项重要研究工作——关于重原子 f 态的计算以及闭壳层电子激发态的计算，预言了铀后元素的存在。他还用新的巧妙的数学方法，论证在铀 92 附近要开始出现第二个稀土族元素，并写下了他的博士论文。

西博格博士就是从吴大猷的这篇论文里找到了灵感，还领回了一个诺贝尔奖。后来西博格博士见到吴大猷，就高兴地说：“当年我能获得诺贝尔奖，应该归功于你的论文！”

吴大猷本人，也因此被世界学术界称为“锕系元素研究先驱者”。

- 03 -

20 世纪 30 年代，饶毓泰被北京大学聘用为物理系教授和系主任。饶毓泰给吴大猷发了一封电报，邀请他回国教书。恩师有命，吴大猷毫不犹豫地放下一切回国。

吴大猷当北大物理系教授期间，一边进行科研教育工作，将自己的学识反哺给祖国年轻的学子；一边坚持日夜钻研、反复实验，在学术研究上没有一刻松懈。

当时，最重要的物理学科是光学，而量子力学的实验，几乎都和光学有关。

吴大猷申请到了经费，从最好的制造商那里购买了当时世界一流的实验仪器。借助这些仪器，他接下来一口气发表了多篇重要论文，让全世界从事高等物理研究的学者都知道中国有位出色的物理学家吴大猷。同时，他还把新兴的量子力学理论引进中国，是当之无愧的“中国物理之父”。

1937 年，抗日战争全面爆发后，吴大猷先后在四川大学、西南联大任教。

1938 年冬天，吴大猷的第一本专著《多原子分子的结构及振动光谱》诞生了。这本书阐述了分子物理学的重要理论，是当时唯一讨论到多原子分子的物理专业书籍，后来甚至成为多原子分子这门学科的权威教科书及参考书。

此后，吴大猷又将《多原子分子的结构及振动光谱》翻译成英文出版。此书在国外面世后，整个世界学术界为之轰动，当时几乎每个物理学家都看过此书。而吴大猷竟然还是在动荡的战时环境中著成此书，不由得叫人更加钦佩。

- 04 -

吴大猷这一生走上科研教育之路，饶毓泰对此有着决定性的影响。

饶毓泰和吴大猷的师生情，一度被北大校长周培源教授称为尊师爱生的模范。吴大猷对待自己的学生，就像当年饶毓泰对待他自己一样。确实，师生责任的传承莫过如此。

求学期间，杨振宁曾请吴大猷做自己的毕业论文指导老师。那时，杨振宁研究的课题正处于瓶颈期。吴大猷深思熟虑后，给杨振宁看了一篇关于群论分子物理学的论文，其中2/3是关于对称原理。吴大猷有意地将杨振宁引入理论物理和对称领域的研究。经他点拨之后，杨振宁如拨云见日般，确定了日后一生的研究方向。

1945 年，李政道千里迢迢地从浙江赶到西南联大求学。他原来是浙大物理系的学生，后来因为日军逼近，浙大辗转去了后方。当时他的姑姑经人介绍找到了吴大猷，请求他帮李政道转学。

按照当时的规章制度，不经考试是不能转学的。可是望着眼前这个求学心切的孩子，吴大猷还是决定让他跟班旁听。如果李政道能通过年级的期末考试，他就破格准许李政道入学。吴大猷为此承担了不少来自学校的非议，幸好李政道不负所望，发奋读书，成绩优秀。

1946 年，吴大猷破格举荐李政道随他一同赴美深造。大学还没毕业的李政道，被吴大猷推荐到美国芝加哥大学攻读博士，师从诺贝尔物理学奖获得者费米教授。他也因此成了没有大学文凭，就直接拿了博士学位的人。

1957 年，杨振宁和李政道因为发现弱相互作用下宇称不守恒定律，同时获得了诺贝尔物理学奖。这是中国人第一次站在诺贝尔奖的领奖台上。

那一年，杨振宁 35 岁，李政道 31 岁。

颁奖礼结束之后，两位年轻的诺贝尔物理学奖得主不约而同地给他们昔日的恩师吴大猷写信，分享喜悦。如果说杨振宁和李政道是千里马，那么，吴大猷绝对称得上他们的伯乐。

除了早已闻名于世的诺贝尔物理学奖得主李政道、杨振宁之外，吴大猷的学生还有黄昆、朱光亚、马大猷、张守廉、黄授书、李荫远等著名学者。

吴大猷为中国培养了一代物理学新星、科学界奇才。他为中国的科学和教育事业献出了毕生精力，当代海内外有才华的中国物理学家，都直接或间接地受到过吴大猷的影响。

- 05 -

当吴大猷收到学生们的感谢信时，内心最遗憾的是，余生也没能再见自己的恩师饶毓泰一面。

1946 年的夏天，国民政府军政部以借聘的名义，派吴大猷夫妻出国考察交流。

吴大猷原以为只需要两三年，就可以回国，没想到 1949 年时，国内形势骤变。国民党逃往台湾，当初派他出国考察的部门已经自顾不暇了。吴大猷只好暂时留居国外。

恰好这时，加拿大国家研究院给他发来聘书，再加上那边的气候对其妻子的健康有益，吴大猷便留了下来。没想到这一待就是十几年。

20 世纪七八十年代，一直沉浸在妻子过世伤痛中的吴大猷，决定重新振作起来。他卖掉了国外的房屋，来到台湾，全身心致力于教育和科学事业。同时，吴大猷还一直努力地促进海峡两岸的学术交流。

他是大科学家，物理学术界的大宗师级人物，能够将深奥的物理难题研究明白，却对某些事情永远无能为力。

这些年他只能用广播了解他的祖国，听着一个个来自祖国的好消息。

呀，我们中国人也有了原子弹。

呀，我们中国人也有了氢弹。

呀，我们中国人有了人造卫星。

呀，我们中国人……我们都是中国人。两岸本是一家，他何时才能真正归家呢？

1992 年，吴大猷在李政道夫妇的陪同下，由台北经香港飞往北京参加学术交流会。距离吴大猷上一次踏上祖国的大陆，已经过了 46 年的时光。

这漫长的后半生，他没有一刻停止过对祖国的眷恋。

客居安可忘，应作明月还。

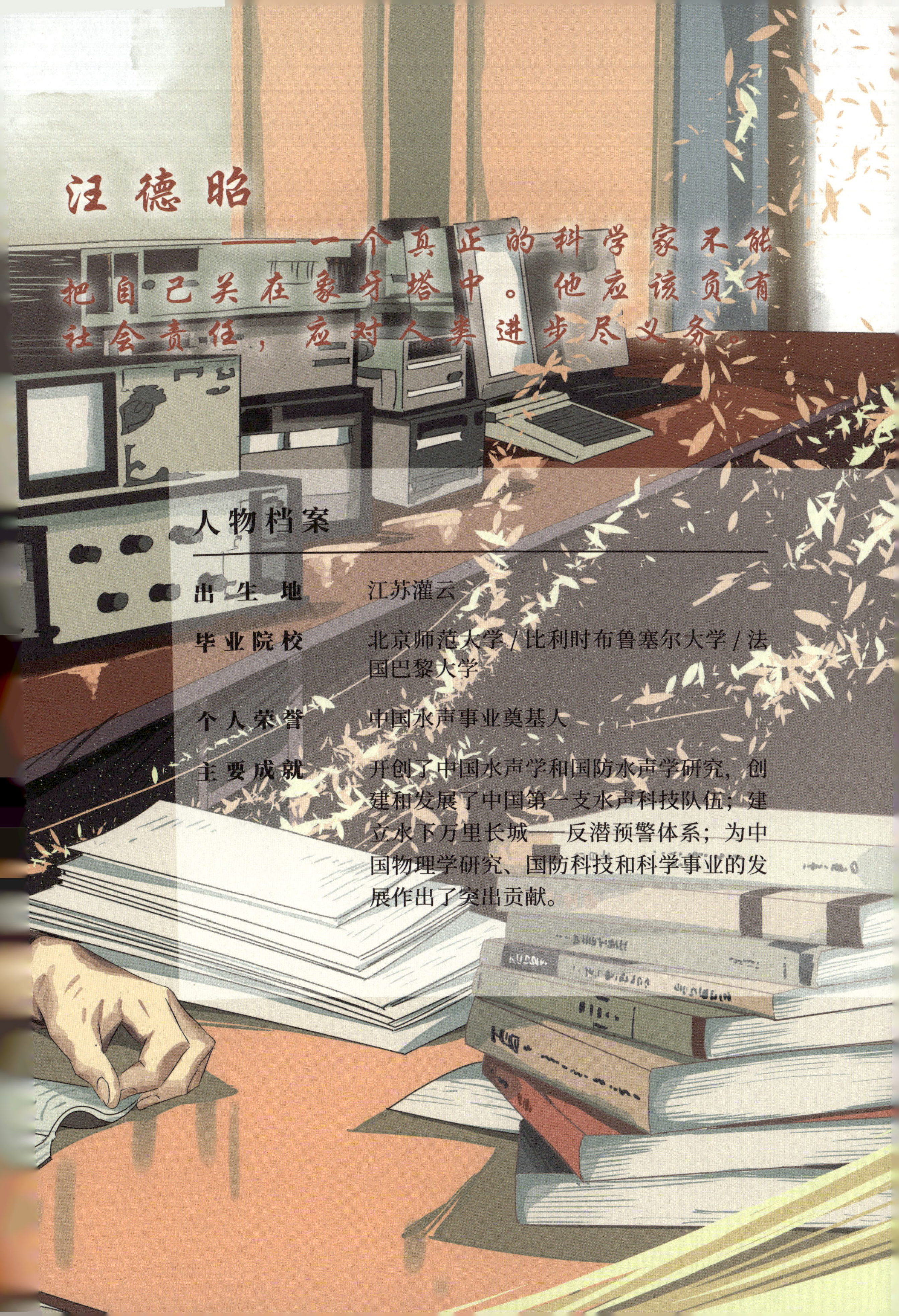

汪德昭

——一个真正的科学家不能把自己关在象牙塔中。他应该负有社会责任，应对人类进步尽义务。

人物档案

出 生 地	江苏灌云
毕业院校	北京师范大学 / 比利时布鲁塞尔大学 / 法国巴黎大学
个人荣誉	中国水声事业奠基人
主要成就	开创了中国水声学和国防水声学研究，创建和发展了中国第一支水声科技队伍；建立水下万里长城——反潜预警体系；为中国物理学研究、国防科技和科学事业的发展作出了突出贡献。

- 01 -

汪德昭生于1905年，家在江苏一个名叫板浦的小镇。

汪家家学渊源，重视教育。他的父亲汪寿序曾任北洋政府农林部主事，大哥是生物细胞学家汪德耀，三弟是核化学家汪德熙，四弟汪德宣虽然经商，但早年学习也不错。

大哥汪德耀，对汪德昭的影响极大。

1919年，中国在巴黎和会上谈判失利，当时软弱的北洋政府竟然答应将德国在山东的权益全部转让给日本。消息传来后，举国哗然。中国作为战胜国之一，怎么能任由列强宰割国土？于是北京爆发了一场以青年学生为主的示威游行运动，也就是五四运动。汪德耀当时是北京师范大学附属中学的学生会副主席，他和主席赵世炎积极冲在示威游行活动的第一线。

在大哥汪德耀和赵世炎爱国情怀的熏陶下，14岁的汪德昭早早意识到，中国之所以受人欺凌，是因为愚昧落后、不懂科学，而想让中国强大起来，只能靠科学。

20世纪20年代，汪德耀考入法国里昂中法大学攻读生物学，汪德昭一心想追随大哥的脚步，因此也产生了赴法留学、科学救国的念头。

不久，汪德昭考上了北京师范大学物理系预科，成绩相当优异。还有1年才毕业时，他便被北师大校长张贻惠破格聘用为物理系的助教。与此同时，他还兼任了北京师范大学的物理系讲师一职，凭借严谨的治学态度、生动的讲课风格、精湛的实验操作技术，赢得学生们的尊敬。

1931年，当时的国民政府邀请了4名外国教育专家来华考察，考察之余，他们还给中国的学子们做学术报告演讲。

其中有一场演讲，深深地打动了汪德昭。那位科学家蓄着两端略微翘曲的胡子，身材魁梧，腰背挺直。他站在讲台上，热情奔放地讲述着“太阳为什么发光并使地球变热”“化学元素的原子量为什么不是氢原子量的整倍数”，还生动无比地介绍了他自己和目前国际前沿性的科学工作。

但是真正打动汪德昭的，不是这位科学家的博学多识，而是他的爱国情怀。他不仅支持中国人民反抗日本侵略者，还说：“一个真正的科学家不能把自己关在象牙塔中。他应该负有社会责任，应对人类进步尽义务。”这句话，成了汪德昭一生践行的准则。

这个人就是法国著名的物理学家，保罗·朗之万。汪德昭当时想如果能跟随这样的导师学习就好了。他更没想到的是，这个机会很快就来到他面前。

1932 年，汪德耀拿到法国巴黎大学的博士学位后马上回国，直接进了国立北平大学当教授。兄弟俩久别重逢，汪德昭看到大哥学业有成，献身于教育事业，能为中国培养更多科学人才，他心中越发羡慕，决定自己也要去国外进修深造。

1933 年，汪德昭来到欧洲，先在比利时布鲁塞尔大学学了 1 年法语。第二年 10 月，他成功申请到法国巴黎大学的研究生学位，进入保罗·朗之万的实验室学习。

- 02 -

朗之万对这位从中国远道而来的年轻人十分重视，不仅将自己毕生关注的研究课题交给汪德昭来做，还亲自指导汪德昭做实验、搞分析。在他的指导下，汪德昭用人工方法，创造了一个可控的试验环境，得以测定大离子的半径、单位体积内的数目、迁移率等数据，最终师徒二人一块儿合作，推导出了著名的大小离子平衡或大离子形成系数的理论。这就是大气电学的经典理论，后来被科学界喻为“朗之万－汪德昭－布里加理论”。

汪德昭开始广泛地接触近代物理学诸多分支学科的前沿课题，进行广泛性的科研工作，接连取得成果。朗之万十分欣赏这位年轻人的勤奋和对科学的热爱，还将汪德昭推荐到法国国防第四研究组，参加战时科学研究。

原本外国人是不允许进入战时法国国防科研机构的。朗之万直接将当时法国最头痛的声呐难题丢给汪德昭处理。结果，他不仅解决了声呐探测和攻击敌人潜艇的技术难关，还改进了声呐转换器，大幅度提高了发射功率，让法国的声呐探测器可以探测得更远、更准，在当时的海战中发挥了巨大的作用。

最终，因为汪德昭的出色，他留在了法国国防第四研究组。

除了大气电学的研究外，他还开始研究负光致效应、液体对超声波的吸收、朗之万离子发生器……他甚至自主设计并制造出超灵敏度静电计和微量天平。

汪德昭的科研成果接连发布，来自法国科学技术界的赞声一片，而他的职位也逐渐从副研究员、专任研究员一步步升到了研究指导主任。法国石英公司、法国原子能委员会、英国同位素发展公司等纷纷慕名而至，邀请汪德昭担任顾问，为其提供技术指导。

- 03 -

汪德昭在法国科学技术界名利双收时，他的恩师朗之万却因为政治风波身陷囹圄。

朗之万不仅是法国著名的物理学家，还是国际反法西斯同盟的领导人、法国共产党党员。

第二次世界大战中，法国和德国交战，法国不敌德国，很快落败。德国占领了法国半壁江山，还成立了傀儡政权。傀儡政府立即宣布取消朗之万的科学院院士资格，并把他抓了起来。

当时法国的科学刊物规定，只发表有院士资格的科学家推荐的文章。为了表示抗议，汪德昭邀约了一些科学家，他们一块儿把论文寄给朗之万，请他签署意见。

许多和汪德昭交好的科学家，都不理解这位老朋友，问他为什么要卷入这场政治斗争中。那时世俗认为，科学家应该专心搞科研，不要跟政治牵扯过深，更不要参与政治斗争。

但是，汪德昭发自内心认可恩师朗之万的爱国情怀，他说："我那时虽然还没有共产党人那么高的觉悟，但也懂得应当以国家、人民的利益为重。我想任何一个有良知的、正直的科学家，一个热爱祖国的人，处在我那样的地位，都会这么做，不去考虑个人安危的！"

汪德昭赴法留学的这些年，朗之万不仅将自己的学识无私地倾囊相授，还屡次在外界否定他时，给予支持。师恩重如山，怎能不报？

之后，这些文章都顺利过审，并在法国的科学刊物上发表了。

在汪德昭和众多科学家的努力下，声援朗之万的人越来越多，声势极其浩大。

最终，法国的傀儡政府受不了来自各界的压力，释放了朗之万。

- 04 -

1945 年，第二次世界大战以法西斯轴心国联盟的失败告终，中国也将日本侵略者彻底赶出了华夏大地。经历了长期战乱的中国人民，急需休养生息。然而，国民党只想独吞抗日战争胜利的果实，企图消灭中国共产党。就这样中国再度掀起内战。

1949 年，国民党逃往台湾，新中国成立了。

但是那些年，海峡两岸并不太平，再加上美国军方的第七舰队公然游弋于中国的领海之内，对于中国来说，发展水声工程，迅速建立水下万里长城——反潜探测系统，对于国防建设具有相当重要的意义。

此时，中国迫切需要水声学相关人才。1956 年，当新中国向海外学子发出回国邀请时，身在法国的汪德昭没有一丝犹豫，马上应召而回。

新中国刚刚成立，条件有限。1958 年，汪德昭亲自带领一个水声考察小组，到莫斯科进行学习考察。

考察归来后，他当即贴合中国的实际地形，制定了中国发展水声学的战略思想——由近及远（先近海后远海）、由浅入深（先浅海后深海）。

6 年后，中国科学院声学研究所正式成立，由汪德昭担任所长。这是一个以水声学为重点，包含声学各分支学科的综合性声学研究所。在汪德昭的指导下，中国先后在南海、东海和北海建立起了 3 个水声科学研究站。

此后数十年，在汪德昭的带领下，中国在浅海声场方面的研究在国际上长期处于领先地位，由此在浅海声场方面掌握了发言权。

- 05 -

20 世纪 60 年代初，中苏两国的水声学专家，在中国南海进行了水声学联合考察。

但后来，参加考察的苏方科技人员回国时，还想强行将上万米的水声考察数据记录（电影胶片）带回苏联。

不过，苏联的举动对于这次的南海考察来说，并没有造成任何不良影响。

因为考察期间，汪德昭自始至终领导和参与了水声学实验。

为了全面掌握考察进程，他预先便采取了多种措施。

比如，除了事先与苏方共同商订考察计划外，汪德昭还要求各研究组每天填写“科学考察活动日志”，主要内容是记录每天执行的实验项目、内容、情况、参加人员等。日志的积累和统计，为这次考察活动提供了宝贵的参考依据。

另外，汪德昭还组织苏联专家给青年讲课，课后便安排大家把讲课内容加以整理，编写成一本讲义，供学习参考之用。

面对苏联专家的强横，汪德昭不慌不忙，先打报告请示，而后派人先回到北京，将相关的考察照片与资料加以复制，然后才把原片按协议交给苏方。

事后，汪德昭组织青年科技人员继续南海考察工作。

花了半年时间，他把这些资料整理完毕，编成中国第一批水声学研究报告。根据联合考察的资料，汪德昭计算了中国主要的几种声呐的最佳频率，提供给海军设计使用。他还指出了中国南海海域若干特殊的水声情况，并提出对敌作战时中国潜艇应采取的措施，供海军参考。

当时台海危机、美国的舰艇一直是悬在新中国头顶上的利刃。

汪德昭因早年曾参与法国反法西斯斗争的经历，深知声呐技术对国防建设的重要性，他开始狠抓相关技术的研究。

由汪德昭直接领导研制的凹型弯张换能器，相比国际通行的凸型设计，具有更高的灵敏度、体积速度和抗静压强度，特别是凹型结构能利用多模式振动达到宽频带工作，属于国际领先独创。应用新技术之后，新中国第一台近岸水下预警声呐、20 号鱼雷声制导系统、鱼雷靶场跟踪系统、505 潜用综合声呐……纷纷下水，结束了敌方潜艇在我国近海海域招摇过市的历史。

20 世纪 70 年代，汪德昭起草了中国海岸水声预警体系的研究发展规划。

之后，汪德昭亲自率领一批水声专家远赴西沙群岛海域进行我国的首次深海水声试验。

即便退休之后，他依然脚步不停：著成中国第一部《水声学》，用声学方法解决黄河大坝基石问题……

“一个真正的科学家不能把自己关在象牙塔中。他应该负有社会责任，应对人类进步尽义务。”这是法国著名物理学家保罗·朗之万的名言，也是汪德昭余生所践行的准则。

如果你是一位科学家，你的祖国正遭受外敌入侵、战火纷飞，你有两条路可以走：一是退居后方，埋头研究科学、教书育人，为战后重建培育英才；二是直面冲突，亲身卷入斗争的洪流中去。你会怎么选择呢？

群星照耀中国

第三册 星际航程

岁闲君 著
漫阅花喵 马鲍方 绘

时代出版传媒股份有限公司
安徽教育出版社

群星照耀中国·星际航程
QUNXING ZHAOYAO ZHONGGUO · XINGJI HANGCHENG

出 版 人：费世平
质量总监：武常春
策划编辑：王冰莹
责任编辑：张智学
装帧设计：江雨濛
责任印制：陈善军
设计制作：江雨濛

出版发行：时代出版传媒股份有限公司 安徽教育出版社
地　　址：合肥市经开区繁华大道西路 398 号 邮编：230601
网　　址：http://www.ahep.com.cn
营销电话：(0551) 63683015, 63683916
排　　版：江雨濛
印　　刷：天津海顺印业包装有限公司

开　　本：787 毫米 ×1092 毫米 1/16
印　　张：36（全九册）
字　　数：410 千字（全九册）
版　　次：2024 年 6 月第 1 版
印　　次：2024 年 6 月第 1 次印刷
定　　价：178.00 元（全九册）

目录

中国航天
CZ-2F

梁思礼

——他干的导弹是瞄准中国的，我干的导弹是保卫我们祖国的！

人物档案

出生地	北京
毕业院校	美国普渡大学 / 美国辛辛那提大学
个人荣誉	中国导弹控制系统研制创始人之一 / 中国航天 CAD 的倡导者和奠基人
主要成就	曾领导和参与多种导弹、运载火箭控制系统的研制、试验；在长征二号运载火箭的研制中首次采用新技术，为成功发射远程导弹试验作出重要贡献；对航天可靠性工程提出精辟论述，成为航天可靠性工程学的开创者和学科带头人之一、航天 CAD 的倡导者和奠基人。

- 01 -

许多人可能不知道梁思礼，但一定听说过梁启超。

梁启超生于清末，师从康有为，是戊戌变法的领袖之一。他倡导“西学中用”，后来又大力支持“五四”青年运动。

戊戌变法失败后的1900年，梁启超创作了《少年中国说》一文。

当时，八国联军侵华，民族危机空前严重。八国联军不仅在中国的国土上烧杀掳掠，还公然制造舆论，诬蔑中国是“老大帝国”、中国人是“东亚病夫”“一盘散沙”！

这导致国内一部分愚昧民众，不但崇洋媚外、自愿为奴，还开始自暴自弃，公然叫嚷诸如“中国不亡是无天理”“任何列强三日之内就可以灭亡中国”等言论。

为了唤起中国人民的爱国热情，激起中华民族的自尊心和自信心，梁启超在《少年中国说》中，驳斥了当时的日本和西方列强把封建统治下的中国比喻成“老大帝国”的观点，将中国比喻成一个正在成长中的“少年中国”。

梁启超激励中国的青年们发愤图强，以只争朝夕的精神为理想而奋斗，因为——

“少年智则国智，少年富则国富；少年强则国强。
少年独立则国独立；少年自由则国自由；少年进步则国进步；
少年胜于欧洲，则国胜于欧洲；少年雄于地球，则国雄于地球。”

- 02 -

梁启超的这篇文章收录于他的《饮冰室合集》。

梁思礼身为维新运动领袖梁启超最小的儿子，很早便在父亲的饮冰室书斋里接受启蒙，后来更是看着《饮冰室合集》长大的。

梁思礼曾跟朋友闲谈，回忆起他与父亲梁启超生前的种种：

我年幼时，爸爸总手把着我的手，用毛笔给远在海外的亲属写信。

梁氏家族档案中，至今还保留着“梁思礼吃大米”“梁思忠吃大葱”等我同爸爸一起写下的墨迹。

爸爸写文章时爱抽烟，喊我帮他拿，我不仅递给他烟，同时还递上他用的烟嘴和火柴，所以他很高兴。

爸爸生前也常常许愿——60 岁后不再从事社会活动，要专心教育孩子。可惜他 56 岁就撒手人寰。

那时，我不满 5 岁，对爸爸的事知之甚少，但他遗传给我的爱国主义基因，通过他的遗著及母亲的教导，使我终身受益。

朋友问梁思礼：“你认为你从父亲那里继承下来最宝贵的东西是什么？”

梁思礼回答说：“ 爱国。”

虽然梁启超在梁思礼仅 5 岁那年便溘然长逝，但父亲的自强精神与丰沛热忱的爱国情怀，给他留下了一生的影响。

- 03 -

梁启超过世后，梁家一家妻小失去了经济来源。为了维持生计，梁母变卖旧楼，带着年幼的梁思礼和其他家人搬到天津。梁思礼慢慢长大，并在 1935 年考入天津当地的南开中学。

他的童年是无忧无虑的，直到 1937 年 7 月 7 日，卢沟桥事变爆发。不久后，天津沦陷。

因为南开中学的学生在历次抗日爱国运动中都奋勇当先，日寇为了杀一儆百，竟针对南开中学校区展开轰炸。

梁思礼无能为力，只能眼睁睁看着昔日的校园变成废墟。南开中学就此化为烟尘。

侥幸存活下来的包括梁思礼在内的南开学子，无奈之下只能转到耀华中学就读。

然而，不幸再度发生。

因为拒绝在校内教授日文课程、使用日伪政府改编的教材，1 年后的 6 月 27 日，耀华中学的校长赵天麟，竟在自家门口遭到日方特务的暗杀并身亡。

师者，所以传道授业解惑也。

赵先生身体力行，教导梁思礼与众多耀华学子，宁死不能当亡国奴。

1941 年，年仅 17 岁的梁思礼怀着一颗“求学救国”的心，远赴美国，开始了 8 年自费留学的生涯。

- 04 -

梁思礼在美国的大学生活过得极其清苦。

缺乏经济来源的他，为了积攒学费和生活费，曾四处找活儿干。

洗碗、端盘、当侍应生、扛包送货、当救生员……只要能赚钱，他就干，心中从来没有什么“读书人的架子”。

华人在美国被视为“劣等民族”，因此梁思礼的打工生涯曾饱受歧视。但他牢记着父亲教育的“一面不可骄盈自慢，一面又不可怯弱自馁”。

通过刻苦努力的学习，梁思礼仅用 2 年时间就修完普渡大学 3 年的课程，并在 1945 年取得该校的学士学位。之后，他又陆续拿到了美国辛辛那提大学的硕士学位（1947 年）和博士学位（1949 年）。

1949 年 9 月，梁思礼听说中华人民共和国即将成立的消息，拒绝美国的高薪聘任，毅然回到祖国。随后他被分配到邮电部电信科学技术研究所工作。

1956 年 10 月，国防部第五研究院（简称五院）成立，钱学森任院长，下设 10 个研究室。经选调并获得周恩来总理批准，梁思礼担任导弹控制系统研究室副主任。

梁思礼成为钱学森的得力助手之一后，他们一起带领 30 多名新分配来的大学生，着手开创我国导弹装备的航天事业。

当时大家面临的局面极为窘迫：没有资料，没有仪器，没有导弹实物。除了钱学森外，谁都没有见过导弹和火箭，简直是两手空空。甚至连五院的成立大会，都是在一个简陋的食堂之中召开的。

五院成立时，我国就建立和发展中国的导弹技术同苏联举行谈判，他们同意派专家且提供两发供教学用的 P-2 导弹（苏联仿制德国的 V-2 导弹）。

抵达长辛店的 P-2，是梁思礼人生中第一次见到的导弹。

初出江湖的他便这样满怀壮志地肩负起了“仿制 P-2 导弹的自动控制系统”的重任。

根据 P-2 导弹的配套资料，梁思礼必须先掌握各台仪器、仪表的功能，然后再带领学员下车间，同工人一起仿制。有些关键仪器资料，苏联设计局不肯提供，他们通过大使馆交涉也未能解决，就这样在关键环节被卡了脖子。

梁思礼在钱学森的指导下，对这些仪器进行实物测绘，一点点补完了缺失的图纸资料。

仪器仿制出来后，还得进行单项实验，甚至要将多台仪器设备连成系统进行实验，这就需要建立专门的实验室。于是，梁思礼负责撰写任务书，再提交给土建工程部门。

这枚根据 P-2 仿制的代号“1059”导弹，原计划是于 1959 年 10 月发射，但出于诸多原因，多次推迟。此外，正当仿制进入关键时期，苏联政府突然撤走了全部专家。

幸运的是，1960 年 11 月 5 日，酒泉发射基地上，梁思礼所在的队伍仿制的中国第一枚近程导弹发射成功了。梁思礼是该导弹控制系统重要负责人之一。有了这次经验，梁思礼又参与了中国多种导弹的控制系统研制试验，还跨入中国航天科学领域，参与运载火箭控制系统的研制和试验。

1966 年，梁思礼被任命为长征二号运载火箭的副总设计师。

恰逢特殊年代，梁思礼他们留在某栋科研楼里，工作起居全封闭式。在这期间，梁思礼先后丧母、丧子，即便经历了巨大的悲痛，仍坚持工作。

中国人总有一股向上的生命力，逆境之中也要开出最灿烂的花。

外界的压力和干扰，并没有影响梁思礼的决心。他从此在火箭控制系统领域一路深耕，成为中国航天可靠性工程学的开创者和学科带头人之一，更是航天 CAD 的倡导者和奠基人。具有中国特色的捷联惯性制导系统和长征二号运载火箭等项目的成功，都有梁思礼的一份功勋。

- 05 -

人生并不是一支短短的蜡烛，而是一支由我们暂时拿着的火炬。我们一定要把它燃烧得十分光明灿烂，然后交给下一代的人们。

这段话出自萧伯纳之口，同时，也是梁思礼的座右铭。

父亲梁启超曾在饮冰室里写：人必真有爱国心，然后方可以用大事。

儿子梁思礼曾在饮冰室里读：人必真有爱国心，然后方可以用大事。

那支“火炬”，从父亲梁启超手中传到了儿子梁思礼手上。

梁思礼院士在世时也期盼着，能将这支“火炬”传递给更多的当代中国青年。

- 06 -

2006 年至 2012 年，应教育部高等教育司的委托，一个特殊的中国老教授协会成立了。它的协会成员，都是来自中国科研各行各业的资深学者、大师。

在协会的组织下，全国高校专门开设了一门特别的爱国教育课程——当代中国国情与青年的历史责任。

梁思礼作为协会的一员，以《中国航天精神和素质教育》为题，多次分享他的人生经历：

我在美国留学时，有一个好朋友，毕业后，我选择了回国，而他留在了美国。

他搞的是美国的洲际导弹（民兵导弹），我搞的是中国洲际导弹。

他的年薪是 30 万美元，我的工资只有他的 1%。

他住在西雅图一个小岛的高级别墅里，我住在普通的单元房里。

有人问我对此有何想法？

我的回答是，他干的导弹是瞄准中国的，我干的导弹是保卫我们祖国的！

从第一颗原子弹、第一枚导弹、第一颗人造地球卫星到第一艘神舟飞船，我回国后和第一代航天战士一起，白手起家、自力更生，创建起完整坚实的中国航天事业。

能为此奉献一生，我感到无比的自豪和光荣！

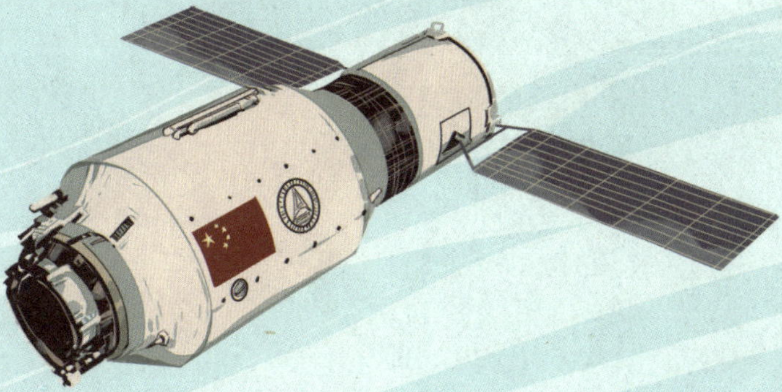

束星北

——本该是我来做的，本该是我来做的。

人物档案

出生地	江苏扬州
毕业院校	之江大学 / 齐鲁大学 / 美国堪萨斯州拜克大学 / 美国旧金山加州大学 / 德国柏林大学 / 英国爱丁堡大学 / 英国剑桥大学 / 美国麻省理工学院
个人荣誉	中国雷达之父 / 中国的爱因斯坦
主要成就	毕生致力于中国教育事业与科学研究，培养了一批优秀的物理人才；是中国早期从事量子力学和相对论研究的物理学家之一，后转向气象科学研究；晚年为开创中国海洋物理研究作出了贡献。

- 01 -

雷达，无论是在军事领域还是在民用领域，都被广泛运用。

它的技术原理，类似蝙蝠的发声。人们通过天线，把发射机产生的电磁波能量，射向空间某一方向。如果电磁波在空中撞到了目标，就会被反射回来。一旦雷达天线接收到这种被反射回来的电磁波，就能利用专业设备分析出目标的相关信息，如目标物体至雷达的距离、方位、高度和飞行航迹。

近年来，随着航天技术的发展，雷达被开发出更多功能。比如运载火箭发射升空，航天器在深空交会对接，返回舱返回地面，空间站在轨建设……可以说，不同类型的航天雷达，就如同“千里眼”和“顺风耳”，各司其职，确保中国完成了一次又一次航天任务。

雷达的首次出现，可以追溯到第一次世界大战。

当时英德两国都有空军，双方飞机频繁交战，为了及时发现敌机，英国迫切需要一种能够探测空中金属物体并确定它们空间位置的无线电技术。于是，1935 年，雷达应运而生，由英国科学家罗伯特·沃森·瓦特发明。但是，中国的“雷达之父”究竟是谁？

这时就不得不提起一位杰出的科学家、教育家——束星北。

束星北曾被称为“中国的爱因斯坦”，是一名真正的国际级科学大师。不仅如此，他还是一位杰出的教育家，不用讲义，不写板书，只用最简单的方法剖析物理定义的本质。吴健雄、李政道、程开甲等人都曾是他的学生。

- 02 -

1907 年，束星北出生于江苏扬州的名门望族。

家境优渥的他，早早便在私塾里读书写字，不必为生计着急。饱读诗书又天资聪慧的他，一直是同龄人中的佼佼者。

他当时的老师魏楚翘，原是晚清年间的秀才，不止一次盛赞束星北为“神童”，称他“将来一定会是人中龙凤”。也是童年的这段经历，让束北星以更高的标准要求自己。

1924 年，年仅 17 岁的束星北，凭优异的成绩考上了杭州之江大学，第二年，他又考上了齐鲁大学。早在那时，束星北就对物理产生了浓厚的兴趣，但是当年国内的物理学研究刚刚起步，学术氛围相当保守。

1926 年，束星北觉得物理方面在国内再也学不到什么东西，便踏上了自费留学之路，前往美国堪萨斯州拜克大学物理系学习，后又转到美国旧金山加州大学进修。

古人有句话，读万卷书，行万里路。一个想法在束星北脑海中逐渐成形。

于是 19 岁的束星北开始了自己的环球游学之旅，途经日本、苏联、波兰、德国……最终，束星北在德国柏林大学停下了脚步。在这里，他得到了世界顶尖物理学家爱因斯坦的赏识，被聘为威廉皇帝物理研究所的研究助手。这一年，束星北 20 岁。

1930 年至 1931 年期间，束星北先后在英国爱丁堡大学、英国剑桥大学、美国麻省理工学院拿到了硕士学位。束星北的这段求学生涯，即便放在今天也是熠熠夺目的。

当其他科学家为了学费和生计绞尽脑汁时，束星北正心无旁骛地辗转于英国、德国、美国等全球顶尖大学，专心进修物理学。

所有人，都认定他会是世界科学史上一颗冉冉上升的新星。

- 03 -

1931 年，束星北拿到了美国麻省理工学院的理学硕士学位，与此同时，他收到了束母要求他回国与葛楚华完婚的电报。

此时的他，处于人生抉择的岔路口。他本可以选择留在国外继续进行理论物理学术研究，因为美、英、德、法等国，都向这个年仅 24 岁的科学家抛出了橄榄枝。

然而中国东北九一八事变发生，国难当头。束星北满腔爱国热血沸腾，他不仅选择回到缺乏科研环境的中国，还弃笔投戎，接受了南京中央军官学校的聘书，出任物理教官。

那时，年轻的束星北一心想为国效力，所有民众也都盼着国民党与共产党精诚合作、联手抗日。然而国民党无所作为，甚至对同胞下手。这令束星北愤然辞职，转道去浙江大学物理系，当个纯粹的教书先生。

束星北到浙大任教没多久，就得了个“束大炮”的名号。

“束大炮”的得名，不仅因为束星北“说话嗓门大、声若洪钟”，也因为他“脾气刚直、说话容易得罪人、绝不向权贵低头”。

1935 年，因看不惯当时的浙大校长“一言堂”的霸权做法，束星北带着整个物理系的学生离开浙大，转去暨南大学和交通大学。直到 1936 年，竺可桢出任浙江大学校长后，才再次把束星北请回浙江大学。

众所周知，束星北不通人情世故，但这并不妨碍学生们喜欢上他的课。

束星北的教学风格在浙大可谓独树一帜。

他上课从不照本宣科，而是用通俗的语言、现实生活的实例，去讲解深奥的物理原理，让学生充分理解物理学科的魅力。以至于后来有位偶然旁听束星北课程的化工专业学生，就此改学物理。

多年后，这位中途换专业的物理天才，还跟杨振宁一块儿拿到了诺贝尔物理学奖——他就是李政道。是束星北挖掘出李政道的物理天赋，并将他领进门。

1937年，丹麦物理诺贝尔奖获得者玻尔，应浙大校长竺可桢邀请，前来浙大访学。

玻尔盛赞浙大的师资力量：“中国学子不要去外国学习物理，在中国浙大，有束星北与王淦昌两位物理大师，就可以学到顶尖物理技术。”

- 04 -

1937年，七七事变爆发，国共两党达成统一战线，合作抗日。

国家兴亡，匹夫有责。此时的束星北接受国民政府的邀请，担任重庆军令部技术室技术顾问。

那些年，他不仅跟出身普通的工人合作，修好过报废的发电机和冰箱；他还跟实验室的技师合作，研究出在铜铁上涂镍的技术，一块儿分享这项国家奖的荣誉。

昔日高傲的束星北，仿佛脾气变好了。可是他担任技术顾问这一年的真正经历，却变得神秘起来。

目前广为人知的是，在束星北担任技术顾问期间，国民党曾以国防需要为由，要求他研制激光、无人机、雷达等军工武器。到1945年春天，束星北研制出了中国的第一部雷达，可以探测到距地面约10千米远的目标。抗日战争胜利后，国民政府甚至专门颁了一个“抗战英雄”的奖项给束星北。但就在同一年，国民党决定独吞抗日战争的胜利果实，向共产党发动内战。束星北一气之下，让学生拆卸掉安装好的雷达。

他在浙大任教多年，教过理论力学、理论物理、量子力学、热力学、电磁学、无线电、狭义相对论、广义相对论等课程。雷达的制作原理，主要涉及电磁学、无线电，在那个年代，束星北确实拥有制作雷达的理论基础与动手能力。因此有人说，依他的脾气，当得知国民党为了一己私欲，企图让中国人民重回战乱时，他完全有可能想一切办法避免这种情况发生。

1952年，同在浙大教书的教授王淦昌，邀请束星北一块儿到中国科学院搞研究。王淦昌和束星北关系交好，所以才由他来出面邀请“束大炮”。可惜，连续两次差点遭国民党迫害的束星北，当场拒绝了好友，放弃了搞研究的机会，宁愿选择教书。

如他所愿，束星北来到山东大学物理系任教，还腾出时间去研究气象学，并先后发表了气象动力学、流体力学方面的多篇学术论文。中国气象学会为此特意委托他在青岛筹建气象研究所。不幸的是，1955 年，山东大学“肃反”运动开始。束星北曾经在国民政府担任 1 年技术顾问、研制雷达的经历，将他推到了这场风暴的中心。

- 05 -

1957 年，束星北陷入了人生的最低谷。

他被批斗，被开除公职，被劳动管制，被派去扫厕所。除了打扫众多教学楼的厕所外，他还要清洗实验室、化验室的玻璃器皿，甚至连没人愿意干的制作尸体标本的活也要他来做。他不再被允许参与任何科学研究。他再也联系不上昔日中科院的同事与好友了。虽然他完成了中国首部《狭义相对论》，但他的文章根本不被允许发表。

这些都没能打倒束星北，他努力让自己振作起来。

束星北在打扫厕所时，利用科学公式测算粪污的位置，将厕所打扫得特别干净，堪称典范。他满脸的自信：“没有人打扫厕所会比我束星北更干净！”

束星北还特意写了几万字关于如何更省时更省力打扫厕所的论文。

这位资深的物理学家，在长期劳改中，还成了一位“修理学家”。

某天，学校里有一台从丹麦引进的世界尖端的脑电图机坏了，这么贵重的先进设备，谁也不会使用，更不敢修理。眼看就要报废的脑电图机，却在他手中起死回生，这引起全院轰动。

从此，束星北的脚步踏遍了山东省 50 多家地方和部队大中型医院。

他所修复的仪器涉及 X 光机、心电图仪、脑电图仪、同位素扫描仪、冰箱、保温箱、胃镜、比色仪等，甚至变压器、锅炉、水塔、汽车和食堂用的鼓风机，以及邻居的收音机……别人耻笑他堂堂科学家做这种小事，他还满脸骄傲：“没有我束星北修不好的东西！”

就这样，在仿佛永无止境的扫厕所、修理设备中，束星北度过了科学家思维最活跃的时期，但他依旧桀骜不驯、书生意气。

直到 1964 年，束星北从广播里听到第一颗原子弹爆炸的消息，这才反应过来，那一年他拒绝中科院邀请到底意味着什么、他又错过了什么。

束星北曾以爱因斯坦、玻尔的身影为追逐目标，从 20 世纪 20 年代就开始钻研理论物理。

早在 1943 年前，束星北就已经在讨论玻尔和惠勒的论文，分析原子核裂变理论。那时他就曾对学生程开甲提过要研究如何击破原子核。原子弹在美国试爆前，在遥远的大洋此岸，束星北就已经察觉到可以利用裂变的中子轰击，使得原子核裂变释放大量能量。

1945 年，美国在日本投下了原子弹，日本投降，中国的 14 年抗日战争也在这一年画上了句号。原子弹是国之利器，人有我无，中国危矣。束星北越发意识到中国需要原子弹，就在同一年，他又发表了一篇名为《原子弹理论学术报告》的文章。随即，他拉上几位物理系教授，一起开设了一门课，专门讲授核物理方面的知识。此举极富前瞻性，后来束星北的多位学生都为中国原子弹的研究作出了重要贡献，当年聆听教诲的程开甲更是成了“两弹一星”元勋。

这一刻，束星北真的后悔了。众位“两弹一星”功勋及其他参与者中，有他的朋友、有他的学生、有他学生的学生。他本该有机会参与，他本来有实力参与。

此后，束星北不止一次写申请，希望回到人民群众当中，希望重新开始科学研究，希望尽自己的努力为建设祖国出一份力。

他的余生都用来遗憾：“本该是我来做的，本该是我来做的。”

如何才能让一个桀骜不驯的科学家放下所有的骄傲和骨气呢？

或许束星北的一生，便是答案。

- 06 -

1979 年，束星北得到平反，此时他已经 72 岁高龄。

束星北一被平反，马上重返讲台。他不顾自己患有慢性气管炎和肺气肿病，随身带着氧气袋和肾上腺素气雾剂，每天坚持给动力海洋学进修班的学员讲课。他已经浪费了 20 年的人生，一身学识毫无用武之地，他期望用三尺讲台，为祖国尽最后一份微薄之力。

大概是苍天不负有心人，束星北在头发花白的垂暮之年，等来了一个了结遗憾的契机。

那一年，中国正好准备发射第一枚洲际导弹，需要计算弹头数据舱的接收和打捞的最佳时限。当时整个中科院，竟无一人能计算，政府甚至特意为这个任务拨款 100 万元作为奖金。这时有人向钱学森推荐了束星北。

凭着一支笔、一摞纸，束星北凭借自己的大脑，算出了中国第一枚洲际导弹弹头溅落激起巨浪到衰减的整个过程为时大概 5 分钟。后来，海军打捞部队也亲眼见证，现场发生的一切正如束星北的计算结果。

至于国家特意拨下的 100 万元奖金，束星北分文不要。他的生命余额所剩不多，钱财乃是身外物，能在生命临近终结时为祖国燃尽最后一点光，是他余生所愿。

束星北的一生，既令人惋惜又令人敬佩。

惋惜的是，他曾梦想为新中国作出更多贡献，却未能如愿。敬佩的是，即便命运坎坷、跌落尘泥，他对祖国的热爱、对科学的坚持，从未被生活的苦难、世人的诬蔑打倒。

冯如

——誓必身为之倡，成一绝艺，以归飨祖国。苟无成，毋宁死。

人物档案

出生地	广东恩平
毕业院校	无
个人荣誉	中国航空之父 / 中国第一位飞机设计师、制造师、飞行家
主要成就	创造了六个“第一”，提出了航空战略理论，对中华民族航空事业和人民空军发展带来了深远影响。

- 01 -

1903 年，美国莱特兄弟发明了人类历史上第一架飞机。

1912 年 8 月，在中国广州郊区一个叫燕塘的地方，突然聚集了大量群众。这里正在上演一场由中国人主导的飞行表演。

在马达的轰鸣声中，用钢铁制造的中国飞机如雄鹰一般，忽高忽低、忽左忽右地穿行于夏风之中。

地面上，欢声雷动，鼓乐齐鸣。

飞机的空中技巧表演顺利结束，有人手捧鲜花，有人手持红旗，大家都期盼着飞机成功落地的那一刻。

意外却在飞机着陆时发生了——降落跑道上不知何时多了两个嬉戏的孩童。

眼看着飞机就要撞上两个无辜的小生命，负责驾驶飞机的年轻人猛拉操纵杆，脚踩加速器，飞机如同雄鹰抬头，猛然冲上天空。

两个孩童得救了。

可是，由于年轻人拉操纵杆时用力过猛，飞机失去了平衡。

在剧烈的抖动中，飞机身上的部分零件也陆续损坏。

整架飞机歪歪扭扭地倒头栽地，坠落在草地上。

- 02 -

当人们把飞行员从飞机残骸中解救出来时，这个年轻人的头部、胸部、腹部等都受了重伤。

他拼着最后一口气留下遗言：“勿因吾毙而阻其进取心，须知此为必有之阶段也。”

意思是说——虽然我死于飞机表演，但你们不要因为这样就害怕，不敢再继续研究航空飞机制造事业，这是必经阶段。

这个年轻人叫冯如，他是中国第一个制造出飞机的人。

- 03 -

1884 年 1 月，冯如出生于广东恩平的一个小乡村里。

冯父是个土生土长的庄稼人，靠耕作一小块田地养家糊口。冯如其实还有 4 个哥哥，但都因为无钱求医，相继病逝。

当时全中国像冯家一样的农民，都生活在水深火热之中，不仅要缴纳清政府沉重的税赋，还要遭受西方列强的欺凌。

万般皆下品，唯有读书高。

跟那个时代的所有中国人一样，冯父期望儿子学些文化、技艺傍身，有朝一日能够摆脱土里刨食的艰苦生活。因此，虽然家中贫困，但冯父还是尽自己所能，送年幼的冯如去乡村私塾上了几年学。

读书的那段日子，冯如深受老师的喜爱。

他不仅聪明伶俐，还热爱做手工，经常用泥土、木棍等物制造一些小车、小工具等模型。他当年用火柴盒做成的“小轮”，给同学们留下了深刻的印象。

那时候，社会上已经出现洋车、洋船等舶来品。

冯如有着强烈的求知欲，对这些舶来的机械制造物充满了好奇，可惜乡村私塾里的老师，又怎么可能解答他的困惑呢?

冯如常听人说，大洋彼岸的美国科学、先进，有许多在中国见不到的新奇物。年少的他就下决心，一定要到国外开开眼界，干一番事业。

然而命运总是捉弄人，因为家中没钱，冯如不得不中途辍学，回家帮父亲务农。

他连继续读书的机会都没了。

- 04 -

事情的转机，发生在冯如 12 岁那年。

冯如有个在美国旧金山做小生意的舅舅，那一年突然回家探亲。舅舅见冯如一家生活困苦，就提议把冯如带到美国去谋生。

于是，冯如踏上了前往美国的旅程，不久之后到达了美国西海岸的旧金山，开始新的生活。

这里是美国重要的金融和贸易地区，人口众多、工业发达，工厂更是星罗棋布，高耸的烟囱比比皆是。

冯如对新生活充满憧憬，然而现实又给了他一大棒。

他生于战乱的中国，漂洋过海当劳工，饱受美国当地白人甚至印度人的歧视和欺凌。待在旧金山的那几年，冯如白天在工厂里打工，晚上则在唐人街的工作室里自学机械工程技术。

英语不是他的母语，但工业书籍里充斥着大量专业的英文单词。为了看懂这些技术资料，他经常抱着一本英汉词典研读，熬到半夜。

经过刻苦的自我进修，冯如成了众多卖苦力的旧金山华人劳工中难得一见的技术工。

后来冯如移居加州东部，他专门报了培训班，攻读机器制造专业。那时他已经可

以阅读大量英语资料，并且没有理解障碍。

冯如的学习成绩在班上还名列前茅。

为了缴纳学费，他利用课余时间去打工，用节省下来的食宿费用购买报纸书刊，此外，他还利用休息时间在家里进行实验。

这段经历为他积累了广博的机械制造知识。学校因为看好他的才华，甚至免去了他的学费。

冯如 20 岁时，已经通晓 36 种机器，会自己制作电动抽水机、打桩机。他自主设计制造的无线电收发报机因良好性能受到用户欢迎。拥有精湛技术的冯如，在美国成为小有名气的机械制造家。

可是，他不是美国公民，不能为他的劳动成果申请专利。这让不法分子公然打起这些技术的主意——试图从窗户进来偷取资料。

这个世界永远遵守弱肉强食的丛林法则。

如果祖国不强大，中国人无论到哪里生活，都没有尊严和人权。

- 05 -

1903 年，美国的莱特兄弟宣布，他们发明了人类历史上第一架飞机。这在美国社会引起了轰动。

不久之后，日俄战争爆发。日本和俄国为了争夺中国东北三省，竟然在中国的土地上进行了一场“狗咬狗”的战争。

后来，在美国的调停下，日俄两国订立了《朴次茅斯和约》。这份和约规定，将辽东半岛南端的旅顺口、大连及附近海域转让给日本，从长春到旅顺口的铁路也交给日本所有。

明明是中国的领土，却成为他国砧板上的鱼肉，任人宰割。

面对这奇耻大辱，腐败无能的清政府不仅置之不理，还予以承认。

顿时，举国上下一片哗然。

消息传到美国时，冯如与一众华人也为清政府的腐败无能感到羞耻，为祖国的不幸感到无比痛心。

正因为美国拥有先进的工业，才能在西方列强中拥有一席发言之地。

如果中国能够改变贫穷落后的局面，何愁不能自立于世界之林？

而祖国的富强，必须依靠发达的工业，发达的工业非学习机械、发展工艺不可！

于是，冯如决定依靠自己的力量制造中国人的第一架飞机，让世界看到中国人的力量。

- 06 -

1907 年，在当地华侨的资助下，冯如将自己的工作室搬到了旧金山以东的奥克兰市，开始了他的飞机研制之旅。

当时莱特兄弟的飞机刚刚起飞没多久，为了保持垄断地位，他们把资料全部封存起来。冯如只能靠自己掌握的空气动力学知识，亲手绘制设计图纸。

为了了解当时各国研制飞机的情况及吸取别人的长处，冯如把自己生活上节省下来的钱全部用于购买报纸和杂志。冯如和助手们每日起早贪黑地工作着，攻克了一个又一个技术上的难关。仅花了半年时间，他们的第一架飞机就制作出来了。

可能是制作时间过于仓促，这架飞机在奥克兰市的麦园试飞失败了。负责驾驶飞机的是冯如，幸运的是，他没有受伤。

一行人分析完试飞失败原因后，冯如从容地鼓励大家不要泄气。

谁知当他们回到研制飞机的秘密工厂时，却发现几个月来辛苦绘制的图纸资料全被一场大火烧为灰烬，真可谓飞来横祸。

但冯如依旧毫不动摇："是岂足以救国者，吾闻军用利器莫飞机若。誓必身为之倡，成一绝艺，以归飨祖国！苟无成，毋宁死！"

这句话的意思是：冯如听说飞机是军工利器，足以用来救国。如果他能研究出制造飞机的工艺，正好报效中国。他就算是死，也要造出飞机来！

1909 年 9 月 21 日，冯如在哥林达市再次驾机试飞。

这一次他们成功了，飞机从设计到试飞成功，仅用了一年零两个月的时间。

当时孙中山先生刚好闻讯而来，观看了冯如的飞机表演，不禁感叹道："中国大有人才呀！"

1909 年，"冯如一号"诞生。

1911 年，"冯如二号"诞生。

冯如终于为"中国龙"插上了翅膀。

同年，他谢绝了美国多方的高薪聘请，带着助手和两架心爱的飞机回到中国。

1912 年，冯如死于广州燕塘那场飞机表演。他的人生，就这样永远地定格在了 29 岁。

中国第一代飞行大家、飞机设计师，从此长眠于他深爱的故土。

他制造的飞机"冯如一号"，首飞距离 800 多米，比莱特兄弟的首飞距离 260 米还要多500多米。

美国旧金山的一家报纸公开发文，标题直接拟为“中国人的航空技术超过西方”。

他不仅向世界证明了他卓绝的天赋、丰富的创造力，还鼓舞了当时正在遭受西方列强奴役的中国人民，让他们认识到中华民族是拥有力量的民族，极大地增强了中华民族的自信心。

百年之后，中国有了属于自己的隐形战斗机、大型运输机、喷气式客机、大客机……

这些飞机不仅型号繁多，而且功能齐全，服役于中国空军部队和全社会，其技术水平也消弭了工业代差，在世界名列前茅。

但我们永远不会忘记冯如这样的先驱。

他是一个农民的儿子，他把自己短暂的一生都献给了祖国的航空事业。

这么一幅挽联恰好表现了冯如的一生：

殉社会者则甚易，殉工艺者则尤难，一霎坠飞机，青冢那堪埋伟士；
论事之成固可嘉，论事之败亦可喜，千秋留实学，黄花又见泣秋风。

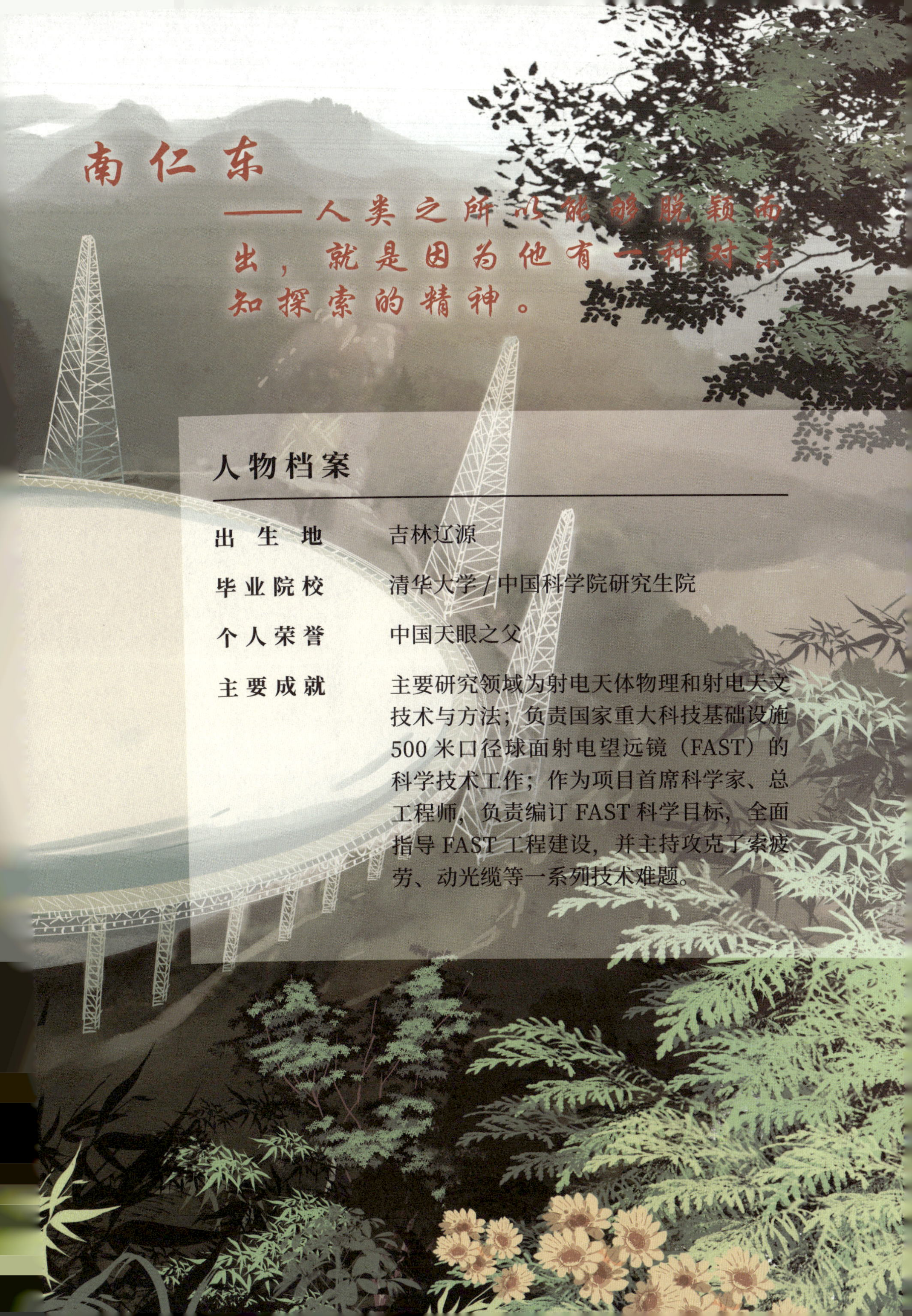

南仁东

——人类之所以能够脱颖而出，就是因为他有一种对未知探索的精神。

人物档案

出生地	吉林辽源
毕业院校	清华大学 / 中国科学院研究生院
个人荣誉	中国天眼之父
主要成就	主要研究领域为射电天体物理和射电天文技术与方法；负责国家重大科技基础设施500米口径球面射电望远镜（FAST）的科学技术工作；作为项目首席科学家、总工程师，负责编订FAST科学目标，全面指导FAST工程建设，并主持攻克了索疲劳、动光缆等一系列技术难题。

- 01 -

外星人也会看电视吗?

如果外星人跟人类一样喜欢看电视的话，那么我们将足够大的射电望远镜对准外星人的星球，能否接收到他们的节目信号呢?

2005 年，美国奥兰多市举办了一场国际光学工程协会研讨会。会上，一位天文学家突然提出了这样的假想。

这个假想非常有趣。从理论上讲，如果人类真的能接收到来自遥远星际发送的信号，或许就能证明，宇宙中确实存在着人类之外的生命。

不过，谁都没想到，这个假想有朝一日在中国成为现实。

全世界最大的射电望远镜，即“中国天眼”（又称 FAST 工程），于 2016 年 9 月 25 日正式落成启用。

100 米口径的德国波恩望远镜曾号称“地面最大的机器”。

300 米口径的美国阿雷西博望远镜，50 多年一直没被超越。

而中国新建成的“天眼”，500 米口径，是世界迄今最大的单口径射电望远镜。

相比德国波恩望远镜，它的灵敏度提高约 10 倍。

相比美国阿雷西博望远镜，它的综合性能提高约 10 倍。

并且，在未来 10 至 20 年内，它将凭借出色的综合性能，一直保持世界一流设备的地位。

南仁东半生的时间和精力，便投注在了这项伟大的、被誉为“中国天眼”的 FAST 工程上。

- 02 -

很多人可能会问，中国为什么要斥巨资建造这样的望远镜？

中国作为四大文明古国之一，曾是世界上天文记录最完整、最久远的国家，还曾发明了很多天文仪器。然而到了近代，由于种种原因，中国的天文学落后于西方国家，很多先进的天文仪器中国都没有，甚至没见过。

那时中国的天文学家想要研究太空，只能去寻求他国的帮助，借用其他国家的望远镜。但是由于外国的技术封锁，我国的天文学家只能研究边缘课题，真正核心的太空问题，外国人拒绝让中国人参与甚至了解。

拥有一台大口径的射电望远镜，对天文科学家观测宇宙可以起到极其重要的辅助作用。

它可以将中性氢观测延伸至宇宙边缘，观测暗物质和暗能量，寻找第一代天体。

它可以用一年时间发现数千颗脉冲星，研究极端状态下的物质结构与物理规律。

它可以协助发现奇异星和夸克星物质。

它可以发现“中子星－黑洞”双星，无须依赖模型而精确地测定黑洞质量。

它可以通过精确测定脉冲星的到达时间来检测引力波。

它可以发现高红移的巨脉泽星系，实现银河系外第一个甲醇超脉泽的观测突破。

它可以用于搜寻可识别的星际通信信号，寻找地外文明。

有了它，中国人探测宇宙天体的范围，扩展到了 137 亿光年外。

有了它，中国人可以在电波环境彻底被破坏之前，真正看一眼初始宇宙，弄清宇宙结构是如何形成和演化的。

千百年前，屈原曾作《天问》，里面说道：“遂古之初，谁传道之？上下未形，何由考之？冥昭瞢暗，谁能极之？冯翼惟像，何以识之？”

南仁东与他的 FAST 工程，可以说是帮助中国人真正实现了“问天”的畅想！

- 03 -

其实早在 FAST 工程之前，南仁东就已经是享誉国际的天文学家了。

1963 年，南仁东考入了清华大学无线电系真空及超高频技术专业。

在研究生期间，他独立提出利用射电强源 Cyg A 校准密云米波综合孔径望远镜的方法，成功应用于观测，并完成了电离层改正模型及望远镜阵列的成像。

后来，他使用国际甚长基线测量技术，对活动星系核进行了系统的观测研究。

在这一领域的早期发展阶段，他已经主持完成了欧洲及全球网十余次观测，首次在国际上应用 VLBI（甚长基线测量技术）“快照”模式，取得了丰富的天体物理成果。

后来，南仁东着手建立起北京 VLBI 图像处理中心，使 20 世纪 80 年代国内进行 VLBI 数据分析成为可能。

南仁东还曾在日本担任客座教授，帮助日本空间甚长基线干涉天文台项目解决卫星－地面 VLBI 的成图难题。

那时中国的天文科学水平远远落后其他国家，如果留在海外，南仁东的科研前途将一片光明。

正如何塞 · 马蒂说过的“虚荣的人注视着自己的名字，光荣的人注视着祖国的事业”。

1982 年，南仁东拒绝了众多国外天文机构的聘请，正式进入中国科学院北京天文台工作。

- 04 -

1993年，国际无线电科学联盟大会在日本东京召开。身为中科院北京天文台副台长的南仁东，参加了这次国际会议。

会上，来自世界各国的天文学家们提出：必须在全球电波环境继续恶化之前，建造新一代射电望远镜，以接收更多来自外太空的信号。

翻开世界科技史，可以看到20世纪60年代世界天文学界的四大发现——宇宙微波背景辐射、类星体、脉冲星和星际分子。它们都为宇宙大爆炸论提供了不同角度的支撑论据，引导人们重新思考“红移”的本质，并进一步了解宇宙的物理本质和宇宙生命发生的适宜条件。

而这四大发现，都必须利用更先进的大口径射电望远镜才能观测到。

天文研究高度依赖大型观测设备和仪器，世界各国正在竞相建造更大口径、更灵敏的射电望远镜，以破解更多来自宇宙的秘密。

南仁东心中诞生了一个大胆的想法：如果能在中国境内建造直径500米、世界最大的单口径射电望远镜，那么在射电望远镜领域，我国将直接赶超西方。

- 05 -

在“中国天眼”出现前，中国的射电望远镜口径只有 25 米。

从 25 米直接跨越到 500 米，何止是口径增大 475 米那么简单。

建设这样大口径的射电望远镜不只是一个严密的科学建设工程。它涉及天文学、力学、机械工程、结构工程、电子学、测量与控制工程，甚至岩土工程等多个领域。

中国是世界上天文学发展最早的国家之一。

早在传说中的帝尧时代（约公元前 23 世纪）就已经有了专职的天文官，后期出现了郭守敬、徐光启、王锡阐等著名的古代天文学家。

几千年下来，中国积累了大量宝贵的天文资料。在中国古代，天文学曾与数学并驾齐驱，其重要性仅次于农学和医学，是中国古代最发达的四门自然科学之一。

中华人民共和国成立以来，涌现出了王绶琯、叶叔华及南仁东等闻名世界的天文学家。

中国已经积累了如此深厚的天文经验，培养了如此多优秀的专业人才。

外国人凭什么认为中国不可能做成这件事呢？

随着无线电技术的广泛应用，人类滥用电磁波的现象越加严重，当时现存的射电望远镜已经很难再探测到外太空信号，人类探索宇宙的脚步被迫放缓。

所以，中国不仅要建功能更强的大型射电望远镜，还必须抓紧时间——FAST 工程便是这样诞生的。

- 06 -

从1994年开始，到2005年，长达11年的时间，南仁东一直在进行FAST的选址、预研究、立项、可行性研究及初步设计。

他被任命为FAST项目的首席科学家、总工程师，负责编订FAST科学目标，全面指导FAST工程建设，并主持攻克了索疲劳、动光缆等一系列技术难题。

项目还未启动，就先遇到了FAST望远镜的“选址难关”。南仁东亲自上阵，亲力亲为，跋山涉水做考察。

射电望远镜的外形像一口巨大的锅，所以最佳的地形就是又大又深的山谷。南仁东带着300多幅卫星遥感图，和年轻的学生们一块儿走遍了贵州大山里的上百个山谷，最终选择了贵州省平塘县一个名叫“大窝凼”的喀斯特洼地。

这是一座天然巨坑，刚好能装下FAST这口“大锅”。不通路、不通电，手机接收不到信号，几乎和现代文明隔绝。乱石密布，丛林覆盖，处处陡峭。人们深一脚、浅一脚地行走其中，稍不留神一脚踩空，身后便是几十米的深谷。

南仁东带着同事、学生，吃住都在建筑工地搭建的临时板房里，夏热冬冷，身上不是蚊虫叮咬出来的疙瘩，就是寒风刮出来的冻疮。此外，好不容易搬运的设备也受到环境影响。有时一场雷电下来，现场很多贵重的设备就被雷击坏了。

FAST的建设条件固然艰苦，但还远远不及它的设计难关。FAST不同于世界上已有的单口径射电望远镜，南仁东他们没有任何经验可以参考。

从1994年提出构想，2007年7月FAST工程正式立项，到2016年9月，FAST工程的落成与正式启用，已经过去了22年。三代人，20多年的青春，全耗在了这里。南仁东他们交出了堪称完美的答卷。当FAST出现在世界面前时，所有人都为它的设计理念惊叹不已。

FAST的反射面类似于人类的“视网膜”，是可变式主动反射面，有时是球面，有时是抛物面。而它的馈源舱，采用了全新的轻型索驱动控制系统，这允许它的舱体

像人的瞳孔一样灵活转动，随时改变角度和位置。这样做有什么优势呢？馈源舱中放置着接收宇宙信号的装置系统，可以更高效地监测、跟踪、收集到更丰富的宇宙电磁波。

但是，说起来容易，做起来难。要知道，仅一个馈源舱便重达 30 吨。南仁东的团队需要利用 6 座铁塔支撑 6 根钢丝绳悬吊，再通过同步收放钢丝绳，拖动馈源舱在直径为 206 米、高约 140 米的球冠面内进行运动，实现 48 毫米的定位精度，姿态角小于 1 度。如此精准的精度控制，在国外看来，简直匪夷所思。

这些不仅是 FAST 的世界首创设计，也是无数个“南仁东”创造的新中国奇迹。

- 07-

从远古至今，人类从未有一刻停止过仰望星空。

天性让我们热衷于探索这些问题：我们是谁？我们从哪里来？我们是否孤独？地球之外，是否存在其他社会文明？茫茫宇宙之间，是否存在跟我们同等的智慧生命？

虽然 FAST 让中国人拥有了观测宇宙的机会，但距离中国人走出地球大气层，进入真正的宇宙深处开展星际航行，仍是“路漫漫其修远兮”，需要一代又一代人接棒前行。

小朋友们，你们准备好了吗？

陈述彭

——从地球科学的时间与空间尺度来看，一个人的生命活动几乎是可以忽略不计的。

人物档案

出 生 地	江西萍乡
毕业院校	浙江大学
个人荣誉	中国遥感地学之父
主要成就	中国遥感应用和地理信息系统科学的创建者和奠基人，地球信息科学的倡导者；创建了中国科学院遥感应用研究所、国家资源与环境信息系统实验室；编制《中国地形鸟瞰图》；参加并组织、领导《中华人民共和国大地图集》的编制工作，提出《中华人民共和国自然地图集》的设计原则和编制方法，并参与主持和编制，为中国大型地图集的研制作出了开创性贡献。

- 01 -

距今 400 多年前，一个明朝人走出了他的家门。

此后，他北登恒山，南及闽粤，东涉普陀，西攀太华，游历了将近大半个中国。

他将游历所见、所得，写成天台山、雁荡山、黄山、庐山等名山游记和《浙游日记》《楚游日记》《黔游日记》《滇游日记》等著作。他死后，后人将他的游记整理成书。

这，就是如今名闻中外的《徐霞客游记》。

到了现代，人们又用科技印证了《徐霞客游记》中关于中国地质地貌和岩石景观记载的准确性。

比如，《徐霞客游记》中曾有一段关于中国广西桂林某处岩洞的描述："一石柱下垂覆崖外，直抵下石，如莲萼倒挂，不属于下者，仅寸有余焉。是名'伏波试剑石'。"

这段文字不仅准确地说明了石柱的具体位置为"下垂覆崖外，直抵下石"，形态形貌"如莲萼倒挂"，还有"仅寸有余"的长度描述。

以上种种，都与现代科学工具的实际测量数据惊人地吻合。

徐霞客"欲尽绘天下名山胜水为通志"。数百年后，有一位名叫陈述彭的中国地理学家，绘制了 20 多幅中国鸟瞰地图，将他假想的从天空鸟瞰到的大好中国河山，一一呈现于世人眼前。

- 02 -

陈述彭的这套鸟瞰地图，展露了他惊人的科学积累和独创思维。

鸟瞰地图和传统的平面地图不同。这是一种立体的意念地图，具有超前的理念。

陈述彭把透视点放在外层空间的高度上，这种从空间的高度来研究国土的构思，反映了他当时对从宇宙角度观测地球表层的憧憬。

从“地学素描”到“鸟瞰地图”，陈述彭既要有直觉的、实践的体验，又要有抽象的图像思维能力。如果缺乏对自然界的感性认知，就不可能把握它的特征、提炼出它的规律、预见它未来的发展趋势。

然而，鸟瞰地图不同于二维平面地图，也不符合上北下南的传统阅读习惯，这违背了当时大家公认的规则，在地图学界引起了轩然大波。有人甚至上纲上线，乱扣政治帽子，说陈述彭鸟瞰祖国是站在“帝国主义的立场”，这样的言论简直可笑至极。

直到 1958 年，阿波罗登月成功。人造卫星遥感图像证实了这种地图绘制的科学合理性，公众才终于接受陈述彭的理念。

从此，陈述彭有了“现代徐霞客”的称号，成为中国遥感地学的一代宗师。

美国地理学会还特意给陈述彭颁发了奖章，表彰他的超前意识。

- 03 -

1920 年，陈述彭出生于江西萍乡的一个小山村里。

从小学开始，他就得跟随教书的父亲翻越 50 多里的山路去县城上学。但他并不觉得辛苦。

上学途中，风光秀丽。白云围绕着峰峦，泉水流灌着梯田，小河边的水磨、山崖下的溶洞，这一切都让年幼的他深深感受到大自然的魅力和奥妙。

这样的童年经历，早早地在陈述彭心中埋下了地理和美术的种子。

1938 年的中国战火连天，专注学业的陈述彭仅上了 2 年高中，就考上了浙江大学教育系。不出意外的话，他应该会继承父亲的事业，成为教书育人的老师。

一次偶然的机会，他参加了由校长竺可桢亲自主持的纪念徐霞客诞辰 350 周年大会。

在会上，竺可桢极力赞扬了徐霞客不辞艰辛，终年跋涉，为认识自然献身的精神。他号召莘莘学子效法古人。

竺可桢的一番话让陈述彭醍醐灌顶，热血沸腾。

很快，他就做出决定，他要从教育系转到史地系！

- 04 -

抗日战争时期，浙江大学西迁到广西、贵州，被称为“流亡大学”。

竺可桢一直鼓励学生们要学习徐霞客的毅力和精神，热爱自然，热爱祖国，并大力提倡科学、民主的“求实精神”。

当时，浙江大学被誉为“东方剑桥”，名家云集。史地系的老师给学生讲授地球演化的历史、自然演化的过程，讲述文化人类学、历史地理学，让陈述彭大开眼界。

可以说，正是这段重要的求学经历，为陈述彭打下了坚实的基础，使他终身受用。

1942年，陈述彭从浙江大学毕业后，决定留校助教、担任讲师。同时，他也从事教学与地球科学研究，倡导发展地球信息科学。

竺可桢先生多年担任浙江大学的校长，他的勉励和他倡导的徐霞客精神，一直鼓舞着陈述彭沿着前人的足迹前进。

在浙大学习和工作期间，陈述彭先后撰写了《桂林七星岩喀斯特洞穴地貌图》《西南地区喀斯特地貌》《〈徐霞客游记〉在怒江、腾冲地区的实地验证》等论著，这些论著体现了很高的学术价值。

1954年，陈述彭和周延儒、施雅风教授一同对七星岩进行测绘，是我国以立体地图方式考察洞岩的创举，他们从中总结出了喀斯特洞穴的类型，对洞岩学的研究发展作出了贡献。

竺可桢先生当时还担任中国科学院院长一职。于是，陈述彭进入中科院就职之后，又在竺可桢先生的指导和领导下工作了近30年。

多年之后，当这位年近80的老人再度回想起那段往事时，总是对人们说：“我总算没有辜负竺老的希望，做了我应该做的事。”

- 05 -

现代的遥感技术和地理信息系统是从宇宙空间的高度去探测宏观规律，从而进一步认识我们的地球。

随着世界各国的人造卫星纷纷上天，地学领域迎来了一场全新的革命。

早在 20 世纪 50 年代，陈述彭就拥有了超前的意识，绘制出了《中国地形鸟瞰图》。

当时，地图的制作一向依靠手工作业，进展缓慢，难以满足实际需求。

陈述彭主张，制图要有计算机介入，实现输入、处理、存储、更新、输出、显示的自动化；他还提出，地图的内容应当数字化，符号要规范化、标准化，以便与电脑功能相适配。这就是所谓的“数字地球”战略。

建立地球信息科学，是陈述彭毕生的追求。

-06-

有了这样的想法后，陈述彭开始组织手扶跟踪与光电扫描的实验，并借助航空摄影，倡导航空像片综合利用与遥感系列制图。

作为一位优秀的地理学家，他已经敏锐地察觉到遥感技术将为全球研究服务，并指出卫星遥感对认识全球地学、了解生物学规律、分析世界环境及研究地理外貌都十分必要。

他就自己的观点，特意发表了《航天遥感对地球的宏观分析》一文。此文引起了科学界的普遍关注。

在国际上，遥感技术也逐步展开应用。1972 年，墨西哥总统还特意邀请陈述彭出席一个有关遥感应用技术的国际学术会议。

20 世纪 70 年代末，他借助国际卫星数据，开展遥感应用工程的试验，拉开了我国遥感系列制图的序幕。遥感应用技术连续在三个“五年计划”中被列为国家科技攻关的重点。

1978 年，全国科学技术大会号召重视空间科学遥感技术和卫星应用研究，建成现代化空间研究和卫星应用体系。

陈述彭非常兴奋，提出要成立全国遥感专业委员会，促进各行业遥感应用的交流学习。他还到基层调研各部门对遥感的需求，制定国家遥感发展规划。此外，在开展国内外学术交流、培训服务等方面，他也作出了突出贡献。

到 20 世纪 80 年代，陈述彭发现了电脑技术与信息科学的优势，又致力于推动我国制图自动化地理信息系统的进步，为我国发展应用卫星、普及卫星应用、实现地面系统的超前起步奠定了基础，同时也让地球科学的现代化迈上了新的台阶。

21 世纪，地球科学面临信息时代的新挑战。

陈述彭依旧密切注意国际遥感技术发展的新动向，积极参与国际遥感技术的交流与合作，同时更加关注人类的生存环境。

数十年来，全世界发射了 4 000 多颗人造卫星，其中 1/3 是对地观测的遥感卫星。这些卫星被用在地质矿产资源调查、天气预报、海洋监测、自然灾害预报等诸多方面。

为了切实解决资源开发与环境保护方面宏观调控的难题，为了积极参与全球变化、灾害防治等国际研究计划，陈述彭从未停下自己的脚步。

陈述彭曾经语重心长地说：“作为一个科学家，不应奢望当代的荣誉和理解，需要的是对国家、对人民负责的使命感和时代责任感，要顶天立地，立意创新，勇敢超前，去追求真理。”

他是这么说的，也是这样做的。